# 财政问题的新思考

——中国财政发展协同创新中心 2020 级硕士学位论文选集

李俊生　姚东旻　主编

中国财经出版传媒集团
中国财政经济出版社
·北京·

**图书在版编目（CIP）数据**

财政问题的新思考：中国财政发展协同创新中心2020级硕士学位论文选集／李俊生，姚东旻主编．北京：中国财政经济出版社，2024.10. -- ISBN 978-7-5223-3428-8

Ⅰ.F812.0-53

中国国家版本馆CIP数据核字第2024RB3751号

责任编辑：庄　莉　　　　责任印制：史大鹏
封面设计：陈宇琰　　　　责任校对：胡永立

**财政问题的新思考**
**——中国财政发展协同创新中心2020级硕士学位论文选集**
**CAIZHENG WENTI DE XIN SIKAO**
**——ZHONGGUO CAIZHENG FAZHAN XIETONG CHUANGXIN ZHONGXIN 2020 JI SHUOSHI XUEWEI LUNWEN XUANJI**

中国财政经济出版社 出版

**URL**：http：//www.cfeph.cn
E-mail：cfeph@cfeph.cn

社址：北京市海淀区阜成路甲28号　邮政编码：100142
营销中心电话：010-88191522
天猫网店：中国财政经济出版社旗舰店
网址：https：//zgczjjcbs.tmall.com
中煤（北京）印务有限公司印刷 各地新华书店经销
成品尺寸：165mm×240mm　16开　17.75印张　318 000字
2024年10月第1版　2024年10月北京第1次印刷
定价：75.00元
ISBN 978-7-5223-3428-8
（图书出现印装问题，本社负责调换，电话：010-88190548）
本社图书质量投诉电话：010-88190744
**打击盗版举报热线：010-88191661　QQ：2242791300**

# 总目录

# 目　录

# 价值链视角下的营改增、产业分工与省际循环研究

## Research on the VAT Reform, Industrial Division and Inter-Provincial Circulation from the Perspective of Value Chain

翟 倩

# 摘 要

营改增实施之前，地方政府税收收入来源以营业税为主，由于营业税征收是根据生产地而非消费地，地方政府为维护本地企业利润，有动机限制生产和消费活动跨区域进行，给产业分工带来不利影响。我国于2012年开始试点营改增取消营业税，并逐步扩大试点省份、行业的范围，最终于2016年在全国范围内正式施行。营改增的实施及伴随着的税收分成机制调整，减弱了地方政府对营业税行业的保护动机，增值税全链条抵扣优势亦推动区际、省际、行业间生产和贸易格局的重构。在此背景下，借助投入产出数据，从产业分工和价值链视角研究营改增政策对地区产业分工水平及流出商品的增加值构成带来的影响，并检验影响的作用机制。

具体来说，首先，以我国2007—2017年五个年份省际投入产出表为数据基础，在地区和行业层面，测算出体现整体产业分工水平及产业分工在地区内外分布情况的生产阶段数，同时从流出增加值视角，采用WWZ模型分解出地区及行业的省内外增加值，以透视各省在国内经济循环中的参与程度。其次，在测算基础上，采用多期双重差分法，重点考察营改增政策对国内产业分工及省际经济循环的影响。测算结果显示，我国整体产业分工水平在研究期间先增大后减小，地区内外的产业分工水平也呈相同趋势，但地区间产业分工水平降幅更小，东中西部省份产业分工和省际循环水平差异较大。实证结果显示，营改增在省级层面显著地提升了产业分工水平，这种提升作用对地区间的产业分工更加明显，即营改增能够加深跨省产业分工深度。进一步分析发现，第一，营改增在服务业占比更高省份的分工效应更强，说明营改增通过延伸增值税抵扣链条进而促进服务业制造业融合发展来推动地区整体的产业分工。第二，营改增对营业税依赖程度更高、地方保护程度更高省份的跨省分工促进作用更明显，支持了营改增通过缓解营业税带来的地方保护问题促进地区间产业分工的作用机制。第三，营改增政策对地区外增加值率亦有正向提升作用，说明产业分工深化让各省经济联系更为紧密，推动国内市场走向整合。

本文提出以下政策建议：第一，深化税制改革，持续完善增值税政策，加快消费税、环境税、资源税制度落地实施，发挥税收政策对新发展格局的积极作用。第二，通过政府提供优惠政策、加大投资力度等措施促进技术创新，推动各省服务业进一步发展，打造更为合理的产业结构。第三，加强中西部各省之间及与其他地区各省之间的生产联系和经济交流，如在中西部地区建立产业集群，促进经济协同。第四，遏制地方保护主义，建立不同地区企业合作的减税政策、缩小地区技术差距、加大交通基础设施建设范围和力度，加强各地之间的联系与合作。

**关键词：** 营改增；产业分工；省际经济循环；投入产出模型

# Abstract

Before the implementation of the VAT reform, local governments in China relied mainly on business taxes for revenue. Since business taxes were levied based on the place of production rather than consumption, cross - regional flow of goods and services would lead to revenue loss for local governments. In order to maintain local business profits, local governments had a motive to restrict cross - regional production and consumption activities. The implementation of the VAT reform and the accompanying adjustment of the tax revenue sharing mechanism weakened the motive of local governments to protect the business tax industry, and the full chain VAT deduction advantage also promoted the reconstruction of production and trade patterns among regions, provinces, and industries. Against this background, using input - output data, this study examines the impact of the VAT reform on the level of regional industrial division of labor and the composition of value - added exports from the perspective of industrial division of labor and value chain, and tests the mechanism of the impact, while exploring the relationship between regional industrial division of labor and the composition of value - added exports.

Specifically, using the inter - provincial input - output tables of five years from 2007 to 2017 as the data foundation, the number of production stages was calculated at the regional and industry levels to reflect the overall level of industrial division of labor and the distribution of industrial division of labor within and outside the region. From the perspective of outflow value - added, the WWZ model was used to decompose the provincial and inter - provincial value - added by region and industry to reveal each province's degree of participation in the domestic economic cycle. Furthermore, based on the calculation, the multi - period double difference method was used to examine the impact of the VAT Reform policy on the domestic industrial division of labor and inter - provincial economic cycle. The results show that the overall level of industrial division of labor in China increased first and then decreased during the study period, and the level of industrial division of labor within and outside the region followed a similar trend, but the decline in the level of industrial division of labor between regions was smaller. Empirical results show that the VAT Reform significantly improved the level of industrial division of labor at the provincial level, and this effect was more obvious in inter – regional industrial division of labor, i. e. , the VAT Reform can deepen inter – provincial industrial division of labor. Further analysis reveals that, firstly, the policy effect of the VAT Reform is stronger in provinces with a higher proportion of the service industry, indicating that the reform promotes the deepening of industrial division of labor in the service industry and thus promotes the overall regional industrial division of labor. Secondly, the VAT Reform has a more obvious effect on promoting inter – provincial division of labor in provinces with a higher dependence on business tax and a higher degree of local protection, supporting the mechanism by which the reform alleviates local protection problems caused by business tax and promotes inter – regional industrial division of labor. Thirdly, the VAT Reform policy also has a positive effect on the rate of inter – provincial value – added, indicating that the deepening of industrial division of labor makes the economic links among provinces closer, promoting the integration of the domestic market.

This article proposes the following policy recommendations: First, deepen the reform of the tax system, continue to improve the value – added tax policy, accelerate the implementation of the consumption tax, environmental tax, and resource tax system Second, promote technological innovation through government preferential policies and increased investment, further developing the service industry in each province, and creating a more reasonable industrial structure. Third, strengthen production linkages and economic exchanges between provinces in the central and western regions and with provinces in other regions, such as establishing industrial clusters in the central and western regions to promote economic synergy. Fourth, curb regional protectionism, establish tax reduction policies for companies in different regions, narrow the technological gap between regions, and focus on transportation infrastructure construction, strengthening connections and cooperation among regions.

**Keywords**: VAT Reform; Industrial Division; Inter – provincial Economic Cycle; Input – Output Model

# 1. 绪论

## 1.1 研究背景及意义

### 1.1.1 研究背景

(1) 构建“双循环”新发展格局

2020 年 4 月，习总书记在中央财经委员会第七次会议上第一次明确指出，要打造以国内大循环为主体、国内国际双循环相互促进的新发展格局。作为“十四五”规划的重要指引，构建新发展格局引起了政府、学者以及全社会的广泛重视，刘鹤（2020）强调，推动新型发展模式具有极其重要的意义，需要充分重视其理论基础和具体实施措施的研究；张占斌（2020）、袁国宝（2020）系统阐释了国内大循环战略的提出背景；刘志彪（2020）指出双循环是以国内经济为主体，以产业高级化、产业链现代化为目标的发展战略；黄群慧（2021）探索了如何以构建新发展格局作为经济现代化路径，提出了一套完整的理论框架、战略思路以及政策措施，但上述研究大多是从理念与方向的角度出发，对国内经济循环的现实特征与影响因素尚未进行深入探讨。新发展格局要求破除区域市场之间的隔离和保护主义思想，促进不同区域和省份之间建立广泛而紧密的经济联系和分工合作，最终形成主体丰富、结构复杂的经济网络系统，从而实现国内经济的可持续发展和全面提升（李敬和刘洋，2022），然而，在过去的发展历程中，由于缺乏有效的协调，国内市场之间的关联性受到了严重的影响，部分地区为了获取短期的经济利益，只重视海外市场甚至放弃本国市场，降低了资源的配置效率。因此，当前我国国内经济循环水平如何，具有什么特征，存在哪些问题，各省份在国家价值链中的参与程度及所获收益如何，研究这些问题具有深刻的现实意义。

（2）营改增与产业分工

营业税改征增值税（以下简称“营改增”）是建设国内市场的重要举措，通过解决生产流通环节的重复征税问题，减轻企业税负，有助于优化资源配置和产业链升级。在营改增之前，营业税以营业额为征税基数，增值税以增值额为征税基数，同一商品或服务就会同时被生产环节和销售环节征税，导致重复征税问题。

例如，假设 A 企业生产一批产品卖给 B 企业。首先，A 企业需要缴纳生产环节的增值税，然后将该产品卖给 B 企业，B 企业需要缴纳购买环节的营业税，这时，由于营业税是以销售额为征税基础的，所以这批产品中已经包含了生产环节缴纳的增值税，导致重复征税。另外，如果 A 企业在生产过程中使用了一些服务业的服务，比如广告宣传、咨询顾问等，就需要向服务提供商“缴纳”营业税。但如果服务提供商又向 A 企业“收取”了增值税，就会出现重复征税的问题。

营业税、增值税的基本比较如表 1－1 所示。

表 1－1　营业税和增值税的对比

| | 营业税 | 增值税 |
|---|---|---|
| 适用范围 | 提供应税劳务、转让无形资产或者销售不动产 | 商品销售和进口、加工修理、自用生产、委托加工、转让不动产、提供应税劳务等 |
| 征税对象 | 企业营业收入 | 商品或服务的增值额 |
| 税率 | 不同行业、地区有不同税率 | 一般纳税人为 6%、9%、10% 或 13%；小规模纳税人为 3% 或 5% |
| 抵扣政策 | 可抵扣一部分税金 | 可以全额抵扣进项税，减少应纳税额 |
| 税收管理 | 由国税局和地税局共同管理 | 由国税局单独管理 |
| 特征 | 税前税后计税，重复计税 | 仅对增值额征税，没有重复计税问题 |

2011 年，财政部和国家税务总局共同发布《营业税改征增值税试点方案》，以解决重复征税问题。该方案规定，从 2012 年 1 月 1 日开始，上海市的交通运输业和部分现代服务业将首先实施营改增试点，随后试点城市和行业的覆盖面不断扩大，最终于 2016 年实现了全国范围的普及。营改增推行的详细过程如表 1－2 所示。

税制改革是政府调控产业分工的重要手段之一，而营改增是近年来我国税制的一次重大变革，探究营改增政策效应的研究热度始终不减。营改增的出台旨在建立一个完善的增值税抵扣机制，以推动不同行业之间的分工与合作，从而有效地改善产业结构，因此，营改增政策实施后，国内产业

表 1-2　　营改增政策实施节点梳理

| 试点时间 | 试点范围 | 试点行业 | 试点前营业税税率 | 试点后增值税税率（一般纳税人） |
|---|---|---|---|---|
| 2012 年 1 月 | 上海 | "1+6"[①]：1 是指交通运输业；6 是指研发和技术、信息技术、文化创意、物流辅助、有形动产租赁和鉴证咨询服务六个服务行业 | 交通运输业：3%<br>现代服务业：5% | 交通运输业：11%<br>有形动产租赁：17%<br>除有形动产租赁之外的现代服务业：6% |
| 2012 年 9 月 | 北京 | | | |
| 2012 年 10 月 | 江苏、安徽 | | | |
| 2012 年 11 月 | 福建、广东 | | | |
| 2012 年 12 月 | 天津、浙江、湖北 | | | |
| 2013 年 8 月 | 全国范围 | "1+7"：新增广播影视服务[②] | 5% | 6% |
| 2014 年 1 月 | | "2+7"：新增交通运输业中的铁路运输和邮政业 | | 11% |
| 2014 年 6 月 | | "3+7"：新增电信业 | 3% | 基础电信服务：11%<br>增值电信服务：6% |
| 2016 年 5 月 | | "全部"：新增建筑业、房地产业、金融业和生活服务业 | 建筑业：3%<br>房地产、金融业和生活服务业：5% | 建筑业和房地产业：11%<br>金融业和生活服务业：6% |

分工应得到深化，行业与行业之间，地区与地区之间的生产消费联系会日益加深。然而理想状态与现实状况是否相符仍是未知数，目前已有研究从理论或实证上证明了营改增能够促进产业分工（陈钊和王旸，2016；范子英和彭飞，2017；李永友和严岑，2018），但均是从微观企业数据或我国整体产业分工水平出发，对于营改增是否能加强省际生产关联，即产业分工是发生在省内还是不同省份间，目前还没有文献给出实证证据；另外，营改增是否促进了地区间的交流与合作这一课题目前鲜有研究。因此，本文尝试探究我国各省的产业分工特征与国内价值链参与程度，并探究营改增对省级层面产业分工和国内循环的影响，有助于发掘推动国内市场走向整合的内外生动力，具有一定的理论价值和现实意义。

① 交通运输业对应"交通运输及仓储业"、研发服务和技术服务对应"科学研究和技术服务业"、信息技术服务对应"信息传输、软件和信息技术服务业"，其余归为"租赁和商务服务业"。

② 广播影视服务业对应"文化、体育和娱乐业"，合并部门时，与金融业、房地产业和生活服务业都归为"其他服务业"。

### 1.1.2 研究目的

本文旨在从省级层面和行业层面揭示我国产业分工和各省国内价值链参与度的横纵向特征，并以营改增作为准自然实验，探究该项税制改革对国内产业分工和各省国内价值链参与度的影响，为建设全国统一大市场、打破市场壁垒提出财税方向的思考。

### 1.1.3 研究意义

本文的研究意义有两点：

首先，基于最新编制的省际投入产出表，将产业分工和各省国内价值链参与水平的测度拓展到省级和行业层面，并区分产业分工在地区内外的分布情况，分析省际经济关联特征，对优化国内循环的区域战略布局，发掘省内循环占比过高的"洼地"，以破除国内大循环阻力提供参考。由测算结果得知，在2007—2015年，我国整体产业分工水平持续提升，2015—2017年略有下降，各省国内价值链分工参与度也呈同样趋势。就产业分工的横向比较而言，中部地区的产业分工水平最高，但分工深化多集中于地区内部，而北京、上海及沿海省份的地区外产业分工水平较高。就国内价值链分工参与度而言，东部沿海省份在国内价值链分工的参与度最高，然后依次是西部和中部地区省份。

其次，营改增牵一发而动全身，它的实施不仅能够改变原增值税抵扣链条，还能够促进产业结构的优化，甚至影响国内经济一体化的进程，因此本文着重考察营改增对地区产业分工和省际循环带来怎样的影响，如何带来影响，针对该问题的研究对我们深刻认识营改增的政策效果有重要意义。经实证检验发现，基于制造业数据，营改增在省级层面显著地提升了产业分工水平和跨省分工深度，促进省际经济循环，这种分工效应主要是通过推动服务业的发展以及缓解营业税引致的地方保护问题等机制实现的。

## 1.2 研究内容和拟解决的问题

### 1.2.1 主要研究内容

首先，梳理营改增对国内产业分工及各省国家价值链分工参与度的影响机制，提出相应需要进一步检验的假说，其次，着重介绍主要变量省级产业分工和国内价值链分工参与度的量化方式，根据分解、测算结果刻画我国各省产业分工及在国内价值链分工中参与程度的现状和趋势特征，最后基于实证方法对提出的假说进行检验。

论文正文共有六大部分，具体如下：

第 1 部分为绪论。主要阐述在着力构建新发展格局的背景下，从省级和行业层面探究产业分工和各省在国内价值链中参与程度的现实要求，进而提出本文的研究目的和研究意义。

第 2 部分为文献综述。对本文研究话题相关的文献进行搜集、阅读与整理，一是梳理当前学术界对营改增政策效应，尤其是营改增对产业分工作用效果的研究成果，二是从技术方面梳理了微观和宏观角度上对国内产业分工和地区在国内价值链中参与程度的测度方法，为本文核心指标的量化、统计分析和实证检验部分提供理论和方法基础。

第 3 部分为理论机制与假说提出。结合营改增的实施背景，从微观和宏观角度分析营改增对企业、行业、地方政府行为带来哪些影响，进而分析营改增对省级层面的产业分工和在国内价值链中参与程度的作用机制，并结合现有文献的研究结论提出可供检验的假说。

第 4 部分为研究设计。主要介绍本文核心指标产业分工整体水平及省内省际分布、各省在国内价值链中参与程度的经济含义与量化方法，其次介绍其他重要变量的概念含义和构建方法。实证策略上，采用多期双重差分法实证检验营改增对产业分工水平和各省在国内价值链中参与程度的影响。

第 5 部分为核心指标测算结果和实证结果分析。对主要指标的计算结果进行统计性分析，描述各指标所反映的实际经济含义，刻画我国省级层面的产业分工和国内价值链参与程度的现状及趋势，然后分析实证结果以对前文理论机制进行检验。

第 6 部分为结论。归纳本文研究结论，阐述政策启示并提出具体建议。

研究框架示意图如图 1-1 所示。

### 1.2.2 拟解决的问题

本文主要研究的问题如下：（1）探究我国省际及行业层面的产业分工水平及省内省际分布、各省在国内价值链中参与程度等的现状、趋势；（2）营改增对产业分工整体水平及省内省际产业分工情况的影响；（3）营改增对各省在国内价值链中参与程度的影响；（4）营改增对省级产业分工和国内价值链参与程度的作用机制。

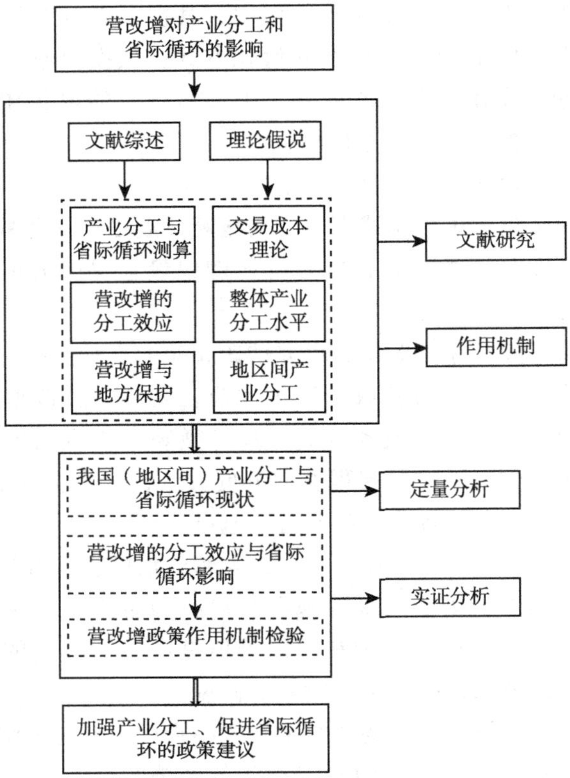


**图 1-1 研究框架示意图**

## 1.3 研究方法

### 1.3.1 文献研究法

本文广泛查阅了研究营改增政策效应、产业分工与价值链参与度测算及影响因素的相关文献。在营改增政策效应分支文献中，本文着重关注了营改增影响地方政府行为和企业专业化分工的文献资料，整理现有研究的逻辑、方法及结论，参考有关变量的指标选取依据，归纳营改增对产业分工和国内价值链参与度影响的理论机制；在主要变量的测度方面，重点学习了生产阶段数和省际流出增加值分解的逻辑方法——二者分别用于量化产业分工水平及国内价值链参与程度，理解指标的经济含义，并将经典模型拓展至省级和行业层面，得到更加细化的测算结果，此外，为确保测算方法的可靠性，本文基于相关数据复现了经典文献的测算结果。

### 1.3.2 实证分析法

本文利用中国省际投入产出数据，测算得到2007年、2010年、2012年、2015年及2017年省级及行业层面的生产阶段数和省际流出增加值的分配情况，采用主流的多期双重差分法研究营改增对整体产业分工水平、省内省际分工布局情况及各省在国内价值链中参与程度的影响；本文根据服务业占比和营业税依赖程度等不同分组标准从各省进行异质性分析，探究营改增的作用机制，最后，进行多个稳健性检验确保结论可靠。

## 1.4 研究的创新和不足

本文可能的创新之处有三点：第一，利用省际投入产出表，从宏观层面数据刻画产业分工程度及其随时间的变化趋势，并将现有国家层面、区域①层面的研究进一步拓展至省级层面。第二，更进一步分析并检验了营改增促进产业分工深化的政策效果和作用机制，在现有研究“营改增能够促进产业分工深化”的结论上，从营改增可能通过影响地方保护行为和市场整合的角度，进一步揭示产业分工深化更多发生在省内还是省外，并且更加全面地反映出一省的产业分工水平以及与其他省份之间的联系程度。第三，本文还通过构建投入产出模型，分解各省的商品流出增加值构成，换言之，可以得到国内价值链中各省份的真实收益分配（即省际贸易利得中的省内增加值率和省外增加值率）及其时间变化趋势，该指标反映了各省份在国内价值链中的参与度（黎峰，2016；李善同等，2018），本文首次探究了营改增政策对各省在国内价值链中参与度的影响，可反映营改增对我国省际经济循环的影响，并可结合产业分工特征对国内经济循环的变化趋势做出解释。

本文还存在以下不足之处，一是数据来源对研究精度的限制。本文数据来自中国省际投入产出表，投入产出表在编制过程中存在多种误差，一方面，各地区的数据来源和统计方法不同，数据的收集、处理和统计过程中难免会存在一些缺失或不完整的情况。另一方面，由于多个产业之间存在交叉关系，可能会导致编制投入产出表时出现重复计数的情况。二是数

① 目前一国编制的基本投入产出表主要有三类：一是反映全国层面所有行业经济联系的投入产出表，二是按照东南区域、西北区域等标准划分的区域间各行业的投入产出表，三是具体到每个省份各行业之间的投入产出表。

据处理存在误差。本文选取的五个年份投入产出表并非全为同一来源，其统计口径可能存在差异，为保持数据统一，本文将后三年份 42 部门手动合并为 30 个部门，亦会出现统计上的误差。三是模型方法有待改进。本文在进行省际商品流出增加值分解时，仅考虑各省的国内流出，未结合进出口项考虑各省在全球价值链上的增加值收益情况，虽理论上不会影响本文的研究重点，但可能会使分解结果出现误差，因此，在我国和全球的双重价值链嵌入的基础上进行投入产出分析是进一步深入研究的方向。

总之，由于投入产出表编制及合并问题的限制，本文在数据收集、数据处理、模型选择上仍存在多种误差和不确定性，未来还需要对数据来源、计算方法等进行进一步评估和比较，以确保研究结论的准确性和可靠性。

# 2.

# 文献综述

与本文研究相关的文献涉及产业分工与国内经济循环的测度方法、营改增政策效应研究等领域，其中重点梳理了营改增与产业分工深化、市场分割、经济一体化等相关文献的研究结论，为本次研究的开展提供理论基础。

## 2.1 产业分工与经济循环的定量识别

现有文献中关于产业分工相关研究多集中于国际分工（Pack and Saggi，2001；Minutti - Meza，2013；徐从才和丁咛，2010；刘明宇和芮明杰，2012；龙飞扬和殷凤，2021）和产品内分工（唐海燕和张会清，2009；杨高举和黄先海，2013）。上述文献多是从贸易利得的角度来衡量一国参与国际分工的程度，但没有测量产业结构的复杂度。倪红福等（2016）拓展了 Fally（2012）测度单国生产分割长度的方法，在全球投入产出模型框架下，把全球生产阶段数分解为国内和国际两部分，揭示了国内产业的生产结构复杂度日益增加。其后，相关研究逐步从国家层面拓展到区域层面，如沈剑飞（2018）进一步利用区域间投入产出表计算了国内八大区域的生产阶段数变化趋势，陈健等（2020）进行了中国区域投入产出表和世界投入产出表的双重价值链嵌入，从不同空间尺度探讨了中国八大区域的分工水平。但目前还未有文献从省级层面出发，具体分析省级—行业的产业分工情况。一方面，相对区域而言，各省份治理较为独立，以省份为单位的生产阶段数分布情况更能反映国内产业分工特征，另一方面，营改增政策实施也按省份和行业逐步推开，分解出省内外的生产阶段数是探究营改增对产业分工深化影响路径的基础。

价值链分工的相关研究也多集中在国际层面，大多为中国在全球价值链中分工地位的测度与国际贸易平衡情况（王直等，2015；盛斌和景光正，

2019)，测量方法包括基于全球投入产出表的计算模型、中国的出口附加值指数等，而与国内经济循环相关的定量测度还处于起步阶段。当前研究的趋势是将测度全球价值链分工的思路拓展至国内价值链上，通过投入产出表测算我国省际经济循环情况，即省份之间生产和贸易的联结程度，测量指标主要有两类，一是直接利用省际投入产出表原始数据的统计特征，如各省中间投入、中间需求、最终需求占国内总额的比重，用比值大小表示各省的省际循环参与度（黄群慧和倪红福，2016）。黄群慧和倪红福（2021）利用全球投入产出数据库（WIOD），更加精确地探究国内循环与国际循环之间的比例关系，但是缺乏对国内循环的地域分布情况的深入研究。李敬和刘洋（2022）基于区域间投入产出表测算出国民经济循环的平均国外占比、省内占比和省际占比。但该研究仅计算出单省的中间投入、中间需求和最终需求三个层面的省内外占比，并未探究省与省之间的增加值分配关系。这类方法简单直观，但对现实情况的反映还停留于表面。二是对地区商品流出额进行增加值分解，可以得到由本地制造的增加值和本地以外地区制造的增加值占比情况，该测算结果可以反映各地区参与国内循环的程度及在国内价值链中获取的收益（潘文卿和李跟强，2018；李善同等，2018；余丽丽和彭水军，2021；张红梅，2021），但现有研究大多仅进行到区域层面的特征分析，极少深入到省级层面。因此，进一步分解省级商品流出额的增加值构成来探讨地区间的经济联系是非常必要的。

此外，涉及分工与统一大市场建设的相关研究多从交通基础设施（刘生龙和胡鞍钢，2011，梁若冰和汤韵，2021）、国内流通活动（沈剑飞，2018)、消费（刘斌等，2022）等影响因素角度来开展，或研究其对劳动收入份额（高静，2022)、经济增长（陈朴等，2021)、福利（邵朝对，2023）等的影响，还未有研究从宏观角度深入探讨过该领域的营改增政策效应。

## 2.2 营改增与产业分工

### 2.2.1 营改增政策效应评估

关于营改增政策效应的评估可以归纳为对企业的减税效应、对地方税收的分成效应。就减税效应而言，多数学者研究了营改增对企业税负的影响（潘文轩，2012；曹越和李晶，2016；范子英和彭飞，2017；乔俊峰和张春雷，2019；彭飞等，2020)；对地方税收分成效应的研究包括对地方税收收入结构的影响、对地方财力不均等的影响（高凤勤和刘金东，2018），对地方财政压力、债务风险及地方政府行为的影响等（卢洪友等，2019；刘建民等，2022），此外还有学者从消费者福利和经济增长等角度考察营改增的政策效应（孙正和张志超，2015；倪红福等，2016），由于营改增的直接作用对象是服务业企业，现有研究多以服务业为出发点展开。尽管制造业无须实行营改增，但它仍然是服务业的重要关联方，许多学者也在密切关注营改增对制造业进出口、制造业企业的自主创新能力的影响（周琢等，2017）。通过这些研究，我们可以更加深入地理解营改增改革的政策效果。

### 2.2.2 营改增的分工效应

营改增政策的出台除了解决重复征税，降低企业税收负担外，还被寄予促进产业分工和产业结构升级的厚望。目前除了理论层面和案例研究外，较少有文献对营改增的分工效应提供经验证据，现有关于营改增与分工的文献多集中在2013—2018年，近几年的研究较少，总的来看，现有研究对营改增可以促进分工的结论已基本达成共识，但已有文献对分工的指标大多从微观层面进行间接度量。陈钊和王旸（2016）认为，随着产业分工的深入，服务业企业的营收明显上升，这表明它们获得了来自制造业的更多外包服务，从而间接地反映了产业结构的变革。梁若冰和叶一帆（2016）则采用福建省两万余家制造业企业与七千余家服务业企业的增值税开票数据，通过双重差分模型实证检验了营改增对服务业企业与上、下游企业间贸易的影响，发现对两类贸易额均有显著正向作用。范子英和彭飞（2017）采用企业增加值占比来度量分工程度，本质是对企业间一体化程度的度量，但陈钊和王旸（2016）指出，该文所利用的“产业互联程度”这个变量，本身就由分工程度决定，因而该变量并不是识别分工效应的最好选择①。李永友和严岑（2018）以制造业上市公司为研究对象，发现制造业企业倾向于撤销生产辅助部门，其非制造业业务收入占比下降，这意味着实现分工深化。总结来看，前述研究不论采用哪种度量方法，均是用上市企业的数据，从微观层面测量营改增的专业化分工效应，甚少从产业的宏观层面直接度量，原因可能是能够直接衡量产业之间关系的数据较难获取。

梳理文献可知，营改增对分工深化的直接作用机制如下：在营改增实

① 此为陈钊和王旸（2016）点评范子英和彭飞（2017）在2015年展示的工作论文。

施之前，制造业采购服务业的中间服务时无法获得增值税发票，在企业内部自行设立相关服务部门就成了更优选择，但也在一定程度上限制了制造业的发展，使服务业无法独立于制造业存在。营改增之后，制造业从外获取中间服务的成本可以抵扣，制造业企业更倾向于专注主营业务，分离服务业务，中间投入品生产的独立化还会增强下游制造业企业与中间投入品生产企业之间的跨地区联系。

### 2.2.3 营改增与地方保护

学界一般认为，地方保护源自地方政府的政绩观和官员晋升机制，这些因素会导致地方政府追求本地利益的最大化，进而形成对外贸易和投资的保护主义倾向。具体而言，地方政府追求政绩，往往需要大量资金的支持，地方政府也往往通过本地的税收来增加财政收入。2012 年之前，地方政府主要通过征收营业税来获取财政收入，由于营业税的分配制度[①]，地方政府对于本地区内企业的利润有较大的依赖性（高凤勤和刘金东，2018），这就容易引发地方政府对本地区企业的“保护主义”行为。具体来说，地方政府为了维护本地区的税收利益，可能会采取各种手段对外地企业实行限制，例如加重其行政审批难度、抬高水电气价等方式，以此保障本地企业的发展和利益。

随着时代的演进，地方保护的目标逐渐从本地商品扩大到本地的服务业（赵文哲和杨继东，2015），周黎安（2016）强调，地方政府对生产要素的保护也在逐渐增加。然而，地方保护主义的存在对整个国家经济发展是不利的。首先，这种行为会扭曲资源配置，影响经济效率，导致整个经济体系效率下降。其次，这种行为也会影响市场竞争，导致企业之间的公平竞争机制被破坏，使企业发展的速度和质量都受到影响。在此背景下，我国在 2012 年开始试点的营改增政策可以很好地减轻地方政府对营业税的依赖，缓释地方保护问题，对加强地区间交流有积极意义。

此外，有部分研究认为营改增会在短期内影响地方财力（卢洪友等，2016；何代欣，2016；王健等，2019；刘建民等，2022；张训常和林静蓉，2022），而地方财政压力的加剧会扭曲地方政府行为，使地方政府有动机保护本地产业获取更多利润，表 2－1 对一些重点文献进行了梳理总结。

---

① 营业税根据企业的销售收入计算并征收，税收分配也是以销售发生地为依据，若地方政府希望保持自身的财政收入水平，就需要依赖本地区的企业来创造销售收入，以此获取相应的营业税收入。

表 2－1 重点文献梳理总结如下

| 研究范畴 | 研究现状 | 主要内容与研究结论 | 相关文献 |
|---|---|---|---|
| 产业分工与省际循环的定量识别 | 大多从理念和方向讨论 | 构建新发展格局的重大意义、科学内涵、目标策略及决策部署等 | 刘鹤（2020）、张占斌（2020）、高培勇（2021）、黄群慧（2021） |
| | 多集中于国际分工与产品内分工 | 以全球投入产出表、出口附加值指数等测度中国全球价值链分工与国际贸易平衡 | 王直等（2015）、盛斌和景光正（2019）、黄群慧和倪红福（2021） |
| | | 从贸易利得的角度来衡量一国参与国际分工的程度 | 龙飞扬和殷凤（2021）、杨高举和黄先海（2013）、Minutti－Meza（2013） |
| | | 基于单国（区域）投入产出模型测度生产分割的生产阶段数概念，可分别计算出国外国内、区域外区域内 | 倪红福等（2016）、沈剑飞（2018） |
| | 省际经济循环的定量测度处于起步阶段 | 以区域或省际投入产出表原始数据的统计特征表示各省的省际循环参与度 | 黄群慧和倪红福（2016）、李敬和刘洋（2022） |
| | | 对省际（区域）流出额进行增加值分解，测度各省（区域）在国内价值链中的获益情况，但仅针对单个年份且数据滞后 | 潘文卿和李跟强（2018）、李善同等（2018）、余丽丽和彭水军（2021）、张红梅（2021） |
| 营改增的分工效应 | 营改增可以促进国内产业分工的结论已基本达成共识 | 以企业某项业务占比、企业增加值占比、制造企业非制造业务收入、增值税开票数据等微观数据衡量产业分工 | 范子英和彭飞（2017）、陈钊和王旸（2016）、梁若冰和叶一帆（2016）、李永友和严岑（2018） |
| 营改增、地方保护与市场分割 | 营业税缓释效应和财政压力给地方保护带来不同影响 | 区域保护行为阻滞了产品在省际的自由流动，同时也迟滞了地区专业化的进步 | 沈剑飞（2018）、尹正和倪志伟（2017） |

就产业分工与省际循环参与度的关系而言，Grossman and Rossi－Hansberg（2008）认为生产分割程度影响贸易模式和贸易利得，垂直生产分割长度越长，即产业分工程度越大，从贸易中获得利益将越多，因为降低了贸易成本；倪红福等（2016）提到生产分割与生产结构的复杂度密切相关，一般生产结构的复杂度会影响经济效率（结构主义观点）。本文同时探讨了营改增政策对各省的生产阶段数和国内价值链参与度的影响，二者结合可以对我国产业分工与省际循环情况进行分析。

目前从价值链视角探讨营改增对国内经济循环影响的研究非常少，且营改增的政策效果并未产生权威结论，如王佳琳和庄佳强（2022）的研究表明，营改增会阻碍行业价值链下游参与度的提升。

## 2.3 文献评述

现有文献考察国内产业分工时，多基于区域间投入产出表，通过测算生产分割长度进行刻画，并已有部分文献从个别行业的角度探讨了生产阶段数在区域内外的分布情况，但仍存在两方面局限：一是研究层面尚未深入省级。相关研究使用国家信息中心编制8区域17部门的区域间投入产出表进行测算，年份涵盖1997年、2002年及2007年，揭示了这一时期各区域及产业层面的产业分工情况，但我国各个省份发展各异，决策相对独立，同一区域省份的经济结构也可能有很大差异，区域层面的分析仍显笼统；二是最新研究的测算结果仅截至2010年，数据相对滞后，不能很好地体现我国当前的产业分工趋势。此外，国内产业分工的省级测算结果也有助于更好地开展产业、财税政策效果的相关研究。因此，在数据可获得的前提下，从省级和行业层面探究国内产业分工情况有重要意义。

另外，营改增政策实施以来，不少学者从多个角度探讨其对产业分工或经济一体化的影响，但目前还缺少宏观层面的证据，本文基于省际投入产出表，参考倪红福（2016）、沈剑飞（2018）的方法以各省生产分割长度来度量产业分工，同时借鉴王直等（2015）、李善同（2018）的国家间增加值分解模型，从价值链视角测度各省在国家价值链分工中的参与程度及其收益，然后以营改增政策作为准自然实验，实证检验营改增对产业分工和各省在国内价值链中参与度的影响，并探究其政策效应能否真正加大跨省的生产关联，促进地区间产业融合，可为积极推进构建新发展格局提供切实有效的政策切入点。

# 3. 理论机制与假说

## 3.1 营改增与国内产业分工

营改增政策除了能够解决重复征税问题，减轻企业税负外，还有助于产业互联，促进分工深化，资源由此可以得到更合理的配置，产业结构得以优化，推动建设形成国内统一大市场。

营改增促进国内产业分工深化水平有微观和宏观两条途径。从微观来看，营改增政策可以促进企业间的专业化分工。根据科斯（1937）提出的交易成本理论，企业间专业化分工的主要动力是交易成本，若市场交易成本低，企业倾向于增强专业化分工水平，反之则选择自产自给。营改增政策能够降低企业间市场交易成本。营改增政策前，我国增值税与营业税并行，除了商品的销售维修服务征收增值税外，其余劳务征收营业税，即增值税的抵扣空间非常有限，同一劳务服务在不同生产工序中可能会被重复征税，这对国内产业分工深化产生一定阻碍，且这种阻碍作用随着产业分工深化程度的加深越来越大。营改增政策后，生产型服务业企业开始缴纳增值税并且可以通过抵扣机制与下游制造业企业建立联系，这在很大程度上解决了重复征税的问题。企业间的市场交易成本降低，企业倾向于与其他企业合作生产商品，从“大而全”的企业转型为“小而精”的企业，这有利于提高整体产业分工深化水平。

从宏观角度来看，现代服务业的发展推动市场整合。营改增政策有力推动了现代服务业的发展，一方面，营改增打通了服务业与制造业的增值税抵扣链条，服务业将接收更多来自制造业的外包业务，营收与利润途径的增加促进服务业做大做强。另一方面，营改增的减税效应减轻服务业税负，使其市场活力得以激发，交通运输、信息技术等服务行业的繁荣发展能够促进制造业的产业分工深化。商品货物的流动与物流、运输方式等密切相关，可以更好实现中间品的跨地区流动，但道路交通等基础设施对产业分工的影响可能因为促进跨地区流动发生在地区之间，也可能由于虹吸效应仅限于提升地区内的产业分工水平，但总之对国内的产业分工水平是有整体的提升效应。营改增对整体产业分工水平的作用机制如图 3－1 所示。

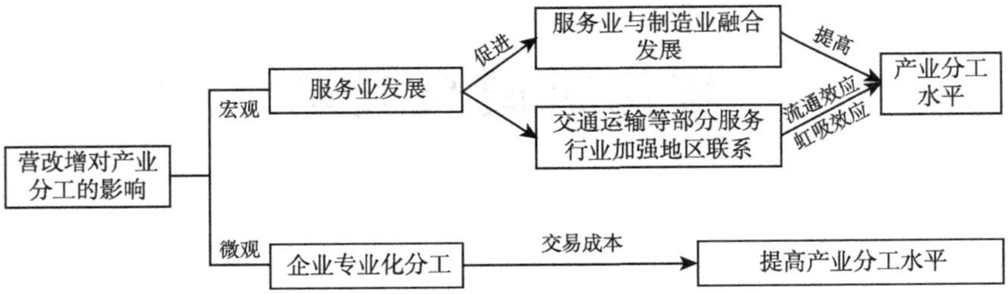


**图 3－1 营改增促进产业分工深化机制图**

由以上分析提出如下假说：

假说 1：营改增加强企业专业化分工和行业生产关联，能够提高国内产业分工深化水平，且这种影响主要是通过推动服务业的发展而实现。

## 3.2 营改增分工效应的省内外差异

产业分工有地区内和地区间两种表现。地区内的产业分工是指一个地区内不同产业之间的分工，而地区间的产业分工则是指不同地区之间产业之间的分工。具体来说，地区内的产业分工通常是由各个企业、产业和行业之间的分工和协作所形成的；而地区间的产业分工则是取决于自然条件、资源禀赋、市场需求等因素。地区间的产业分工对于区域经济的发展和全国经济的协调发展具有重要意义。政府可以通过制定产业政策和推进产业合作，促进不同地区之间的产业分工和协作，实现产业链的优化和提升。

营改增对一个省份地区内和地区间产业分工的影响路径复杂，且当前尚未有研究给出明确结论，实际上营改增的政策结果是否促进了地区间产业分工，还需要进一步实证检验，本小节着重梳理营改增政策对产业分工在地区内外分布的正向和负向影响机制，营改增对地区内外的产业分工的政策效果取决于两个途径的综合作用。

### 3.2.1 营改增促进地区间产业分工的途径

（1）营改增缓解地方保护主义问题

我国在 2012 年废止营业税，改为实行增值税。这种政策调整使得地方政府的财政收入不再依赖于本地区企业的利润，降低了地方保护主义的可能性。另外，营改增政策背景下，增值税特有的机制将重构省际行业间的贸易格局。

首先，增值税具有更强的税收中性。与营业税由地方独有不同，增值税由中央和地方按照相同比例共享，保持了税收价格中性原则，不会导致地方政府偏袒某些行业或企业的现象出现，也正因如此，对于地方政府而言，独立的营业税比分成的增值税更有利。其次，增值税的征收方式是按照企业增值额计算，地方政府对本地企业的依赖程度降低，不再需要通过保护本地企业来维持增值税收入。最后，营业税由地方税务系统征收，增值税由国家税务系统负责征收。国税系统更倾向于维护中央政府的利益，地税系统受地方政府的控制，地方政府有可能利用税收返还等手段保护本地企业，加剧市场分割。企业可以通过增值税的购进抵扣机制来减少税负，加之国家税务系统的垂直管理模式，进入其他地区的成本更低（范子英和彭飞，2017）。因此，营改增政策对于推动地区间贸易和地区内行业间贸易具有重要作用。

从上述分析可知，营改增政策对于缓解地方保护问题具有两方面作用：第一，营改增后，地方政府与中央政府共同分成增值税，不再独享房地产业、建筑业等的流转税，从而减弱了地方政府对本土企业利润的依赖，降低地方保护的程度；第二，营改增后，中央政府通过其垂直管理的国税系统严格控制了税收优惠，减少了地方保护的手段。

（2）地方保护的减弱可以促进地区间分工的深化

现有研究普遍认为，造成我国市场分割的主要原因是地方保护。李真和范爱军（2008）等人的实证结果显示，地方保护、市场分割会阻碍市场的空间集中。因此，地方保护问题的缓解有助于加强地区间分工合作。首先，当地方保护减弱时，各地区之间的竞争压力增加，为了获得更多的经济利益，地区间会更多地依靠彼此的优势互补，加强合作，实现资源共享、产业协同发展等。这样可以促进地区间的分工，加强地区间的联动与互动，提升地区整体竞争力。其次，地方保护减弱会使企业更加自由地进入其他地区市场上，各个地区间的市场准入程度得以提高，同时也能促进地区间的分工。也就是说，企业可以更加灵活地调整其生产布局，优化其产业链，并更好地利用各个地区的资源和优势，从而形成地区间的分工关系。

总之，地方保护减弱能够促进地区间分工的形成，这对于推动区域经济发展具有积极的作用。

### 3.2.2 营改增抑制地区间产业分工的途径

由前文分析可知营改增可以促进生产型服务业和制造业的融合发展，

但这个结论建立在“全国统一大市场”的理想前提下，如果产业互联具有区域内选择性，那么营改增对产业分工的促进效应可能更多局限于某个地区内部。原因在于，营改增政策作用主体明确，主要是打通上游服务业与下游制造业的抵扣链条，但根据 Raff 和 Marc（2007）的研究，生产型服务业在空间上有追随制造业的倾向。一方面，生产型服务业与制造业通常具有较强的产业联系和相互依存关系，制造业对于生产型服务业的大量需求，如后勤、物流、仓储、维修等生产型服务支持导致产业聚集现象的发生，服务业亦需要来自制造业的需求支持才能实现自身规模的扩张和发展。另一方面，在空间上，服务业与制造业的聚集也可以带来提高供应链效率、降低交通运输成本等多方面的效益。这意味着同地区内的下游制造业更能从上游服务业的营改增政策中受益，因此营改增对产业分工的促进效果可能只体现在地区内部。这是产业分工更多集中在地区内部的内生动力，具体见图 3－2。

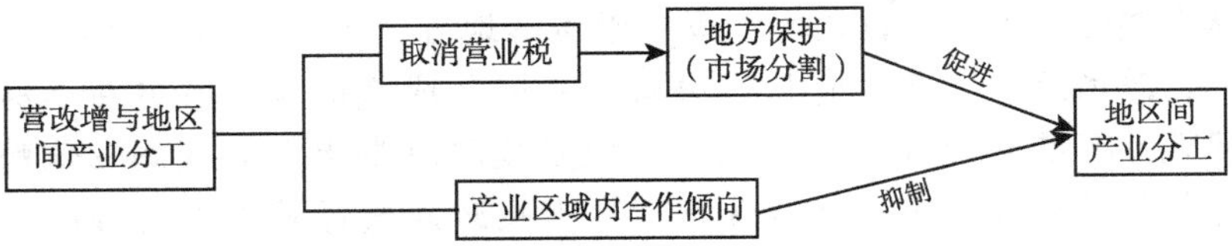


**图 3－2　营改增与地区间产业分工深化机制图**

根据以上分析提出如下假说 2：

假说 2A：营改增可以减弱地方政府的地方保护动机，提升地区间产业分工水平。

假说 2B：营改增背景下，产业分工的地区内倾向会对跨省产业分工产生抑制作用。

因此，营改增对地区间产业分工的影响方向无法确定，有待进一步的实证检验。

# 4. 研究设计

为验证以上猜想，本文基于省际投入产出表测算得到产业分工和省际循环的省级—行业面板数据，考察营改增政策对省内省际产业分工和省际循环的影响。数据测算部分进行核心概念界定并确定其量化方式；实证部分包括三个方面，一是检验营改增政策对各省整体、省内和各省之间产业分工的影响，二是检验营改增政策对省际循环的影响；三是通过以各省服务业占比、对营业税收入依赖程度、经济发展水平等指标为划分标准对营改增的政策效应进行异质性分析，异质性检验结果能够作为营改增对核心变量作用机制的有力佐证。

## 4.1 数据来源

本文以 2007 年、2010 年、2012 年、2015 年及 2017 年的省际投入产出表作为数据基础开展研究。其中 2007 年、2010 年的数据来自刘卫东等编制的《中国 30 省区市区域间投入产出表》，包含 30 部门，2012—2017 年数据来自中国碳核算数据库（CEADs）编制省际投入产出表，包含 42 部门，两个系列投入产出表均涵盖我国 30 个省（市、自治区，不含港澳台和西藏）投入产出数据，为便于研究，本文将后三年 42 部门根据行业分类手动合并为 30 部门，与 2007 年、2010 年的数据格式相统一。其他数据来自 Wind、Choice 及各地统计年鉴。

## 4.2 概念界定及其量化方式

### 4.2.1 核心概念界定

（1）产业分工

由前文分析可知，营改增对分工的影响体现在经济主体的经济活动进一步细化和专业化，为体现不同地区、不同产业之间的相互依赖和协作关系，并综合考虑研究目的和数据可得性、可靠性，本文选取“生产阶段数”作为产业分工的测度指标，其经济含义是指商品从原材料、半成品到最终成品的加工、制造、销售等环节的工序数目。与现有研究大多使用“贸易利得”指标来衡量生产分割程度相比，“生产阶段数”有两个优点使其更好地刻画产业分工：第一，“贸易利得”不能反映经济或者产业的复杂程度，例如，A 地区的一种商品生产需要两个阶段，分别为研发设计和加工制造，该地区的研发水平较高，而 B 地区的制造成本较低，A 地区就倾向于将加工制造环节转移至 B 地区，这个过程中，商品的生产复杂度并没有提升，但根据“贸易利得”的测度，两地来自地区外的贸易利得都有所增加，因此传统的“贸易利得”指标不能准确地反映产业分工水平。而“生产阶段数”的测算与投入产出表中中间环节发生次数有关，更能体现产业分工体系的深化。第二，还可以将“总的生产阶段数”分解为地区内和地区间的生产阶段数，反映地区整体经济结构的复杂度及其地区内外的产业布局情况，为我们探究产业分工的省际关联提供基础。

此外，常见的产业分工水平的量化指标还有产业间关联度、产业集聚度、交叉弹性系数等。其中，产业间关联度适用于分析产业之间的直接联系，尤其适合区域经济分析，但该方法受数据选择和计算方法的影响较大，且不能反映产业间的间接联系；产业集聚度适用于分析某个地区或产业集群内部产业的分工程度和关联性，但不能反映不同地区或产业集群之间的联系和分工；交叉弹性系数适用于分析产业之间的替代和互补关系，但是需要大量、准确的产业统计数据。与其他指标相比，生产阶段数更适用于全产业链的分析，能够较全面地反映不同产业之间的联系和分工程度，但需注意其计算对数据质量和完整性的要求较高。

（2）省际循环

省际循环指的是不同省份之间相互依存的经济联系，通过商品和服务的跨省流动实现产业协作和资源配置。具体来说，一个省份在生产过程中可能需要使用另一省份生产的中间产品，而这个中间产品又可能需要使用第三个省份生产的中间产品，以此类推。这种循环联系可以通过投入产出分析得出，即每个省份对其他省份的产出需求和提供的产出供给构成网络，这些交易产生了跨省的中间投入和最终需求，形成了省际经济循环。省际循环的程度反映了不同省份之间的产业协作程度和经济联系紧密程度，但该指标不易量化，多数研究仅采用商品流量指数来衡量省际循环的程度，其计算方法是将各地区的商品流出额和流入额除以各地区总产出后加权平均，再用省际商品流出额除以加权平均数，该方法计算简单，能较为直观地反映省际商品流动情况，但是没有充分考虑到商品从生产至流通中各省之间发生的中间投入和产出环节，可能导致对省际循环的测度有所偏差。

因此，省际商品流出额中增加值的省外占比是衡量省际循环水平的适宜指标。具体是指某省对外输出的商品中，经过本省加工、处理、装配等环节所增加的价值在输出总价值中的比例。例如，某省向其他省份销售1000万元商品，其中本省加工、处理、装配等环节增加的价值为300万元，则该省省际商品流出额中增加值的省外占比为70%。该指标通常被称为在国内价值链中的参与程度，可反映各省之间的经济联系深度，因此本文将之定义为“省际循环”。

本文参考王直等（2014）、李善同等（2018）的研究来测算省际商品流出额中增加值的省外占比，即某地区流出至其他地区的商品隐含的增加值中，有多少是由其他地区创造的，该指标越大，说明该地区的生产活动对其他省份的依赖越大，该地区本身的垂直专业化程度越高。在已知地区间产业分工水平及其地区内外产业布局情况的基础上，测度地区间增加值收益分配亦有其独特意义。前者侧重商品生产中企业或行业层级的专业化分工深度，后者侧重各省份在国内价值链中的分工参与度，分工参与度与整体的产业分工深度并无直接联系，但与地区间的产业分工深度却存在正向相关。在前述例子中，假设A地区与B地区原来处于割裂状态，A地区向B地区产业转移后，总的生产阶段数没有变化，但A地区外的生产阶段数变长，且两地区在国家价值链中的分工参与度提升。如前所述，“省外增加值率”虽然不能较好地表示产业分工深化程度，但能衡量地区间的生产交易关联程度，可以以此侧面验证营改增对地区间生产阶段数的影响。

### 4.2.2 生产阶段数分解

本文基于前人研究（Fally，2012；倪红福等，2016；沈剑飞，2018），将全球投入产出模型下计算单国国内与国外生产分割长度的思路应用到省际投入产出模型，研究生产分割长度在省内和省外的分布情况。进而，通过识别省内和省外两种分工深化对国内整体分工深化的影响，分析不同分工深化方式对经济结构的影响。

Fally（2012）提出，对于一个封闭经济体，它的生产分割长度可以理解为每种产品的生产阶段数（N）。$N_i$指的是参与生产产品$i$的平均生产阶段数。计算$N_i$需要使用投入产出表，首先计算出直接消耗系数矩阵（$A_{ji}$），即生产1单位价值的$i$产品需要直接消耗$A_{ji}$单位$j$产品，因此，$N_i$可以通过递归定义得出，即产品的隐含生产阶段数取决于使用的中间投入产品的隐含生产阶段数。

$$N_i = 1 + \sum_j A_{ji} N_j$$

可以通过上述公式计算出每种产品的生产阶段数。如果一个产品的生产不需要使用来自其他产品的中间投入，那么这个产品的生产阶段数就是1。然而，在一般情况下，一个产品的生产阶段数都受其他中间产品的生产所影响。在全国省际投入产出模型下，$i$ 省 $K$ 部门的生产分割程度（生产阶段数）$N_k^i$ 为：

$$N_k^i = 1 + \sum_{j,l} A_{lk}^{ji} N_l^j$$

可以简化为：

$$N^T = U^T + N^T A$$

$$N^T = U^T (I - A)^{-1} = U^T B$$

其中，$T$ 为转置，$I$ 为单位矩阵，$B$ 为里昂惕夫逆矩阵。

在此基础上，借鉴倪红福的思路，进一步将里昂惕夫逆矩阵进行分解，采用分块矩阵形式定义省内和省外的里昂惕夫逆矩阵，同时将两省模型推广到多省模型中：

$$N^{iT} = U^T \begin{bmatrix} B_{1i} \\ B_{2i} \\ \vdots \\ B_{Ni} \end{bmatrix} = u^T L^{ii} + u^T (B^{ii} - L^{ii}) + u^T \sum_{j \neq i} B^{ji}$$

$$= u^T L^{ii} + u^T \left( \sum_{j \neq i} L^{ii} A^{ij} B^{ji} \right) + u^T \sum_{j \neq i} B^{ji}$$

其中，$N^i$ 为 $i$ 省的总的生产阶段数；$u^T L^{ii}$ 表示省内生产阶段数；$L^{ii}$ 为 $i$ 省的局部里昂惕夫逆矩阵，表示省内自产自销部分；$u^T \left( \sum_{j \neq i} L^{ii} A^{ij} B^{ji} \right)$ 为所有省外产品生产中对 $i$ 省的中间投入需求而引起的 $i$ 省隐含的生产阶段数，即传统贸易统计中的被重复统计的部分，这个指标越大，跨省中间产品贸易的活跃程度越高，生产过程中的交易频率越高，涉及的生产阶段也就越多，因此，该分项主要反映中间产品省际贸易的影响机制，故可把该分项归为地区外生产分割长度部分；$u^T \sum_{j \neq i} B^{ji}$ 表示 $i$ 省生产的产品对省外中间投入的需求，进而使 $i$ 省产品产生的生产阶段数，根据投入产出模型，该项表示 $i$ 省在生产最终产品的过程中所引发的其他省份的产出增加，因此可以理解为该项是因省际中间产品贸易而存在。将最后两个分解项相加所得的结果称为“省际生产阶段数”。

### 4.2.3 流出增加值分解

Koopman et al. (2014) 从全球投入产出表入手，将一国的总出口分解为三个部分，分别为国内增加值、国外增加值和重复计算部分，王直等(2015)、Los et al. (2016) 对此进行拓展，将分解对象从单国总出口拓展为双边出口。本文将王直等 (2015) 分解双边中间贸易品流量的基本思路扩展至一国省际投入产出表，测算省际流出额的省内增加值和省外增加值部分。以 $m$ 个省份为例，表 4 - 1 为 $m$ 个省份间的示意性投入产出模型。

表 4 - 1 国内省际投入产出模型

| 投入 \ 产出 | | 中间使用 | | | | 最终使用 | | | | 总产出 |
|---|---|---|---|---|---|---|---|---|---|---|
| | | 1 省 | 2 省 | … | $m$ 省 | 1 省 | 2 省 | … | $m$ 省 | |
| 中间投入 | 1 省 | $Z^{11}$ | $Z^{12}$ | … | $Z^{1m}$ | $Y^{11}$ | $Y^{12}$ | … | $Y^{1m}$ | $X^1$ |
| | 2 省 | $Z^{21}$ | $Z^{22}$ | … | $Z^{2m}$ | $Y^{21}$ | $Y^{22}$ | … | $Y^{2m}$ | $X^2$ |
| | … | … | … | … | … | … | … | … | … | … |
| | $m$ 省 | $Z^{m1}$ | $Z^{m2}$ | … | $Z^{mm}$ | $Y^{m1}$ | $Y^{m2}$ | … | $Y^{mm}$ | $X^m$ |
| 增加值 | | $VA^1$ | $VA^2$ | … | $VA^m$ | — | — | | — | — |
| 总投入 | | $(X^1)'$ | $(X^2)'$ | … | $(X^m)'$ | — | — | | — | — |

本文分解使用的数据便是基于上述模型的数据结构。实际的数据为2007 年、2010 年、2012 年、2015 年和 2017 年的投入产出表，内含全国 30 省区市 42 (或 30) 部门区域间投入产出数据，实际的数据除上述 (行向) 各项外，还含有中国各省各部门的进出口数据和误差调整项。由于研究国内省份间价值流动，且进出口数据和误差调整项与总产出占比较小，所以在实际分解过程中，忽略进出口数据和误差调整项的影响。

其中，上标 $i$ 代表 $i$ 省。$Z^{ij}$ 和 $Y^{ij}$ 分别代表 $i$ 省产品被 $j$ 省用作中间投入品和最终使用品的部分，$VA^i$ 和 $X^i$ 分别表示 $i$ 省的增加值和产出。上标"$(X^i)'$" 为 $X^i$ 的转置。假设各省部门数统一为 $n$ 个，那么上表中 $Z$ 为 $n*n$ 的矩阵，$X$ 和 $Y$ 为 $n*1$ 的列向量，$V$ 为 $1*n$ 的行向量。

从行向来看，表 4 - 1 存在以下平衡式：

$$\begin{bmatrix} Z^{11} + Z^{12} + \cdots + Z^{1m} \\ Z^{21} + Z^{22} + \cdots + Z^{2m} \\ \cdots \quad \cdots \quad \cdots \quad \cdots \\ Z^{m1} + Z^{m2} + \cdots + Z^{mm} \end{bmatrix} + \begin{bmatrix} Y^{11} + Y^{12} + \cdots + Y^{1m} \\ Y^{21} + Y^{22} + \cdots + Y^{2m} \\ \cdots \quad \cdots \quad \cdots \quad \cdots \\ Y^{m1} + Y^{m2} + \cdots + Y^{mm} \end{bmatrix} = \begin{bmatrix} X^1 \\ X^2 \\ \cdots \\ X^m \end{bmatrix}$$

定义投入系数 $A^{ij} \equiv Z^{ij} (\hat{X}^j)^{-1}$ 或 $A \equiv Z(\hat{X})^{-1}$，则有：

$$\begin{bmatrix} A^{11} & A^{12} & \cdots & A^{1m} \\ A^{21} & A^{22} & \cdots & A^{2m} \\ \cdots & \cdots & \cdots & \cdots \\ A^{m1} & A^{m2} & \cdots & A^{mm} \end{bmatrix} \begin{bmatrix} X^1 \\ X^2 \\ \cdots \\ X^m \end{bmatrix} + \begin{bmatrix} Y^{11} + Y^{12} + \cdots + Y^{1m} \\ Y^{21} + Y^{22} + \cdots + Y^{2m} \\ \cdots \quad \cdots \quad \cdots \quad \cdots \\ Y^{m1} + Y^{m2} + \cdots + Y^{mm} \end{bmatrix} = \begin{bmatrix} X^1 \\ X^2 \\ \cdots \\ X^m \end{bmatrix}$$

调整后就可以将总产出以最终需求表示出来：

$$\begin{bmatrix} X^1 \\ X^2 \\ \cdots \\ X^m \end{bmatrix} = \begin{bmatrix} B^{11} & B^{12} & \cdots & B^{1m} \\ B^{21} & B^{22} & \cdots & B^{2m} \\ \cdots & \cdots & \cdots & \cdots \\ B^{m1} & B^{m2} & \cdots & B^{mm} \end{bmatrix} \begin{bmatrix} Y^{11} + Y^{12} + \cdots + Y^{1m} \\ Y^{21} + Y^{22} + \cdots + Y^{2m} \\ \cdots \quad \cdots \quad \cdots \quad \cdots \\ Y^{m1} + Y^{m2} + \cdots + Y^{mm} \end{bmatrix}$$

其中 $\begin{bmatrix} B^{11} & B^{12} & \cdots & B^{1m} \\ B^{21} & B^{22} & \cdots & B^{2m} \\ \cdots & \cdots & \cdots & \cdots \\ B^{m1} & B^{m2} & \cdots & B^{mm} \end{bmatrix} = \begin{bmatrix} I - A^{11} & -A^{12} & \cdots & -A^{1m} \\ -A^{21} & I - A^{22} & \cdots & -A^{2m} \\ \cdots & \cdots & \cdots & \cdots \\ -A^{m1} & -A^{m2} & \cdots & I - A^{mm} \end{bmatrix}^{-1}$ 为经典的里昂惕夫逆矩阵。

将上式右端展开，可以将 $i$ 省总产出 $X^i$ 分解为由不同最终品拉动的不同部分：

$$X^i = \sum_{j=1}^{m} \sum_{k=1}^{m} B^{ij} Y^{jk}$$

因此，$i$ 省向 $j$ 省的中间流出可以分解为以下 $m * m$ 个部分：

$$Z^{ij} = A^{ij} X^j = A^{ij} \sum_{k=1}^{m} \sum_{l=1}^{m} B^{jk} Y^{kl}$$

上述等式右端为按照这一中间流出的最终吸收地和吸收渠道，完全分解的部分。

基于中间流出的分解，可以将总流出完全分解为不同来源增加值和最终吸收地的不同部分。定义增加值系数 $V^i = VA^i (X^i)^{-1}$，则完全增加值系数为：

$$VB = [V^1 \quad V^2 \quad \cdots \quad V^m] \begin{bmatrix} B^{11} & B^{12} & \cdots & B^{1m} \\ B^{21} & B^{22} & \cdots & B^{2m} \\ \cdots & \cdots & \cdots & \cdots \\ B^{m1} & B^{m2} & \cdots & B^{mm} \end{bmatrix}$$

$$= \left[ \sum_{i=1}^{m} V^i B^{i1} \quad \sum_{i=1}^{m} V^i B^{i2} \quad \cdots \quad \sum_{i=1}^{m} V^i B^{im} \right]$$

每个方程中的结果向量的所有元素都等于 1，这意味着任何单位生产的最终产品的价值贡献可以被完全分解为每个部门的增加值，这种方法是根据价值来源方向并考虑各行业之间的反向联系来进行最终产品的分解。

对于 $i$ 省来说，则有：

$$\sum_{j=1}^{m} V^{j} B^{ji} = u \quad u = (1,1,\cdots,1)$$

以 $E^{ij}$ 表示 $i$ 省向 $j$ 省的流出，包括最终流出和中间流出两部分，$E^{ij} = A^{ij}X^{j} + Y^{ij}$。$i$ 省的总流出可以表示为：$E^{i} = \sum_{j=1}^{m} E^{ij} = \sum_{j=1}^{m}(A^{ij}X^{j} + Y^{ij})$。因此，行向平衡式可以改写为：

$$\begin{bmatrix} A^{11} & 0 & \cdots & 0 \\ 0 & A^{22} & \cdots & 0 \\ \cdots & \cdots & \cdots & \cdots \\ 0 & 0 & \cdots & A^{mm} \end{bmatrix}\begin{bmatrix} X^{1} \\ X^{2} \\ \cdots \\ X^{m} \end{bmatrix} + \begin{bmatrix} Y^{11} + E^{1} \\ Y^{22} + E^{2} \\ \cdots \\ Y^{mm} + E^{m} \end{bmatrix} = \begin{bmatrix} X^{1} \\ X^{2} \\ \cdots \\ X^{m} \end{bmatrix}$$

调整后得到单省模型的经典里昂惕夫公式：

$$\begin{bmatrix} X^{1} \\ X^{2} \\ \cdots \\ X^{m} \end{bmatrix} = \begin{bmatrix} L^{11}Y^{11} + L^{11}E^{1} \\ L^{22}Y^{22} + L^{22}E^{2} \\ \cdots \\ L^{mm}Y^{mm} + L^{mm}E^{m} \end{bmatrix}$$

其中，$L^{ii} = (I - A^{ii})^{-1}$ 等表示 $i$ 省的省内里昂惕夫逆矩阵，根据上式，$i$ 省向 $j$ 省的中间流出可以表示为：

$$Z^{ij} = A^{ij}X^{j} = A^{ij}L^{jj}Y^{jj} + A^{ij}L^{jj}E^{j}$$

结合上述公式，$i$ 省向 $j$ 省的流出 $E^{ij}$ 可以分解如下：

$$\begin{aligned} E^{ij} &= A^{ij}X^{j} + Y^{ij} \\ &= \sum_{k=1}^{m}(V^{k}B^{ki})'\#Y^{ij} + \sum_{k=1,k\neq i}^{m}(V^{k}B^{ki})'\#(A^{ij}L^{jj}Y^{jj} + A^{ij}L^{jj}E^{j}) + \\ &\quad (V^{i}B^{ii} - V^{i}L^{ii})'\#A^{ij}X^{j} + (V^{i}L^{ii})'\#A^{ij}\sum_{k=1}^{m}\sum_{p=1}^{m}B^{jk}Y^{kp} \\ &= (V^{i}B^{ii})'\#Y^{ij} && (1) \\ &\quad + (V^{i}L^{ii})'\#A^{ij}B^{jj}Y^{jj} && (2) \\ &\quad + (V^{i}L^{ii})'\#A^{ij}\sum_{k=1,k\neq i,j}^{m}B^{jk}Y^{kk} && (3) \\ &\quad + (V^{i}L^{ii})'\#A^{ij}\sum_{k=1,k\neq i,j}^{m}B^{jj}Y^{jk} && (4) \\ &\quad + \left((V^{i}L^{ii})'\#\sum_{k=1,k\neq i,j}^{m}B^{jk}Y^{kj} + (V^{i}L^{ii})'\#A^{ij}\sum_{k=1,k\neq i,j}^{m}\sum_{p=1,p\neq i,j,k}^{m}B^{jk}Y^{kp}\right) && (5) \end{aligned}$$

$$+ (V^i L^{ii})' \# A^{ij} B^{jj} Y^{ji} \tag{6}$$

$$+ (V^i L^{ii})' \# A^{ij} \sum_{k=1, k \neq i,j}^{m} B^{jk} Y^{ki} \tag{7}$$

$$+ (V^i L^{ii})' \# A^{ij} B^{ji} Y^{ii} \tag{8}$$

$$+ (V^i L^{ii})' \# A^{ij} B^{ji} \left( Y^{ij} + \sum_{k=1, k \neq i,j}^{m} Y^{ik} \right) \tag{9}$$

$$+ (V^i B^{ii} - V^i L^{ii})' \# A^{ij} X^j \tag{10}$$

$$+ (V^j B^{ji})' \# Y^{ij} \tag{11}$$

$$+ (V^j B^{ji})' A^{ij} L^{jj} Y^{jj} \tag{12}$$

$$+ (V^j B^{ji})' A^{ij} L^{jj} E^j \tag{13}$$

$$+ \sum_{k=1, k \neq i,j}^{m} (V^k B^{ki})' \# Y^{ij} \tag{14}$$

$$+ \sum_{k=1, k \neq i,j}^{m} (V^k B^{ki})' \# A^{ij} L^{jj} Y^{jj} \tag{15}$$

$$+ \sum_{k=1, k \neq i,j}^{m} (V^k B^{ki})' \# A^{ij} L^{jj} E^j \tag{16}$$

上式中，“′”代表矩阵转置，“#”代表矩阵点乘。

对省际贸易流量进行完全分解后，根据流出品的价值来源和最终吸收地将双边总流出分为 16 部分，可以分为省内增加值、省外增加值和重复计算部分三大类，每个公式所代表的实际经济含义如表 4－2 所示。

**表 4－2　　增加值分解结果各部分含义**

| 公式 | 实际含义 |
|---|---|
| (1) | 最终流出的省内增加值 |
| (2) | 中间流出的省内增加值，这部分中间流出用于直接被流入省生产省内最终需求 |
| (3) | 中间流出的省内增加值，这部分中间流出用于被流入省流出至第三省，并被第三省生产省内最终需求 |
| (4) | 中间流出的省内增加值，这部分中间流出用于被流入省生产最终流出至第三省 |
| (5) | 中间流出的省内增加值，这部分中间流出用于被流入省生产中间流出至第三省，并以最终流出返回第二省或输送至其他省 |
| (6) | 中间流出的省内增加值，这部分中间流出用于被流入省生产最终流出返回省内 |
| (7) | 中间流出省内增加值，这部分中间流出用于被流入省生产中间流出至第三省，以最终流入返回省内 |
| (8) | 中间流出的省内增加值，这部分中间流出用于被流入省生产中间流出返回省内，用于生产省内最终需求 |
| (9) | 中间流出省内增加值，重复计算部分，隐含于流入中返回省内，被生产最终流出 |

续表

| 公式 | 实际含义 |
|---|---|
| (10) | 中间流出省内增加值，重复计算部分，隐含于流入中返回省内，被生产中间流出吸收 |
| (11) | 本省最终流出的流入省增加值 |
| (12) | 被流入省直接生产省内最终需求吸收的流入省增加值 |
| (13) | 重复计算部分，具体为本省中间流出的流入省价值 |
| (14) | 第三省增加值，隐含于本省最终流出 |
| (15) | 第三省增加值，直接被流入省生产省内最终需求吸收 |
| (16) | 重复计算部分，具体为本省中间流出的第三省价值 |

归纳起来，总流出具体各分解部分的关系可见图 4－1。

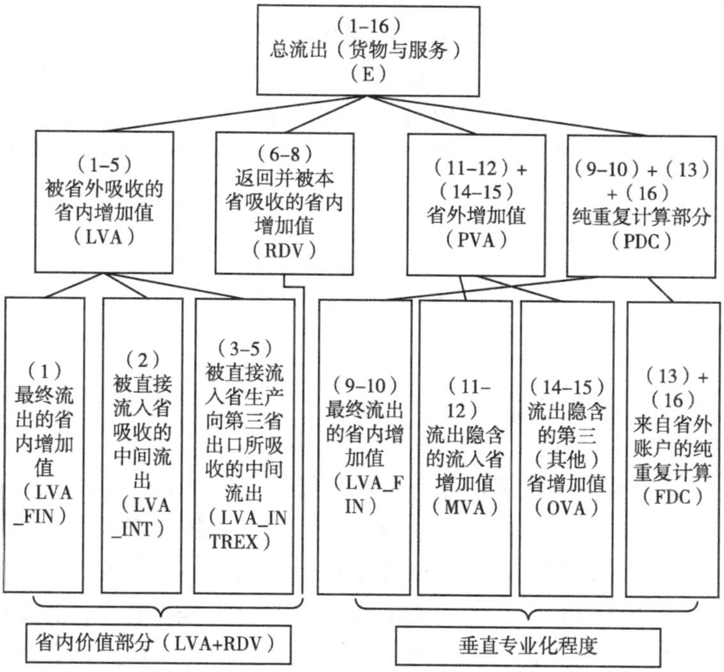


**图 4－1 总流出分解示意图**

注：参考王直等（2014）作图。

基于上述模型，首先，通过省际投入产出表按年度测算我国各省各行业生产阶段数，以每个行业最终消费为权重计算全国的生产阶段数，并将各省生产阶段数分解为省内和省外两部分；同时，借鉴王直等（2015）、李善同等（2020）的增加值分解方法，测算各省省际流出中的省内外增加值占比和垂直专业化指数，即省际循环水平。其次，在测算基础上，针对假说 1，本文采用多期双重差分法实证检验营改增政策对各省生产阶段总数的影响，若结果显著为正，则可进一步证实现有研究中关于营改增可以促进产业分工深化的结论，与现有大多从微观企业层面测度产业分工的研究不同，本文利用省际投入产出表数据开展研究。同时，本文将研究营改增政策对各省在国内价值链中参与程度（省际流出中来自非本省的增加值占比）的影响，探讨税制变革如何影响省际经济循环，另外，可将产业分工水平与省际循环水平置于同一框架内分析，一般而言，前者中的地区间产业分工指标与后者应存在正向关系，对比分析二者的直观特征和变化趋势有助于探讨国内经济循环的更多细节问题。最后，根据服务业比重等分组标准对省份分组回归进行异质性检验，若服务业比重大的省份受营改增冲击力度更大，则可进一步支持假说 1。

针对假说 2，本文将检验营改增政策对跨省分工程度（即省外生产阶段数占生产阶段总数之比）的影响，若假说 1 成立，且营改增对跨省产业分工程度的影响显著为负，那么可以认为营改增促进了产业分工深化，但受限于地方保护及产业分工区域内自发性等因素，产业分工深化主要发生于地区内而非地区间，反之，若系数显著为负，则认为产业分工深化主要发生于地区之间。

## 4.3 指标构建

### 4.3.1 被解释变量

本文被解释变量有地区产业分工系列指标 *TPS*、*IPS*、*EPS* 及 *eps* 和省际循环水平指标 *pva* 和 *vsi*，其中，①*TPS* 表示地区总的生产阶段数，*IPS* 表示地区内生产阶段数，*EPS* 表示地区外生产阶段数、*eps* 是地区外生产阶段数占地区总的生产阶段数的比值，表示跨省产业分工程度；②*pva* 表示省际流出中省外增加值占比，是省际循环水平的直观表现；*vsi* 表示垂直专业化指数，衡量某地区生产中使用省外中间产品的比例，垂直专业化程度越高，代表此省份采购省外中间产品参与国内分工的程度越高，参与国内价值链的程度越深，省际循环水平越高。

### 4.3.2 控制变量

参考倪红福等（2016）、沈剑飞（2018）、陈启斐和蔡璐（2020）等研究，本文选取的若干控制变量有：（1）地区生产总值，以各省生产总值表示地区的经济发展水平；（2）公共财政收入，以地区一般财政预算收入表示地方财力；（3）研发强度，以地区研发投入占地区GDP的比重表示，综合相关文献可知，该指标特用于产业分工指标的实证分析中；（4）人力资本，以地区平均受教育年限表示；（5）居民消费水平，来自各省统计年鉴同名指标；（6）产业结构，以地区服务业占GDP的比重表示；（7）邮电业务总量，来自Choice数据库同名指标，综合相关文献做法，该指标特用于省际循环指标的实证分析中。

表4－3中各变量的描述性统计结果如表4－4所示，为保证数据平稳，实证时控制变量均进行对数处理。

**表4－3　变量含义与说明**

| 类别 | 名称 | 含义 | 计算方法 |
|---|---|---|---|
| 因变量 | *TPS* | 总生产阶段数 | 生产分割长度，详见4.2分解模型说明 |
| | *EPS* | 地区间生产阶段数 | 地区外生产分割长度，详见4.2分解模型说明 |
| | *eps* | 跨省分工程度 | EPS/TPS |
| | *pva* | 省外增加值率 | 省际流出中由其他省份创造的增加值占总流出额的比重，详见4.2分解模型说明 |
| | *vsi* | 各省参与国内价值链的程度 | 省际流出中由其他省份创造的增加值与重复计算部分之和占总流出额的比重，详见4.2分解模型说明 |
| 控制变量 | GDP | 地区经济发展水平 | 地区生产总值 |
| | *revenue* | 地方财政收入水平 | 地方一般公共预算收入 |
| | *rd* | 地区研发强度 | 地区研发投入占GDP的比重 |
| | *human* | 地区人力资本 | 地区平均受教育年限 |
| | *consume* | 地区居民消费水平 | 地区居民消费总额 |
| | *structure* | 产业结构 | 第三产业生产总值占GDP比重 |
| | *postel* | 邮电业务总量 | 地区邮政电信业务总量 |

**表4－4　变量的描述性统计结果**

| 变量 | 观测值 | 均值 | 标准差 | 最小值 | 最大值 |
|---|---|---|---|---|---|
| *TPS* | 4500 | 2.487 | 0.537 | 1 | 4.564 |
| *EPS* | 4500 | 0.650 | 0.366 | 0 | 2.508 |
| *eps* | 4500 | 0.250 | 0.114 | 0 | 0.700 |

续表

| 变量 | 观测值 | 均值 | 标准差 | 最小值 | 最大值 |
|---|---|---|---|---|---|
| *pva* | 4500 | 0.125 | 0.096 | -0.007 | 0.797 |
| *vsi* | 4500 | 0.375 | 0.191 | 0.000 | 1.037 |
| *gdp* | 4500 | 19466.76 | 16753.90 | 797.35 | 89705.23 |
| *revenue* | 4500 | 2031.31 | 1888.88 | 56.71 | 11315.21 |
| *rd* | 4500 | 1.498 | 1.064 | 0.210 | 6.010 |
| *human* | 4500 | 8.815 | 1.015 | 6.764 | 12.665 |
| *consume* | 4500 | 15513.37 | 9421.17 | 4057.00 | 53617.00 |
| *structure* | 4500 | 0.438 | 0.094 | 0.286 | 0.806 |
| *postel* | 4500 | 863.28 | 897.487 | 26.70 | 6107.29 |

## 4.4 计量模型

营改增是在不同地区、不同行业逐步开展，为评估对地区产业分工程度冲击提供了良好的政策试验机制，适合采用多期双重差分估计。本文拟以营改增政策为解释变量，以总的生产阶段数（*TPS*）、省外生产阶段数（*EPS*）、跨省分工程度（*eps*）及省外增加值占比（*pva*）、垂直专业化指数（*vsi*）分别作为被解释变量构建多期双重差分固定效应模型：

$$TPS(pva)_{ik,t} = \alpha + \beta policy_{ik,t} + \gamma Z_{ik,t} + \theta_{ik} + \varphi_t + \varepsilon_{ik,t}$$

其中，被解释变量$TPS_{ik,t}$（等）表示省份 $i$ 的行业 $k$ 在第 $t$ 年的生产阶段数系列指标，由省际投入产出表分解计算得来；解释变量$policy_{ik,t}$表示省份 $i$ 的行业 $k$ 在第 $t$ 年被纳入“营改增”试点，如果被纳入，取值为 1，否则取值为 0；$Z_{ik,t}$影响省际及行业分工的其他控制变量。$\theta_{ik}$是个体固定效应；$\varphi_t$是年份固定效应；$\varepsilon_{ik,t}$是随机误差项。由于“营改增”政策分阶段实施，不同省市和行业在不同时间纳入试点，因此在本文的模型中，变量$policy_{ik,t}$即相当于单期 DID 中的交互项 $Treat \times Post$，所以系数 $\beta$ 即“营改增”政策对产业分工的政策效应。

由于省份或行业加入营改增试点后需要经历一定时间的产业特征变化过程，因此本文将第 $t$ 年下半年实施营改增试点的省市及行业政策实施年份定义为 $t+1$ 年，例如，将 2012 年 9 月至 12 月实施营改增试点的省市及行业视为在 2013 年实施。同时，其他变量也向后推迟一期。

# 5. 研究结果及分析

基于产业分工和省际循环水平的测算结果，本章节首先考察营改增政策对各省整体产业分工水平和地区内、地区间分工差异的影响，检验前文假说1和假说2；其次以省际流出增加值构成来衡量地区间经济关联，考察营改增对省际循环的影响，最后，根据服务业比重、营业税依赖程度、地方保护程度及经济发展水平为分组标准进行省份层面的异质性分析，以探讨营改增对产业分工和省际循环的作用机制。

## 5.1 产业分工及增加值分解结果

### 5.1.1 产业分工测算结果

本文首先基于1990年至2018年全国投入产出表测算了全国层面的生产阶段数，由图5-1可以得知，1990—2000年全国总生产阶段数呈稳定增长趋势，2002年总生产阶段数出现较大幅下降，原因可能是中国在2001年加入WTO，入世后初期，原本的生产活动不再适应更加开放的经贸环境，许

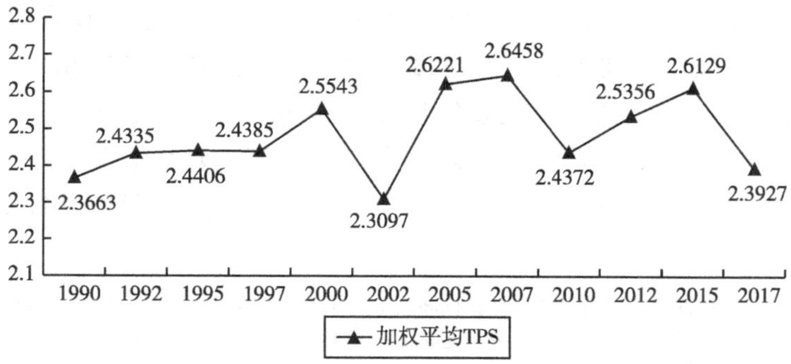


图5-1 基于全国投入产出表计算的国家层面生产阶段数

多生产环节不得不进行缩减或转型，因此出现大幅调整，此后随着在全球产业链、价值链参与程度的加深，产业分工更加细化，生产阶段数也总体回升。2008 年由美国次贷危机引发的全球经济衰退，造成生产阶段数的明显下降，之后随着经济逐步复苏，生产阶段数亦逐步回升。2016 年以来，全国生产阶段数有所减少，一是可能由于我国对外资本输出水平不断提升，许多工序较长的低端制造业转移至东南亚国家，导致我国本土的生产阶段数水平下降，二是从如图 5－2 所示的服务业和非服务业①生产阶段数表现来看，服务业的生产阶段数远小于制造业，即从产业结构升级的角度，国内市场从传统的生产劳动密集型产品转向更为技术密集型的产品和服务反而导致生产环节的相对减少。

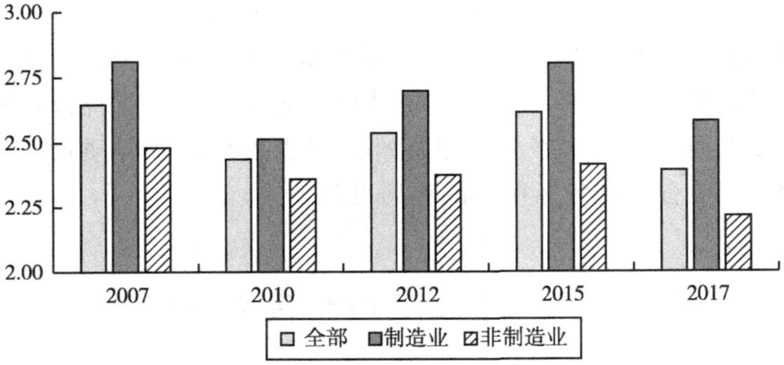


**图 5－2　制造行业和非制造行业生产阶段数特征对比**

具体来看，图 5－2 中的测算结果显示，我国服务业的生产阶段相对较少，而制造业的生产阶段相对较多，这种差异是由两行业所生产的产品特性、技术含量、供应链管理等多种因素造成的。第一，制造业的产品通常是实体性的，需要经过采购原材料、加工、生产、装配等生产环节，而服务业的产品通常是非物质性的，例如旅游、金融、医疗等，无须进行原材料的加工、生产等环节，生产阶段相对较少；第二，制造业技术含量较高，机械、电子、化学等技术需要经过多个生产阶段的加工和转化才能生产出成品，而服务业的产品则往往以知识和技能为主，生产过程相对简单；第三，制造业生产通常需要进行复杂的供应链管理及环保处理，形成产品生产的多个附加阶段，而服务业通常不需要。二者生产阶段数特征的差异意

① 根据行业特性，将通信设备、计算机和其他电子设备；电力、热力的生产和供应；燃气及水的生产与供应；建筑；批发和零售；交通运输、仓储和邮政；住宿和餐饮；租赁和商务服务；科学研究和技术服务及其他服务业这 10 个行业归为服务业一组，为便于概念统一，后文将其余 20 个非现代服务行业视为制造业。

味着，在生产阶段的衡量尺度下营改增对产业细分深化的影响仅发生于制造业中，随着营改增后服务业的繁荣发展，全部产业层面的生产阶段受到服务业生产阶段的“稀释效应”，反而将有所减少，因此，用剥离服务业后的单独制造业的数据来验证营改增对产业分工的影响更为准确。

其次考察我国省级层面的产业分工情况，如表5-1所示，基于2007年、2010年、2012年、2015年及2017年五个年份的省际投入产出表，测算出我国30个省（市）(不含港澳台及西藏）的产业分工水平以及分工在省内和省外的分布情况。由计算结果可知：

从省（市）间的横向比较来看，总生产阶段数排名前五频率较高的为山东、河南、安徽、河北等中部、北部沿海地区省份，其次为吉林、辽宁等东北地区省份，而广东、广西等南部省份以及新疆、山西、贵州、云南等西南、西北地区的生产阶段数较小；山东、河南、湖北、四川等中部地区的省内生产阶段数较大，表明这些省份的生产活动多在本省内完成，新疆、陕西、贵州、云南等西部地区以及北京、上海等发达城市的省内生产阶段数则最小，这些地区内部的商品生产环节较少；北京、重庆、上海、天津四大直辖市以及安徽、陕西等省份的省外生产阶段数较大，山东、湖南、湖北、四川等省份的省外生产阶段数则常年排名靠后，这再次说明这些省份的生产活动多依赖自身完成。

**表5-1　　2007—2017年各省（市）产业分工情况**

| 省（市） | 2007年 | | | 2010年 | | | 2012年 | | | 2015年 | | | 2017年 | | |
|---|---|---|---|---|---|---|---|---|---|---|---|---|---|---|---|
| | *TPS* | *IPS* | *EPS* | *TPS* | *IPS* | *EPS* | *TPS* | *IPS* | *EPS* | *TPS* | *IPS* | *EPS* | *TPS* | *IPS* | *EPS* |
| 北京 | 1.987 | 1.551 | 0.436 | 2.561 | 1.933 | 0.628 | 2.225 | 1.489 | 0.735 | 2.235 | 1.503 | 0.733 | 2.184 | 1.465 | 0.719 |
| 天津 | 2.172 | 1.448 | 0.724 | 2.264 | 1.675 | 0.589 | 2.259 | 1.698 | 0.561 | 2.293 | 1.730 | 0.563 | 2.054 | 1.600 | 0.454 |
| 河北 | 2.254 | 1.627 | 0.627 | 2.157 | 1.660 | 0.497 | 2.274 | 1.902 | 0.372 | 2.291 | 1.872 | 0.419 | 2.375 | 1.883 | 0.493 |
| 山西 | 1.921 | 1.609 | 0.311 | 2.092 | 1.684 | 0.409 | 2.047 | 1.605 | 0.442 | 1.906 | 1.409 | 0.497 | 1.902 | 1.524 | 0.378 |
| 内蒙古 | 1.973 | 1.590 | 0.382 | 1.908 | 1.615 | 0.293 | 2.070 | 1.653 | 0.417 | 1.996 | 1.606 | 0.390 | 1.989 | 1.483 | 0.506 |
| 辽宁 | 2.186 | 1.796 | 0.390 | 2.274 | 1.889 | 0.385 | 2.455 | 2.003 | 0.453 | 2.352 | 1.863 | 0.488 | 1.973 | 1.528 | 0.445 |
| 吉林 | 2.138 | 1.374 | 0.765 | 2.112 | 1.549 | 0.562 | 2.375 | 2.008 | 0.367 | 2.435 | 1.973 | 0.463 | 2.357 | 1.611 | 0.746 |
| 黑龙江 | 2.151 | 1.745 | 0.406 | 2.043 | 1.713 | 0.330 | 2.060 | 1.621 | 0.439 | 2.143 | 1.614 | 0.530 | 2.003 | 1.484 | 0.519 |
| 上海 | 2.135 | 1.631 | 0.504 | 2.463 | 1.825 | 0.638 | 2.146 | 1.507 | 0.640 | 2.050 | 1.498 | 0.552 | 1.929 | 1.459 | 0.470 |
| 江苏 | 2.172 | 1.789 | 0.382 | 2.071 | 1.742 | 0.329 | 2.200 | 1.848 | 0.352 | 2.266 | 1.877 | 0.390 | 2.072 | 1.758 | 0.314 |
| 浙江 | 2.179 | 1.712 | 0.466 | 2.258 | 1.827 | 0.430 | 2.462 | 1.941 | 0.521 | 2.433 | 1.781 | 0.652 | 2.186 | 1.579 | 0.606 |
| 安徽 | 2.103 | 1.549 | 0.555 | 2.370 | 1.720 | 0.650 | 2.538 | 1.712 | 0.826 | 2.720 | 1.691 | 1.029 | 2.583 | 2.064 | 0.519 |
| 福建 | 2.047 | 1.701 | 0.347 | 2.126 | 1.825 | 0.301 | 2.214 | 1.872 | 0.341 | 2.348 | 2.000 | 0.348 | 2.181 | 1.952 | 0.229 |

续表

| 省（市） | 2007 年 | | | 2010 年 | | | 2012 年 | | | 2015 年 | | | 2017 年 | | |
|---|---|---|---|---|---|---|---|---|---|---|---|---|---|---|---|
| | *TPS* | *IPS* | *EPS* | *TPS* | *IPS* | *EPS* | *TPS* | *IPS* | *EPS* | *TPS* | *IPS* | *EPS* | *TPS* | *IPS* | *EPS* |
| 江西 | 2.114 | 1.749 | 0.364 | 2.234 | 1.976 | 0.258 | 2.383 | 1.930 | 0.453 | 2.335 | 1.830 | 0.505 | 2.235 | 1.711 | 0.524 |
| 山东 | 2.415 | 2.133 | 0.282 | 2.466 | 2.212 | 0.254 | 2.520 | 2.229 | 0.291 | 2.532 | 2.301 | 0.231 | 2.722 | 2.460 | 0.262 |
| 河南 | 2.325 | 1.962 | 0.363 | 2.293 | 1.974 | 0.319 | 2.427 | 1.987 | 0.440 | 2.498 | 1.952 | 0.546 | 2.615 | 1.933 | 0.682 |
| 湖北 | 2.090 | 1.827 | 0.263 | 1.980 | 1.796 | 0.184 | 2.371 | 2.092 | 0.278 | 2.497 | 2.112 | 0.384 | 2.255 | 1.976 | 0.279 |
| 湖南 | 1.973 | 1.689 | 0.284 | 1.990 | 1.744 | 0.247 | 2.115 | 1.860 | 0.255 | 2.137 | 1.799 | 0.338 | 2.021 | 1.729 | 0.291 |
| 广东 | 1.968 | 1.589 | 0.379 | 2.173 | 1.763 | 0.410 | 2.100 | 1.630 | 0.470 | 2.191 | 1.728 | 0.462 | 1.878 | 1.551 | 0.327 |
| 广西 | 1.969 | 1.569 | 0.400 | 1.888 | 1.583 | 0.305 | 2.038 | 1.715 | 0.324 | 2.083 | 1.712 | 0.371 | 2.077 | 1.623 | 0.454 |
| 海南 | 1.824 | 1.649 | 0.176 | 1.959 | 1.773 | 0.186 | 2.103 | 1.471 | 0.632 | 2.157 | 1.452 | 0.705 | 2.072 | 1.422 | 0.650 |
| 重庆 | 2.145 | 1.590 | 0.554 | 2.003 | 1.691 | 0.313 | 2.097 | 1.588 | 0.508 | 2.295 | 1.591 | 0.704 | 2.228 | 1.478 | 0.750 |
| 四川 | 2.089 | 1.839 | 0.251 | 2.124 | 1.937 | 0.187 | 2.320 | 2.075 | 0.246 | 2.421 | 2.072 | 0.349 | 2.228 | 1.902 | 0.326 |
| 贵州 | 1.948 | 1.465 | 0.483 | 1.845 | 1.497 | 0.347 | 2.015 | 1.559 | 0.456 | 2.064 | 1.526 | 0.539 | 1.896 | 1.404 | 0.492 |
| 云南 | 2.016 | 1.529 | 0.487 | 1.928 | 1.504 | 0.425 | 2.047 | 1.560 | 0.487 | 2.106 | 1.494 | 0.611 | 2.007 | 1.488 | 0.519 |
| 陕西 | 2.028 | 1.416 | 0.612 | 2.161 | 1.664 | 0.497 | 2.176 | 1.533 | 0.642 | 2.249 | 1.571 | 0.678 | 2.201 | 1.495 | 0.706 |
| 甘肃 | 1.835 | 1.445 | 0.389 | 1.988 | 1.602 | 0.386 | 2.208 | 1.658 | 0.551 | 2.254 | 1.604 | 0.651 | 2.064 | 1.613 | 0.451 |
| 青海 | 2.048 | 1.473 | 0.575 | 1.999 | 1.650 | 0.349 | 2.006 | 1.650 | 0.356 | 2.111 | 1.629 | 0.482 | 2.046 | 1.585 | 0.461 |
| 宁夏 | 2.122 | 1.552 | 0.571 | 2.056 | 1.648 | 0.408 | 2.302 | 1.723 | 0.579 | 2.308 | 1.645 | 0.663 | 2.107 | 1.446 | 0.660 |
| 新疆 | 2.044 | 1.504 | 0.540 | 2.047 | 1.577 | 0.471 | 2.012 | 1.595 | 0.417 | 1.973 | 1.555 | 0.418 | 1.874 | 1.359 | 0.516 |
| 全国 | 2.119 | 1.704 | 0.415 | 2.194 | 1.810 | 0.384 | 2.252 | 1.805 | 0.446 | 2.300 | 1.807 | 0.493 | 2.183 | 1.739 | 0.444 |

注：参考沈剑飞（2018）等，地区生产阶段数由行业层面分解结果按照各行业最终消费权重加权平均计算。

从时间上的纵向比较来看，与全国层面的生产阶段数变化趋势类似，多数省（市）的总生产阶段数、省内外生产阶段数均在 2007—2012 年有所提升，但 2012 年之后呈下降趋势。2017 年仅有山东、河南、河北三个省份的生产阶段数增加，降幅最大的是辽宁、广东、天津、浙江等沿海省份，国内产业分工弱化的趋势可能是各省（市）更多地融入国际产业分工中所造成的。

省（市）间分工程度的测算结果如图 5－3 所示，按照前文介绍，*eps*（*EPS/TPS*）代表对一个省（市）而言，由于省（市）间的产业分工和商品贸易形成的生产阶段数占本省总生产阶段数的比重，该值越大，代表跨省（市）分工的程度越高。从结果来看：（1）省外生产阶段数占比的最高水平仅为 37.8%，可见我国各省生产活动以省内分工为主，省内分工深化对整体产业分工水平的影响相对较大；（2）我国各省的跨省产业分工程度差异较大，就单个年份而言，跨省产业分工程度最大的省份在 30%—40%，而跨省产业分工程度最小的省份不到 10%；（3）从图 5－3 中可以看到，北京、陕西、安徽等省（市）的省外生产阶段数占比更高，参与省（市）间产业分工的程度最深，这与当地的产业结构特征密切相关；山东、湖北、湖南、四川等省份的跨省市产业分工程度则最小。值得注意的是，海南省 2007 年、2010 年的跨省产业分工程度排名靠后，但在 2012 年、2015 年、2017 年均位于前列，是跨省产业分工程度变化最大的省份。

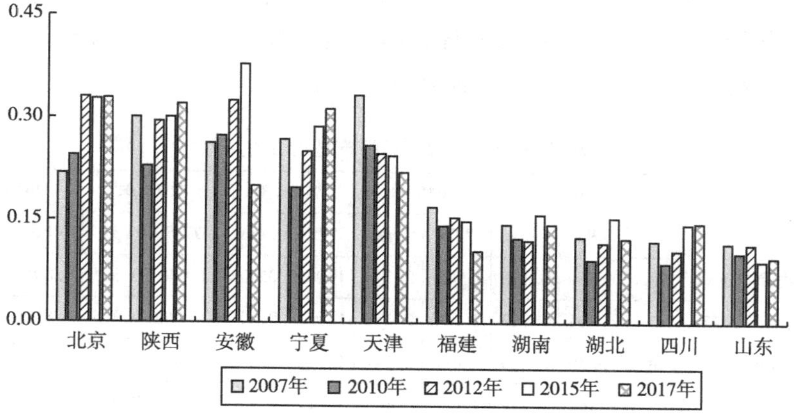


**图 5－3 部分省市跨省产业分工水平测度**

最后，表 5－2 给出了 30 个产业部门的生产阶段数测算结果，能够从中考察各产业部门的产业分工特点。从产业间横向比较结果来看，建筑、纺织服装、电力生产、金属冶炼等行业的生产阶段总数较大，农业及交通运输、商服、通信、计算机、科研技术等新兴行业的生产阶段总数较小；纺织服贸、金属冶炼及制品、交通运输设备、电气机械及电子通信设备制造业等产业的省外生产阶段数也明显较大，这与产业本身的生产活动复杂度密切相关。从时间维度比较来看，2007—2015 年，大多数产业的生产阶段数都在逐渐提升，国内产业分工深化明显。其中农林牧渔、能源开采、金属制品、交通运输设备等产业的总生产阶段数增长较慢，而纺织服装、加工制造、通信、计算机、科研技术等产业的总生产阶段数增长更快；而相较于 2015 年，2017 年除了纺织服装制品行业外，其余所有行业的生产阶段数均有所下降，其中能源、矿物开采和金属冶炼行业的总生产阶段数下降最快、降幅最大，由于相关产业链转移别国，交通运输设备制造和轻工制造等基础设施产业生产阶段数基本保持稳定。

表 5－2 中也展示了 30 个产业部门五个年份的跨省分工参与程度的测算结果。从所有年份的平均水平来看，交通运输设备、纺织品、金属冶炼产

业的跨省分工参与程度最大，省外生产阶段数占比均超过30%，批发零售、能源开采、农林牧渔等产业的跨省分工参与程度最小，一是因为前类产业的区域特性较弱，即不同省市间同一产业的生产组织方式差异不大，后类产业则比较依赖地区自身的能源、区位优势；二是因为前类产业本身生产分割程度较大，更易发生跨省的产业分工，而后类产业本身的生产分割程度较小，多数工序在地区内部即可完成；2007—2017年大部门产业的跨省分工参与程度呈上升趋势，但增幅越来越小，其中轻工制造行业、生活服务业及现代服务业的增长较快，可能是由于金属矿物、能源、木材等加工产业增长最慢，可能是，批发零售，非金属矿开采等产业的跨省分工参与程度保持稳定，这与产业本身特征有较大关系。

**表5-2　　　　2007—2017年30部门产业分工情况**

| | 2007年 | | 2010年 | | 2012年 | | 2015年 | | 2017年 | |
|---|---|---|---|---|---|---|---|---|---|---|
| | *TPS* | *eps* | *TPS* | *eps* | *TPS* | *eps* | *TPS* | *eps* | *TPS* | *eps* |
| 农林牧渔产品和服务 | 1.869 | 0.179 | 1.883 | 0.144 | 1.938 | 0.179 | 2.004 | 0.196 | 1.896 | 0.199 |
| 煤炭采选产品 | 2.204 | 0.213 | 2.317 | 0.190 | 1.975 | 0.170 | 2.594 | 0.268 | 1.857 | 0.211 |
| 石油和天然气开采产品 | 1.639 | 0.179 | 1.680 | 0.144 | 1.709 | 0.143 | 1.809 | 0.150 | 1.564 | 0.153 |
| 金属矿采选产品 | 2.202 | 0.222 | 2.427 | 0.194 | 1.982 | 0.214 | 2.632 | 0.287 | 1.637 | 0.141 |
| 非金属矿和其他矿采选产品 | 2.061 | 0.228 | 1.878 | 0.220 | 2.202 | 0.229 | 2.638 | 0.270 | 1.942 | 0.238 |
| 食品和烟草 | 2.568 | 0.209 | 2.484 | 0.165 | 2.612 | 0.252 | 2.783 | 0.284 | 2.667 | 0.315 |
| 纺织品 | 2.705 | 0.237 | 2.828 | 0.204 | 3.040 | 0.414 | 3.299 | 0.435 | 2.897 | 0.374 |
| 纺织服装鞋帽皮革羽绒及其制品 | 2.655 | 0.239 | 2.923 | 0.226 | 3.224 | 0.284 | 2.999 | 0.292 | 3.223 | 0.363 |
| 木材加工品和家具 | 2.646 | 0.245 | 2.788 | 0.194 | 2.803 | 0.304 | 2.892 | 0.285 | 2.731 | 0.267 |
| 造纸印刷和文教体育用品 | 2.689 | 0.235 | 2.840 | 0.202 | 2.818 | 0.283 | 2.979 | 0.293 | 2.893 | 0.325 |
| 石油、炼焦产品和核燃料加工品 | 2.131 | 0.247 | 2.031 | 0.176 | 2.566 | 0.276 | 2.529 | 0.284 | 2.118 | 0.209 |
| 化学产品 | 2.489 | 0.243 | 2.636 | 0.204 | 2.831 | 0.277 | 3.006 | 0.299 | 2.624 | 0.276 |
| 非金属矿物制品 | 2.700 | 0.229 | 2.861 | 0.236 | 2.839 | 0.264 | 3.087 | 0.299 | 2.582 | 0.261 |
| 金属冶炼和压延加工品 | 2.628 | 0.264 | 2.475 | 0.218 | 2.904 | 0.396 | 2.973 | 0.339 | 2.452 | 0.367 |
| 金属制品 | 2.850 | 0.289 | 2.878 | 0.221 | 2.961 | 0.323 | 3.016 | 0.319 | 2.789 | 0.333 |
| 通用及专用设备 | 2.596 | 0.275 | 2.694 | 0.234 | 2.606 | 0.319 | 2.921 | 0.333 | 2.533 | 0.331 |
| 交通运输设备 | 2.888 | 0.322 | 2.896 | 0.260 | 3.179 | 0.376 | 3.067 | 0.390 | 2.977 | 0.336 |
| 电气机械和器材 | 2.607 | 0.260 | 2.780 | 0.234 | 3.154 | 0.346 | 3.157 | 0.330 | 2.859 | 0.345 |

续表

| | 2007 年 | | 2010 年 | | 2012 年 | | 2015 年 | | 2017 年 | |
|---|---|---|---|---|---|---|---|---|---|---|
| | *TPS* | *eps* | *TPS* | *eps* | *TPS* | *eps* | *TPS* | *eps* | *TPS* | *eps* |
| 通信设备、计算机和其他电子设备 | 1.802 | 0.164 | 2.081 | 0.149 | 2.797 | 0.260 | 2.860 | 0.297 | 2.737 | 0.322 |
| 仪器仪表 | 1.774 | 0.169 | 2.322 | 0.217 | 2.971 | 0.282 | 2.968 | 0.337 | 2.694 | 0.310 |
| 其他制造产品 | 2.311 | 0.226 | 2.656 | 0.237 | 2.418 | 0.188 | 2.679 | 0.257 | 2.676 | 0.287 |
| 电力、热力的生产和供应 | 2.664 | 0.231 | 2.743 | 0.238 | 2.728 | 0.254 | 2.998 | 0.298 | 2.318 | 0.268 |
| 燃气及水的供应 | 2.396 | 0.237 | 2.346 | 0.209 | 2.542 | 0.229 | 2.725 | 0.301 | 2.302 | 0.265 |
| 建筑 | 2.797 | 0.281 | 2.912 | 0.268 | 2.820 | 0.246 | 2.946 | 0.268 | 2.744 | 0.280 |
| 批发和零售 | 1.682 | 0.138 | 1.712 | 0.119 | 1.646 | 0.137 | 1.770 | 0.165 | 1.585 | 0.143 |
| 交通运输、仓储和邮政 | 2.180 | 0.222 | 2.326 | 0.214 | 2.332 | 0.216 | 2.506 | 0.220 | 2.029 | 0.209 |
| 住宿和餐饮 | 2.360 | 0.219 | 2.527 | 0.198 | 2.391 | 0.235 | 2.487 | 0.282 | 2.353 | 0.278 |
| 租赁和商务服务 | 2.374 | 0.192 | 2.517 | 0.196 | 2.371 | 0.192 | 2.555 | 0.215 | 2.351 | 0.254 |
| 科学研究和技术服务 | 1.993 | 0.206 | 2.493 | 0.230 | 2.408 | 0.234 | 2.466 | 0.266 | 2.257 | 0.272 |
| 其他服务业 | 1.869 | 0.167 | 1.963 | 0.157 | 1.976 | 0.206 | 1.977 | 0.232 | 1.910 | 0.219 |

注：30 部门划分来自 2007 年、2010 年刘卫东等编制的省际投入产出表，2012 年、2015 年、2017 年原始测算结果包含 42 部门，为保证数据统一，本文将 42 部门按照大类合并为 30 部门。

### 5.1.2 各省流出额增加值分解结果

（1）各省省际流出基本特征

各省商品流出地分布能反映我国不同地域省份的增加值供给偏好。以 2017 年为例，限于篇幅，从四大区域（东部沿海、南部沿海、中部地区、西部地区）中分别选择一个省市（上海、广东、湖北、青海），观察其主要流出地的流出额占该省总流出额的占比情况。可以发现：①对沿海省市来说，商品流出地覆盖省份较广，北京、上海、浙江、江苏等东南沿海省市占比较高，说明东南沿海发达地区与其他省份总的关联度比较高，与邻近地区经济关联度更高。②对中部地区来说，以湖北省为例，其流出额也主要流向北京、上海、河南、江浙等地。同时也能看出，北京、上海、河南、江浙等地是其他省份的主要流出地，是参与国内生产经营活动与跨省商品流动程度较深的省份。③对西部地区来说，以青海省为例，商品流出地以中东部省份为主，向中部地区四川、重庆、陕西、湖南、河南等地的流出额占比较高，向沿海地区江苏和浙江的流出额占比较高。总的来看，湖北、青海等中西部省份与其他省份的关联度相对较低，但流出额占比较高的地区在全国范围内分布较为均匀，中部地区商品流出地多呈南北向分布，西部地区则呈东西向分布。

（2）各省省内外增加值构成

表5-3展示了各省份省际流出中增加值的实际归属情况。观察可以发现，我国各省的流出商品在制造过程中都有使用来自其他省份的中间投入（如原材料、加工零件等），来自外省中间投入的比例存在差异，但均未超过30%，各省流出额中增加值主要由本省创造；由平均值来看，以2017年为例，各省流出额中本地创造的增加值约占70%，其他省份创造的增加值约占17%，重复计算部分约占13%，一省的省际流出额与其流出额中省外增加值占比并不完全相关，因此，与省际流出额相比，流出额中非省内增加值占比更能反映一个省份的国内经济循环参与程度，该指标更能充分反映省际生产关联程度；从时间趋势上看，全国层面的省外增加值占比在2007—2015年整体呈上升趋势，2017年相对于2015年略有下降，与前述跨省产业分工水平的趋势一致，跨省的产业分工程度越深，省际经济循环水平越高。

**表5-3　　2007—2017年各省份省际流出增加值构成**

| 省份 | 2007年 | | | 2010年 | | | 2012年 | | | 2015年 | | | 2017年 | | |
|---|---|---|---|---|---|---|---|---|---|---|---|---|---|---|---|
| | *lva* | *pva* | *pdc* | *lva* | *pva* | *pdc* | *lva* | *pva* | *pdc* | *lva* | *pva* | *pdc* | *lva* | *pva* | *pdc* |
| 北京 | 70% | 14% | 16% | 70% | 14% | 16% | 53% | 24% | 22% | 56% | 24% | 20% | 53% | 27% | 19% |
| 天津 | 50% | 28% | 22% | 58% | 17% | 25% | 72% | 13% | 14% | 69% | 16% | 15% | 69% | 17% | 14% |
| 河北 | 55% | 20% | 26% | 62% | 11% | 28% | 73% | 12% | 15% | 74% | 12% | 14% | 70% | 13% | 16% |
| 山西 | 77% | 7% | 16% | 70% | 6% | 24% | 80% | 9% | 11% | 69% | 17% | 14% | 79% | 10% | 11% |
| 内蒙古 | 76% | 8% | 15% | 73% | 6% | 21% | 74% | 10% | 16% | 74% | 10% | 16% | 67% | 19% | 14% |
| 辽宁 | 67% | 12% | 21% | 69% | 9% | 22% | 68% | 17% | 15% | 70% | 20% | 10% | 66% | 24% | 10% |
| 吉林 | 58% | 15% | 27% | 61% | 10% | 29% | 80% | 11% | 9% | 74% | 13% | 13% | 55% | 29% | 16% |
| 黑龙江 | 77% | 8% | 15% | 82% | 5% | 14% | 77% | 11% | 12% | 71% | 18% | 11% | 75% | 11% | 14% |
| 上海 | 64% | 16% | 20% | 66% | 13% | 21% | 54% | 26% | 20% | 58% | 23% | 19% | 63% | 22% | 15% |
| 江苏 | 58% | 25% | 16% | 58% | 18% | 24% | 71% | 19% | 11% | 64% | 24% | 13% | 70% | 16% | 14% |
| 浙江 | 56% | 18% | 26% | 57% | 11% | 31% | 63% | 21% | 15% | 52% | 34% | 13% | 61% | 22% | 17% |
| 安徽 | 62% | 15% | 22% | 63% | 11% | 26% | 52% | 26% | 21% | 36% | 33% | 31% | 66% | 21% | 12% |
| 福建 | 68% | 17% | 15% | 71% | 11% | 19% | 82% | 10% | 9% | 75% | 13% | 12% | 87% | 8% | 5% |
| 江西 | 72% | 11% | 17% | 72% | 6% | 22% | 73% | 12% | 15% | 68% | 15% | 17% | 65% | 17% | 18% |
| 山东 | 80% | 9% | 11% | 80% | 7% | 13% | 77% | 11% | 12% | 86% | 7% | 7% | 89% | 5% | 6% |
| 河南 | 68% | 17% | 15% | 71% | 13% | 16% | 66% | 16% | 17% | 57% | 22% | 22% | 59% | 20% | 21% |

续表

| 省份 | 2007年 | | | 2010年 | | | 2012年 | | | 2015年 | | | 2017年 | | |
|---|---|---|---|---|---|---|---|---|---|---|---|---|---|---|---|
| | *lva* | *pva* | *pdc* | *lva* | *pva* | *pdc* | *lva* | *pva* | *pdc* | *lva* | *pva* | *pdc* | *lva* | *pva* | *pdc* |
| 湖北 | 80% | 11% | 10% | 81% | 6% | 13% | 88% | 8% | 4% | 78% | 15% | 7% | 88% | 6% | 7% |
| 湖南 | 76% | 11% | 13% | 80% | 6% | 14% | 79% | 13% | 9% | 73% | 15% | 12% | 82% | 10% | 9% |
| 广东 | 57% | 20% | 23% | 56% | 17% | 27% | 64% | 19% | 17% | 65% | 18% | 18% | 67% | 18% | 15% |
| 广西 | 76% | 9% | 15% | 72% | 6% | 22% | 78% | 11% | 11% | 77% | 10% | 12% | 72% | 19% | 9% |
| 海南 | 62% | 14% | 25% | 71% | 7% | 22% | 64% | 18% | 18% | 63% | 21% | 15% | 49% | 40% | 11% |
| 重庆 | 68% | 15% | 18% | 77% | 6% | 16% | 67% | 20% | 13% | 55% | 27% | 18% | 55% | 31% | 14% |
| 四川 | 83% | 8% | 9% | 86% | 4% | 10% | 87% | 7% | 6% | 79% | 14% | 7% | 86% | 9% | 5% |
| 贵州 | 66% | 13% | 21% | 71% | 7% | 22% | 76% | 10% | 14% | 69% | 15% | 16% | 71% | 16% | 13% |
| 云南 | 70% | 11% | 19% | 69% | 7% | 24% | 73% | 12% | 15% | 68% | 17% | 15% | 82% | 8% | 10% |
| 陕西 | 66% | 18% | 16% | 69% | 10% | 21% | 71% | 13% | 16% | 67% | 14% | 18% | 61% | 23% | 15% |
| 甘肃 | 51% | 17% | 31% | 51% | 12% | 37% | 69% | 13% | 18% | 64% | 16% | 20% | 77% | 12% | 11% |
| 青海 | 47% | 36% | 17% | 66% | 13% | 22% | 80% | 7% | 13% | 66% | 12% | 22% | 81% | 7% | 13% |
| 宁夏 | 60% | 20% | 20% | 67% | 12% | 20% | 64% | 15% | 21% | 54% | 23% | 23% | 52% | 17% | 31% |
| 平均值 | 66% | 15% | 19% | 69% | 10% | 21% | 72% | 14% | 14% | 67% | 18% | 16% | 70% | 17% | 13% |

（3）各省省内外增加值占比差异

图5-4至图5-8直观展示了各省流出额中省内增加值占比的横向比较，可以看出，几乎所有省份的省内增加值率都在40%以上，但各省增加值构成差异较大，省内增加值占比最高的省份超过了80%，即该省流出额中超过80%的增加值由本省创造，而省内增加值占比较低的省份仅为40%左右，省内增加值占比较高有两种解释，一是该省在商品生产过程中与其他省份的联系较弱，大部分的生产工序均在省内完成，因此主要的增加值由本身创造，二是该省在国家价值链上的获益能力强，即某个商品的核心增值部分是在本省内完成的，与工序的多少无关，具体由哪种原因导致，可以结合各省的产业分工情况和产业结构进行分析。结合前文各省产业分工情况的测算结果，可以认为主要是由第一种原因导致，即省外增加值率在一定程度上代表一个省地区间产业分工程度较大。

具体到省份分析，按照省内增加值率的大小排序，各省每年的省内增加值率及在全国的排名都有所变化但总体稳定，四川、山东、湖北、湖南、福建、陕西等省份的省内增加值始终处于较高水平，结合前文分析来看，这些省份的跨省产业分工程度恰好也是最低的，说明这些省份参与国内经济循环的程度比较低，经济处于较为封闭的状态；北京、上海、广东、浙江

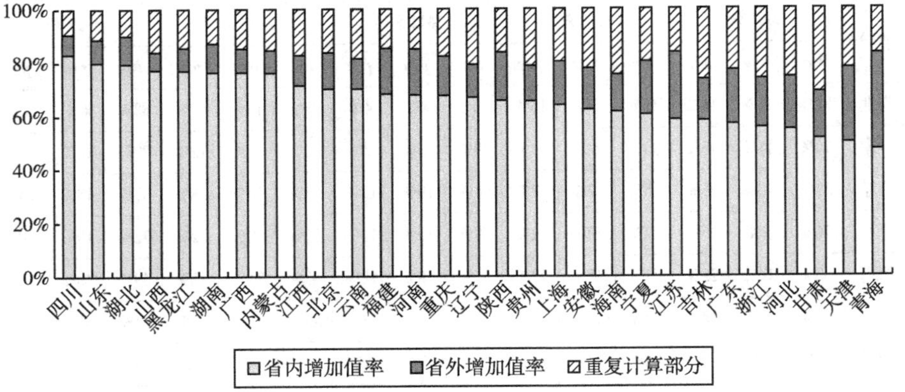


**图 5-4　2007 年各省流出额构成**

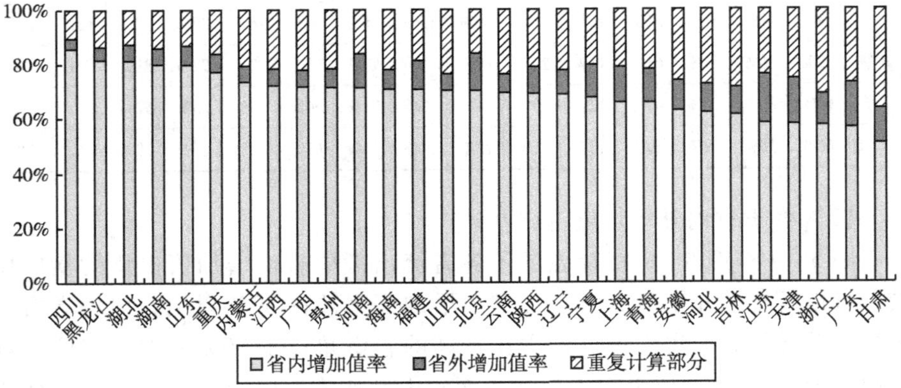


**图 5-5　2010 年各省流出额构成**

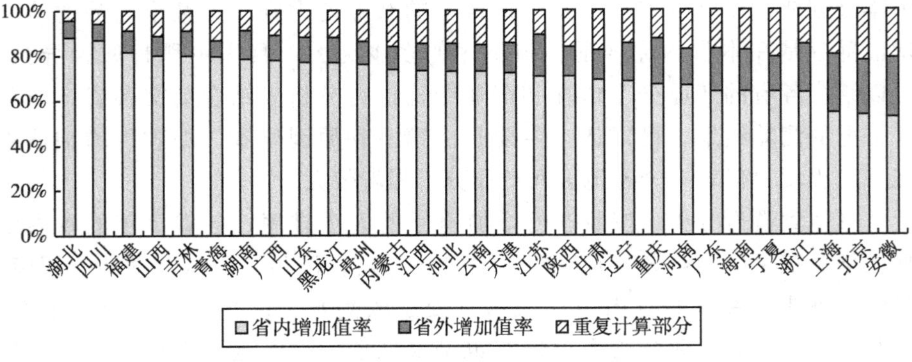


**图 5-6　2012 年各省流出额构成**

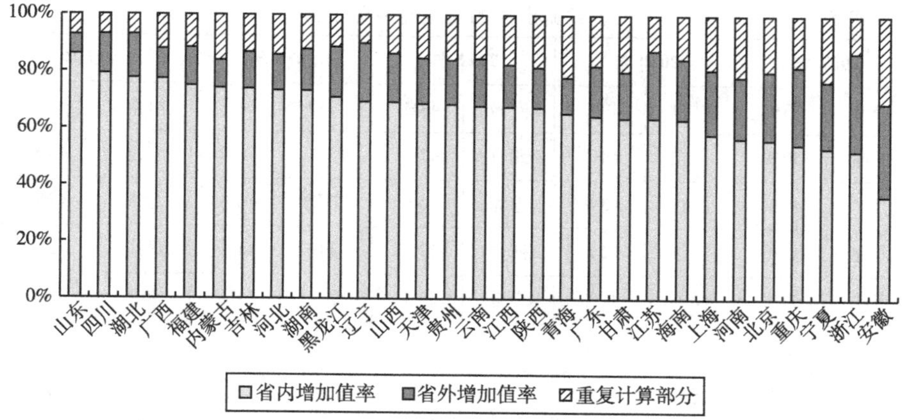


**图 5－7　2015 年各省流出额构成**

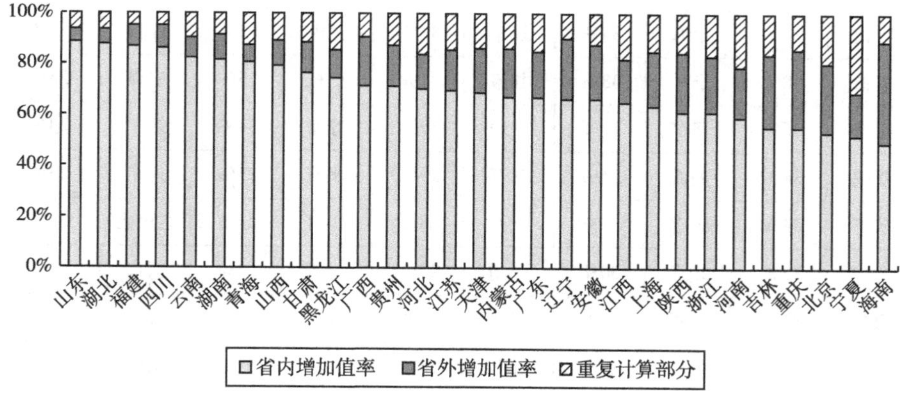


**图 5－8　2017 年各省流出额构成**

等发达省市的省内增加值率位于全国较低水平，说明这些省份与其他省份的生产关联较强，参与国内经济循环程度较高；除此之外，青海、甘肃、宁夏的省内增加值率也较低，但形成原因与北上广等地区略有不同，后者不仅跨省产业分工程度大，整体产业分工深化程度也较高，可能是由于交通设施、物流、经济中心地位等原因与其他省份产生较大关联，但前者虽然跨省的产业分工程度同样较高，但总产业分工深化水平低，可能是由于地区本身自然资源与产业结构的限制，导致这些省份的生产活动更多地依赖于其他省份，其本身在国家价值链上的获益能力并不高。

表 5－4 展示了每个年份各省的垂直专业化指数，在国际产业分工的相关研究中，该指数是反映一国在全球价值链扮演角色专业化程度的常用指标，本文借鉴国际产业分工思路计算省际层面的垂直专业化指数，从计算结果来看，各省数据特征与省外增加值率 *pva* 相似。

表 5－4　　各省流出额的垂直专业化指数

| 2007年 | | 2010年 | | 2012年 | | 2015年 | | 2017年 | |
|---|---|---|---|---|---|---|---|---|---|
| 青海 | 53% | 甘肃 | 49% | 安徽 | 48% | 安徽 | 64% | 海南 | 51% |
| 天津 | 50% | 广东 | 44% | 北京 | 47% | 浙江 | 48% | 宁夏 | 48% |
| 甘肃 | 49% | 浙江 | 43% | 上海 | 46% | 宁夏 | 46% | 北京 | 47% |
| 河北 | 45% | 天津 | 42% | 浙江 | 37% | 重庆 | 45% | 重庆 | 45% |
| 浙江 | 44% | 江苏 | 42% | 宁夏 | 36% | 北京 | 44% | 吉林 | 45% |
| 广东 | 43% | 吉林 | 39% | 海南 | 36% | 河南 | 43% | 河南 | 41% |
| 吉林 | 42% | 河北 | 38% | 广东 | 36% | 上海 | 42% | 浙江 | 39% |
| 江苏 | 42% | 安徽 | 37% | 河南 | 34% | 海南 | 37% | 陕西 | 39% |
| 宁夏 | 40% | 青海 | 34% | 重庆 | 33% | 江苏 | 36% | 上海 | 37% |
| 海南 | 38% | 上海 | 34% | 辽宁 | 32% | 甘肃 | 36% | 江西 | 35% |
| 安徽 | 38% | 宁夏 | 33% | 甘肃 | 31% | 广东 | 35% | 安徽 | 34% |
| 上海 | 36% | 辽宁 | 31% | 陕西 | 29% | 青海 | 34% | 辽宁 | 34% |
| 贵州 | 34% | 陕西 | 31% | 江苏 | 29% | 陕西 | 33% | 广东 | 33% |
| 陕西 | 34% | 云南 | 31% | 天津 | 28% | 江西 | 32% | 内蒙古 | 33% |
| 辽宁 | 33% | 北京 | 30% | 云南 | 27% | 云南 | 32% | 天津 | 31% |
| 重庆 | 32% | 山西 | 30% | 河北 | 27% | 贵州 | 31% | 江苏 | 30% |
| 河南 | 32% | 福建 | 29% | 江西 | 27% | 天津 | 31% | 河北 | 30% |
| 福建 | 32% | 海南 | 29% | 内蒙古 | 26% | 山西 | 31% | 贵州 | 29% |
| 云南 | 30% | 河南 | 29% | 贵州 | 24% | 辽宁 | 30% | 广西 | 28% |
| 北京 | 30% | 贵州 | 29% | 黑龙江 | 23% | 黑龙江 | 29% | 黑龙江 | 25% |
| 江西 | 28% | 广西 | 28% | 山东 | 23% | 湖南 | 27% | 甘肃 | 23% |
| 内蒙古 | 24% | 江西 | 28% | 广西 | 22% | 河北 | 26% | 山西 | 21% |
| 广西 | 24% | 内蒙古 | 27% | 湖南 | 21% | 吉林 | 26% | 青海 | 19% |
| 湖南 | 24% | 重庆 | 23% | 青海 | 20% | 内蒙古 | 26% | 湖南 | 18% |
| 黑龙江 | 23% | 山东 | 20% | 吉林 | 20% | 福建 | 25% | 云南 | 18% |
| 山西 | 23% | 湖南 | 20% | 山西 | 20% | 广西 | 23% | 四川 | 14% |
| 湖北 | 20% | 湖北 | 19% | 福建 | 18% | 湖北 | 22% | 福建 | 13% |
| 山东 | 20% | 黑龙江 | 18% | 四川 | 13% | 四川 | 21% | 湖北 | 12% |
| 四川 | 17% | 四川 | 14% | 湖北 | 12% | 山东 | 14% | 山东 | 11% |

# 5.2 实证结果分析

## 5.2.1 营改增与产业分工

将以全部行业测算的地区总生产阶段数 *TPS*、省外分工生产阶段数 *EPS* 以及跨省产业分工程度 *eps* 分别作为因变量进行多期双重差分（以下简称模型一），回归结果如表 5－5（1)—(6）列所示，可以发现，第一，存在控制变量的情况下，营改增对 *TPS*、*EPS* 及 *eps* 均有显著的负向影响，说明营改增政策在全部行业层面上将减小总生产阶段数及地区间生产阶段数，但以剔除服务业的数据再次进行多期双重差分回归（以下简称模型二），结果如表 5－6 所示，可以看出，营改增对 *TPS*、*EPS* 和 *eps* 均产生显著的正向作用，说明单独从制造业的角度来看，营改增可以促进地区整体的产业细分和地区间的分工合作，模型二结果表明模型一的结果存在"辛普森悖论"，即总体样本下的统计特征存在一定的欺骗性，当把样本区分为服务业和制造业后才能得出真实结论。究其背后原因，营改增虽不直接作用于制造业，但能通过降低服务业成本，间接降低制造业成本、提升制造业生产效率，促进制造业的产业细分，随着产业升级，服务业比重越来越大，但由于服务业自身的生产阶段较小，在此已不能将服务业的生产阶段数视为可以衡量产业间分工合作程度的指标。

表 5－5　　基础回归结果（一）

| 变量名 | (1) | (2) | (3) | (4) | (5) | (6) |
|---|---|---|---|---|---|---|
| | *TPS* | *TPS* | *EPS* | *EPS* | *eps* | *eps* |
| *policy* | 0.00294<br>(0.0267) | －0.107 ***<br>(0.0270) | 0.0712 ***<br>(0.0185) | －0.0580 ***<br>(0.0185) | 0.0268 ***<br>(0.00541) | －0.00973 *<br>(0.00542) |
| *ln_gdp* | | －0.0290<br>(0.0838) | | －0.368 ***<br>(0.0574) | | －0.146 ***<br>(0.0168) |
| *ln_revenue* | | 0.0350 ***<br>(0.00313) | | 0.0159 ***<br>(0.00215) | | 0.00329 ***<br>(0.000628) |
| *ln_rd* | | －0.0152<br>(0.0412) | | 0.0345<br>(0.0282) | | 0.0168 **<br>(0.00827) |

续表

| 变量名 | (1) | (2) | (3) | (4) | (5) | (6) |
|---|---|---|---|---|---|---|
| | *TPS* | *TPS* | *EPS* | *EPS* | *eps* | *eps* |
| *ln_human* | | -1.178 ***<br>(0.280) | | 0.729 ***<br>(0.192) | | 0.329 ***<br>(0.0562) |
| *ln_consume* | | 0.0938<br>(0.0946) | | 0.245 ***<br>(0.0648) | | 0.0900 ***<br>(0.0190) |
| *ln_structure* | | -0.375 ***<br>(0.0961) | | 0.100<br>(0.0659) | | 0.0737 ***<br>(0.0193) |
| *Constant* | 2.484 ***<br>(0.00579) | 3.674 ***<br>(0.623) | 0.650 ***<br>(0.00402) | 0.119<br>(0.427) | 0.250 ***<br>(0.00117) | 0.0880<br>(0.125) |
| *Observations* | 4500 | 4500 | 4500 | 4500 | 4500 | 4500 |
| *R - squared* | 0.000 | 0.124 | 0.004 | 0.150 | 0.007 | 0.148 |

注：***、**和*分别表示在1%、5%与10%水平上显著，下同。

此外，就模型二回归结果分析控制变量来分析，可以看到，经济发展水平对 *TPS* 无显著影响，但对 *EPS* 和 *eps* 的影响却显著为负，说明经济发展水平越高，一省与其他省的跨省分工程度就越低，即该省份更倾向于在本省内完成商品生产，因为经济发展水平高的省份，内部的产业链更加完善，对其他省份的依赖程度越小，但这样也造成了省与省之间的生产割裂；地方一般预算收入对四个指标均呈正向影响，说明地方财力越高，地区内外的产业分工水平越高，且该地区省外分工提高的更多；一国人力资本的提高对 *TPS* 有显著的负向影响，因为随着人力资本的提高，倒逼许多劳动密集型企业向资本密集型或技术密集型转型，而根据前文分析，劳动密集型的企业多为农林牧渔，采矿、纺织制造等生产阶段数较大的产业，而金融、房地产等现代服务业以及通信、计算机、科研等资本密集型或技术密集型产业的生产阶段数天然较低，因此人力资本的提高会导致生产阶段数降低；同理，产业结构对 *TPS* 和 *eps* 亦有显著的负向影响。此外，人力资本对 *EPS* 和 *eps* 的影响显著为正，说明人力资本的提高可以提升省份的跨省分工程度，这也与前文分析相符，即一省产业升级必然带来被替换的低端产业向其他省份转移，即省份的垂直专业化水平提高，将原本的产业剥离至更有优势的其他省份中去；人均消费支出对 *EPS* 和 *eps* 的影响为正，人们消费水平的提高能够促进地区间产业分工，消费市场需求强劲能够提升生产效率，加强区域间的分工合作。

表 5-6　　基础回归结果（二）

| 变量名 | (1) | (2) | (3) | (4) | (5) | (6) |
|---|---|---|---|---|---|---|
| | *TPS* | *TPS* | *EPS* | *EPS* | *eps* | *eps* |
| *policy* | 0.154***<br>(0.0132) | 0.0852***<br>(0.0286) | 0.159***<br>(0.00934) | 0.0712***<br>(0.0207) | 0.0416***<br>(0.00271) | 0.0149**<br>(0.00602) |
| *ln_gdp* | | -0.104<br>(0.0985) | | -0.401***<br>(0.0712) | | -0.148***<br>(0.0207) |
| *ln_revenue* | | 0.0430***<br>(0.00378) | | 0.0194***<br>(0.00273) | | 0.00350***<br>(0.000795) |
| *ln_rd* | | -0.0779<br>(0.0485) | | 0.00695<br>(0.0350) | | 0.0134<br>(0.0102) |
| *ln_human* | | -1.523***<br>(0.334) | | 0.698***<br>(0.242) | | 0.362***<br>(0.0703) |
| *ln_consume* | | 0.133<br>(0.113) | | 0.227***<br>(0.0816) | | 0.0791***<br>(0.0237) |
| *ln_structure* | | -0.607***<br>(0.126) | | -0.0438<br>(0.0912) | | 0.0492*<br>(0.0265) |
| *Constant* | 2.503***<br>(0.00835) | 4.508***<br>(0.766) | 0.641***<br>(0.00591) | 0.519<br>(0.554) | 0.247***<br>(0.00172) | 0.121<br>(0.161) |
| *Observations* | 3000 | 3000 | 3000 | 3000 | 3000 | 3000 |
| *R-squared* | 0.054 | 0.172 | 0.107 | 0.184 | 0.089 | 0.166 |

## 5.2.2 营改增与省际循环

表5-7第（1）—(4）列展示营改增对各省的省外增加值率*pva*和垂直专业化指数*vsi*的影响，由于制造业和服务业在增加值分解中并无实质差异，本部分实证基于全部行业的测算数据。可以看出，营改增政策对省外增加值率有正向影响，即营改增实施后，各省份流出商品中增加值更多来自其他省份，地区间的生产关联更强；将因变量换为主流指标*vsi*之后，回归结果仍是显著为正，说明营改增能够提高一个省份的国内经济循环参与程度。

从控制变量来看，经济发展水平对一省的国内经济循环参与程度有负向影响，经济发展水平越高，省份的国内循环参与程度会更低；开放程度对国内经济循环参与程度呈正向促进作用，即一省的开放程度越高，国内的垂直专业化分工水平就越高，地方财政收入、人力资本、产业结构以及邮电业务量代表的流通性均对一省的国内经济循环参与程度产生积极影响。

表 5-7 营改增对省外增加值率 *pva* 和垂直专业化指数 *vsi* 的影响

| 变量名 | (1) | (2) | (3) | (4) |
|---|---|---|---|---|
| | *pva* | *pva* | *vsi* | *vsi* |
| *policy* | 0.0294*** (0.00535) | 0.0204*** (0.00629) | 0.0728*** (0.00973) | 0.0415*** (0.0112) |
| *ln_gdp* | | -0.0709*** (0.00783) | | -0.191*** (0.0139) |
| *ln_revenue* | | 0.00243*** (0.000682) | | 0.00648*** (0.00121) |
| *ln_human* | | 0.314*** (0.0609) | | 0.678*** (0.108) |
| *ln_structure* | | 0.0249* (0.0150) | | 0.140*** (0.0266) |
| *ln_open* | | 0.0322*** (0.00512) | | 0.0665*** (0.00911) |
| *ln_postel* | | 0.00750** (0.00292) | | 0.0163*** (0.00520) |
| *Constant* | 0.123*** (0.00116) | -0.132 (0.131) | 0.370*** (0.00211) | 0.253 (0.233) |
| *Observations* | 4350 | 4350 | 4350 | 4350 |
| *R-squared* | 0.009 | 0.090 | 0.016 | 0.132 |

注：新疆的增加值分解结果异常值及空值较多，故省际循环指标的实证分析部分剔除新疆数据，仅以 29 个省（市）数据参与回归。

## 5.3 异质性分析

### 5.3.1 服务业占比越高政策效应越明显

由前文分析可知，营改增通过取消服务业营业税，改征增值税，打通服务业与制造业的增值税抵扣链条进而促进产业分工，营改增政策的逐步推行过程，就是将各类服务业逐步纳入试点范围的过程，由此，服务业实现了直接的税制结构的优化，因此可以认为营改增的分工政策效应主要是通过服务业的发展作用于全部行业的，一省的服务业增长越快，受到营改增政策的冲击力度越大，地区制造业整体产业分工水平越高，一省的服务业发展越慢，营改增的政策效果就越小，地区制造业整体产业分工水平越低。基于模型二（下同），本文将30个省市按照服务业发展的快慢划分为两组，分别考察营改增政策对地区整体产业分工水平 *TPS* 的影响，以验证猜想。参考学界常用分组方法，本文以第三产业比重的变化衡量服务业的发展速度，由于营改增政策2015年才在全国范围内推开，将2017年末与2014年末的各省第三产业比重作差，根据指标数值的高低进行排序，排序前15位的省份归为第一组，排序后15位的省份归为第二组，分别进行回归，结果如表5-8所示：第一组核心政策变量对产业分工影响系数在1%的水平上仍然显著为正，而第二组回归系数并不显著，即服务业发达地区对政策敏感性更高。营改增通过打通服务业与制造业抵扣链条促进地区产业分工，分组回归结果证实营改增对产业分工水平的提升作用在服务业更发达的省份更加明显，验证假说1中营改增政策对产业分工的作用机制。

**表5-8　营改增政策对地区产业分工水平影响的异质性分析（一）**

| 变量名 | *TPS* | |
|---|---|---|
| | (1) | (2) |
| | 第一组 | 第二组 |
| *policy* | 0.233***<br>(0.0426) | 0.0344<br>(0.0400) |
| *ln_gdp* | 0.111<br>(0.160) | -0.244*<br>(0.131) |
| *ln_revenue* | 0.0354***<br>(0.00546) | 0.0488***<br>(0.00537) |
| *ln_rd* | -0.426***<br>(0.0655) | 0.178**<br>(0.0756) |
| *ln_human* | -0.484<br>(0.426) | -3.035***<br>(0.547) |
| *ln_consume* | 0.0570<br>(0.178) | 0.264*<br>(0.155) |

续表

| 变量名 | *TPS* | |
|---|---|---|
| | (1) | (2) |
| | 第一组 | 第二组 |
| *ln_structure* | -1.208 *** <br> (0.217) | -0.454 *** <br> (0.170) |
| *Constant* | 0.366 <br> (1.104) | 7.987 *** <br> (1.136) |
| *Observations* | 1500 | 1500 |
| *R-squared* | 0.264 | 0.136 |

### 5.3.2 营业税依赖程度越高政策效应越明显

根据前文分析，营改增政策可能通过营业税生产地原则的放松促进地区间产业分工，那么营改增的作用效果将与一省对营业税收入的依赖程度有关，如果对营业税收入的依赖程度大，营改增对地区整体产业分工水平和地区间产业分工水平的促进作用将会更明显。本文根据 2014 年末（下同）各省对营业税收入的依赖程度高低，将 30 个省市划分为两组，分别考察营改增政策对地区产业分工水平的影响，以验证猜想。以地区营业税收入占一般公共预算收入的比值来衡量营业税依赖程度，根据指标数值的高低进行排序，排序前 15 位的省份归为第一组，排序后 15 位的省份归为第二组，分别进行回归，结果如表 5-9 所示：（1）第一组中核心政策变量对地区间生产阶段数 *EPS* 的回归系数在 1% 的水平上显著为正，第二组的影响系数为正但不显著，说明营改增对地区间产业分工的影响，在营业税收入依赖程度更高的省份更加明显，对这些省份来说，营改增政策对地方政府保护本地产业的行为产生影响，地方政府无须为了获取更多的营业税而限制资源在地区间的流动，地区间产业分工水平随之提高；（2）就跨省分工程度 *eps* 而言，第一组回归系数在 1% 的水平上显著为正，第二组回归系数为正却同样不显著，可以说明，营改增之前对营业税依赖程度越高的省份，营改增的省际分工效应越大，说明营改增对跨省分工的促进作用通过减弱地方政府对营业税征收的依赖实现的。回归结果可以验证前文对营改增政策作用机制的分析，营改增改变了原营业税税种生产地原则带来的地方保护行为，在一定程度上打破地区资源流动壁垒，促进地区间分工合作，验证假说 2A。

表 5－9　营改增政策对地区产业分工水平影响的异质性分析（二）

| 变量名 | TPS | | EPS | | eps | |
|---|---|---|---|---|---|---|
| | 第一组 | 第二组 | 第一组 | 第二组 | 第一组 | 第二组 |
| policy | 0.105** | 0.102** | 0.157*** | 0.00594 | 0.0403*** | −0.00788 |
| | (0.0410) | (0.0411) | (0.0325) | (0.0249) | (0.00947) | (0.00731) |
| ln_gdp | 0.116 | −0.207* | −0.140 | −0.480*** | −0.0874** | −0.158*** |
| | (0.162) | (0.125) | (0.129) | (0.0756) | (0.0375) | (0.0222) |
| ln_revenue | 0.0489*** | 0.0496*** | 0.0304*** | 0.0257*** | 0.00633*** | 0.00522*** |
| | (0.00574) | (0.00573) | (0.00455) | (0.00347) | (0.00133) | (0.00102) |
| ln_rd | −0.170** | −0.0267 | −0.0311 | 0.0154 | 0.00333 | 0.0197* |
| | (0.0762) | (0.0645) | (0.0604) | (0.0391) | (0.0176) | (0.0115) |
| ln_human | −1.192** | −3.518*** | 0.548 | −1.210*** | 0.278** | −0.0821 |
| | (0.471) | (0.598) | (0.374) | (0.363) | (0.109) | (0.106) |
| ln_consume | −0.153 | 0.246* | −0.127 | 0.321*** | 0.00223 | 0.0822*** |
| | (0.183) | (0.147) | (0.145) | (0.0893) | (0.0422) | (0.0262) |
| ln_structure | −0.527*** | −0.447** | −0.0727 | 0.359*** | 0.0178 | 0.187*** |
| | (0.190) | (0.184) | (0.151) | (0.112) | (0.0438) | (0.0328) |
| Constant | 4.416*** | 8.929*** | 1.571* | 4.913*** | 0.388 | 1.276*** |
| | (1.034) | (1.439) | (0.820) | (0.872) | (0.239) | (0.256) |
| Observations | 1500 | 1500 | 1500 | 1500 | 1500 | 1500 |
| R－squared | 0.206 | 0.156 | 0.231 | 0.191 | 0.185 | 0.214 |

### 5.3.3 地方保护程度越高政策效应越明显

异质性分析（二）表明地方财政对原营业税依赖程度越大，营改增对地区跨省分工的促进作用越大，原因是对原营业税依赖程度高的地区进行地方保护的动机更强，本部分以地方保护程度为标准对上述结论进行更直接的检验。首先根据一个地区地方保护程度的大小，将 30 个省市划分为两组，分别考察营改增政策对地区产业分工水平的影响。具体采用市场分割指数来衡量地方保护程度，Bai et al.（2002）等指出地方保护是造成市场分割的原因。参考桂琦寒（2006）的价格法测算市场分割指数，其原理是基于各省商品零售价格指数，综合各类商品价格信息计算两地在给定时期各类商品间价格变动平均值的方差，这样可以得到某省与其他各省的相对价格方差，相对价格方差均值即为该省的市场分割指数。$i$ 省和 $j$ 省在 $t$ 时期内商品 $k$ 零售价格的环比指数计算公式如下：

$$\Delta Q_{ijt}^{k}=\ln(P_{it}^{k}/P_{jt}^{k})-\ln(P_{it-1}^{k}/P_{jt-1}^{k})=\ln(P_{it}^{k}/P_{it-1}^{k})-\ln(P_{jt}^{k}/P_{jt-1}^{k})$$

随后可逐对省份，逐年计算得到相对价格方差 Var（$\Delta Q_{ijt}^{k}$）。

以市场分割指数的大小进行排序，排序前 15 位的省份归为第一组（地方保护程度大），排序后 15 位的省份归为第二组（地方保护程度小），分别进行回归，结果如表 5－10 所示：就地区间产业分工水平而言，营改增政策对地方保护程度大的省份的 *EPS* 的促进作用更明显。回归结果再次验证营改增会对地方保护问题产生一定缓释作用，进而促进地区间产业分工。

**表 5－10　营改增政策对地区产业分工水平影响的异质性分析（三）**

| 变量名 | *TPS* | | *EPS* | | *eps* | |
|---|---|---|---|---|---|---|
| | 第一组 | 第二组 | 第一组 | 第二组 | 第一组 | 第二组 |
| *policy* | 0.185*** | 0.148*** | 0.113*** | 0.0710** | 0.0223** | 0.00755 |
| | (0.0423) | (0.0405) | (0.0320) | (0.0288) | (0.00948) | (0.00815) |
| *ln_gdp* | −0.0467 | 0.00947 | −0.531*** | −0.213** | −0.189*** | −0.0922*** |
| | (0.146) | (0.137) | (0.110) | (0.0973) | (0.0327) | (0.0275) |
| *ln_revenue* | 0.0179*** | 0.0610*** | 0.0187*** | 0.0183*** | 0.00640*** | 0.000654 |
| | (0.00550) | (0.00516) | (0.00415) | (0.00368) | (0.00123) | (0.00104) |
| *ln_rd* | −0.322*** | 0.162** | −0.0214 | 0.107** | 0.0211 | 0.0347** |
| | (0.0702) | (0.0718) | (0.0530) | (0.0512) | (0.0157) | (0.0145) |
| *ln_human* | 0.462 | −2.886*** | 0.518 | 1.233*** | 0.0378 | 0.765*** |
| | (0.465) | (0.498) | (0.351) | (0.355) | (0.104) | (0.100) |
| *ln_consume* | 0.320** | −0.261 | 0.448*** | −0.103 | 0.133*** | −0.00684 |
| | (0.159) | (0.172) | (0.120) | (0.122) | (0.0356) | (0.0346) |
| *ln_structure* | −1.657*** | −0.0971 | −0.550*** | 0.286** | −0.0490 | 0.134*** |
| | (0.214) | (0.158) | (0.162) | (0.113) | (0.0480) | (0.0318) |
| *Constant* | −2.667** | 10.32*** | −0.365 | 0.991 | 0.585** | −0.361* |
| | (1.110) | (1.082) | (0.838) | (0.771) | (0.249) | (0.218) |
| *Observations* | 1500 | 1500 | 1500 | 1500 | 1500 | 1500 |
| *R－squared* | 0.217 | 0.196 | 0.175 | 0.213 | 0.138 | 0.224 |

### 5.3.4 经济发展水平的异质性分析

本文根据经济发展水平的差异，将 30 个省市划分为两组，分别考察营改增政策对地区间产业分工水平的影响。按人均 GDP 的大小进行排序，排序前 15 位的省份归为第一组，排序后 15 位的省份归为第二组，分别进行回归，结果如表 5-11 所示：(1) 营改增对发达省份总生产阶段数的促进作用并不明显，对落后地区总生产阶段数产生 1% 显著水平的正向影响；(2) 营改增对落后省份地区间生产阶段数 *EPS* 的影响系数略大于发达省份，并且营改增对发达省份跨省分工程度 *eps* 的影响并不显著，对落后省份的回归系数却在 1% 的水平上显著为正且系数值更大，均能说明营改增对地区间产业分工的影响，在经济发展水平较低的省份更加明显，这可能是由于较落后省份在营改增之前营业税征收体系下地方政府的本地保护动机更强。

**表 5-11 异质性分析（四）**

| 变量名 | *TPS* | | *EPS* | | *eps* | |
|---|---|---|---|---|---|---|
| | 第一组 | 第二组 | 第一组 | 第二组 | 第一组 | 第二组 |
| *policy* | 0.0431<br>(0.0384) | 0.179***<br>(0.0418) | 0.0815***<br>(0.0232) | 0.0914***<br>(0.0340) | 0.0257***<br>(0.00705) | 0.00799<br>(0.00975) |
| *ln_gdp* | 0.00800<br>(0.117) | -0.0136<br>(0.173) | -0.192***<br>(0.0707) | -0.555***<br>(0.141) | -0.0746***<br>(0.0215) | -0.242***<br>(0.0403) |
| *ln_revenue* | 0.0379***<br>(0.00520) | 0.0602***<br>(0.00561) | 0.0247***<br>(0.00314) | 0.0237***<br>(0.00456) | 0.00614***<br>(0.000954) | 0.00269**<br>(0.00131) |
| *ln_rd* | -0.00966<br>(0.0742) | -0.0530<br>(0.0643) | -0.113**<br>(0.0449) | 0.125**<br>(0.0523) | -0.0309**<br>(0.0136) | 0.0487***<br>(0.0150) |
| *ln_human* | -2.949***<br>(0.555) | -1.373***<br>(0.428) | -0.743**<br>(0.335) | 1.001***<br>(0.348) | 0.0143<br>(0.102) | 0.459***<br>(0.0997) |
| *ln_consume* | 0.140<br>(0.138) | -0.162<br>(0.195) | 0.0715<br>(0.0831) | 0.312**<br>(0.159) | 0.00453<br>(0.0252) | 0.180***<br>(0.0456) |
| *ln_structure* | -0.564***<br>(0.198) | -0.540***<br>(0.173) | -0.0190<br>(0.120) | -0.0268<br>(0.141) | 0.0501<br>(0.0364) | 0.0363<br>(0.0404) |
| *Constant* | 6.704***<br>(1.232) | 5.801***<br>(1.032) | 3.212***<br>(0.745) | 0.441<br>(0.840) | 0.882***<br>(0.226) | -0.161<br>(0.241) |
| *Observations* | 1500 | 1500 | 1500 | 1500 | 1500 | 1500 |
| *R-squared* | 0.105 | 0.278 | 0.130 | 0.255 | 0.130 | 0.222 |

## 5.4 稳健性检验

在实证结果分析中，因变量跨省产业分工程度和省外增加值率两个指标都可以代表地区间的生产关联程度，跨省产业分工程度越大，省外增加值率越高，地区间的生产关联程度就越大，两个指标基于相同投入产出表，但采用不同模型及计算逻辑测算得出。实证结果表明，营改增对跨省产业分工程度的两个指标均有显著的正向影响，这已在一定程度上说明了本文结论的可靠性，为进一步确保模型的稳健性，除平行趋势假设检验外，本文还进行了其他方式的稳健性检验。

### 5.4.1 平行趋势检验

由于使用多期双重差分模型，为保证结果有效性，必须进行平行趋势假设检验。营改增政策实施的年份不统一，因此，本文借鉴许和连和王海成（2018）及李小平和余东升（2021）的方法，设计如下平行趋势检验模型：

$$eps(vs)_{ik,t} = \beta_0 + \beta_1 policy^{-2} + \beta_2 policy^{-1} + \beta_3 policy^{1} + \beta_4 policy^{2} + \beta\gamma Z_{ik,t} + \theta_{ik} + \varphi_t + \varepsilon_{ik,t}$$

其中，$policy^{\pm i}$表示一系列虚拟变量，当处理组位于营改增政策实施前第 $i$ 期时，$policy^{-i}$取 1；当处理组位于营改增政策实施后第 $i$ 期时，$policy^{+i}$取 1；其余年份$policy^{\pm i}$均取 0。检验结果如表 5－12 所示，除省内产业分工阶段数 *IPS* 外，对 *TPS*、*EPS*、*eps* 及 *vs* 指标而言，营改增前两期的回归系数均不显著，产业分工及省外增加值率指标在处理组与对照组之间不存在显著差异，可以认为模型通过了平行趋势检验。此外，在政策实施当年，“营改增”的回归系数均显著为正。这说明营改增政策的实施促进了地区产业分工和国内经济循环的参与程度。平行趋势检验结果证实了双重差分方法的有效性。

**表 5－12　检验结果**

| 变量名 | (1) | (2) | (3) | (4) |
|---|---|---|---|---|
| | *TPS* | *EPS* | *eps* | *pva* |
| *policy_pre_2* | 0.633<br>(0.714) | －0.415<br>(0.543) | －0.197<br>(0.163) | －0.0963<br>(0.111) |

续表

| 变量名 | (1) | (2) | (3) | (4) |
|---|---|---|---|---|
| | *TPS* | *EPS* | *eps* | *pva* |
| *policy_pre_1* | 0.416<br>(0.708) | -0.609<br>(0.539) | -0.247<br>(0.162) | -0.0992<br>(0.109) |
| *policy_post_1* | -0.154***<br>(0.0393) | -0.101***<br>(0.0299) | -0.0241***<br>(0.00899) | 0.0189***<br>(0.00566) |
| *policy_post_2* | -0.725***<br>(0.0597) | -0.425***<br>(0.0454) | -0.0826***<br>(0.0136) | 0.0152***<br>(0.00572) |
| *ln_gdp* | 0.122<br>(0.137) | -0.0739<br>(0.104) | -0.0524*<br>(0.0313) | -0.0369***<br>(0.0117) |
| *ln_revenue* | 0.0379<br>(0.0758) | -0.0738<br>(0.0576) | -0.0280<br>(0.0173) | -0.00676<br>(0.0116) |
| *ln_rd* | -0.000942<br>(0.0473) | 0.0831**<br>(0.0360) | 0.0333***<br>(0.0108) | |
| *ln_human* | 0.705**<br>(0.334) | 1.628***<br>(0.254) | 0.464***<br>(0.0763) | 0.0978***<br>(0.0289) |
| *ln_consume* | 0.586***<br>(0.107) | 0.502***<br>(0.0816) | 0.133***<br>(0.0245) | |
| *ln_structure* | 0.623***<br>(0.132) | 0.670***<br>(0.101) | 0.182***<br>(0.0302) | -0.0182<br>(0.0177) |
| *ln_open* | | | | 0.0187***<br>(0.00340) |
| *ln_postel* | | | | 0.00411<br>(0.00292) |
| *Constant* | -5.665***<br>(1.114) | -5.086***<br>(0.848) | -0.892***<br>(0.255) | 0.230*<br>(0.118) |
| *Observations* | 3000 | 3000 | 3000 | 3660 |
| *R-squared* | 0.323 | 0.261 | 0.193 | 0.0643 |

### 5.4.2 样本选择的非随机性

2012年初，我国选择上海作为“营改增”先行先试地区并非随机决定，而是考虑到上海服务业类别覆盖范围广。然而，由于上海本身产业分工水平就已处于国内上游，因此很难确定是因为产业分工水平高而选择在上海试点，还是因为选择在上海试点而带动了产业分工水平提升。这种非随机的样本选择可能会导致估计偏差。为避免这一问题，本文从模型中排除上海市，仅保留其他 29 个省市进行双重差分检验。如表 5 - 13 所示，回归结果仍然表明，营改增政策对于产业分工和省际循环的影响具有显著正向作用。

**表 5 - 13　剔除上海样本后的回归结果**

| 变量名 | (1) | (2) | (3) | (4) | (5) |
|---|---|---|---|---|---|
| | ***TPS*** | ***EPS*** | ***eps*** | ***pva*** | ***vs*** |
| *policy* | 0.122 ***<br>(0.0289) | 0.0924 ***<br>(0.0211) | 0.0186 ***<br>(0.00615) | 0.0214 ***<br>(0.00639) | 0.0403 ***<br>(0.0114) |
| *ln_gdp* | 0.0283<br>(0.0992) | -0.342 ***<br>(0.0723) | -0.141 ***<br>(0.0211) | -0.0716 ***<br>(0.00786) | -0.192 ***<br>(0.0140) |
| *ln_revenue* | 0.0499 ***<br>(0.00392) | 0.0199 ***<br>(0.00286) | 0.00288 ***<br>(0.000833) | 0.00208 ***<br>(0.000706) | 0.00554 ***<br>(0.00126) |
| *ln_rd* | -0.0369<br>(0.0482) | 0.0205<br>(0.0352) | 0.0138<br>(0.0103) | | |
| *ln_human* | -1.694 ***<br>(0.341) | 0.839 ***<br>(0.249) | 0.435 ***<br>(0.0726) | 0.355 ***<br>(0.0628) | 0.775 ***<br>(0.112) |
| *ln_consume* | -0.109<br>(0.115) | 0.123<br>(0.0841) | 0.0680 ***<br>(0.0245) | | |
| *ln_structure* | -0.475 ***<br>(0.126) | -0.00742<br>(0.0921) | 0.0475 *<br>(0.0268) | 0.0235<br>(0.0149) | 0.138 ***<br>(0.0267) |
| *ln_open* | | | | 0.0320 ***<br>(0.00512) | 0.0667 ***<br>(0.00914) |
| *ln_postel* | | | | 0.00759 ***<br>(0.00291) | 0.0166 ***<br>(0.00520) |
| *Constant* | 5.919 ***<br>(0.790) | 0.669<br>(0.576) | 0.0155<br>(0.168) | -0.208<br>(0.135) | 0.0660<br>(0.241) |
| *Observations* | 2900 | 2900 | 2900 | 3540 | 3540 |
| *R - squared* | 0.194 | 0.196 | 0.171 | 0.094 | 0.135 |

# 6. 结论与启示

## 6.1 主要结论

本文以我国2007—2017年五个年份省际投入产出表为数据基础，测算出省级和行业层面的产业分工水平，同时采用WWZ模型从各省商品流出增加值中分解出地区及行业的省内外增加值，反映各省在国内价值链中的参与程度，揭示我国省际循环水平，在此基础上，以营改增作为准自然实验，探讨了营改增对地区产业分工、跨省分工程度及省际循环的影响，研究发现：

第一，在2007—2015年，我国省级层面的产业分工水平持续提升，2017年有所下降，各省在国内价值链中的参与程度也呈同样趋势。通过对产业分工水平的横向比较，发现中部地区的生产阶段数最大，产业分工程度更深，但其分工体系多集中于地区内部，说明这些地区的生产活动主要在省内进行；西部地区省份总生产阶段数和省内生产阶段数都偏低，东部及南部沿海发达省份的跨省分工程度最高。从各行业分工水平来看，纺织服装、金属冶炼等传统制造行业的生产阶段总数较大，交通运输及商服、通信、计算机、科研技术等新兴服务行业的生产阶段总数较小。

第二，就省际循环水平而言，东部沿海省份在国内价值链中的参与程度最高，然后依次是西部和中部地区省份，从各省商品流出地分布来看，东南沿海省份流出地覆盖范围较广，特别与邻近地区的经济关联程度更深，中西部省份商品更多流至东部省份，其经济发展对较发达地区的依赖程度较高。

第三，营改增在省级层面显著地提升了制造业整体产业分工水平，且对地区间产业分工深化的促进作用大于对地区内产业分工的促进作用，同时，从各省在国内价值链中参与程度的角度来看，营改增亦能显著提升省际经济循环水平。

第四，进行地区异质性分析发现，对各省而言，服务业占比越高，营改增对地区产业分工水平的影响越大；地方财政对原营业税依赖程度越高、地方保护程度越大，营改增对地区间产业分工的促进作用越明显，即营改增分工效应是通过提高服务业的分工深化水平及减弱营业税引致的地方保护等机制实现的。此外，营改增对地区间产业分工的促进作用在不同经济发展水平的省份间也存在差异，在经济落后省份政策效应更强。

## 6.2 政策启示

根据以上结论，本文提出以下四点政策建议：

一是深化税制改革。税制改革是促进地区间产业分工，加强各省交流合作的重要推手，结合我国现实情况，深化税制改革的具体措施有：（1）持续完善增值税政策，畅通抵扣链条，充分发挥税收政策对构建全国统一大市场的积极作用。例如，取消金融业的特殊规定，允许金融业下游企业抵扣进项税；结合行业属性严格把握对小规模纳税人的划分，尽量做到增值税税率统一；加快推进从生产型增值税向消费型增值税的转变，缩小中间环节税负。（2）完善消费税制度。针对特定消费品征收消费税，包括烟草、酒类、汽车等，提高税率或者调整税基，以实现税收收入的增加和调节社会消费结构。（3）加强税收征管。规范企业财会管理，进一步加强税收政策协调等，提高税收制度的透明度、公平性和可操作性。

二是深化产业升级，推动服务业发展。服务业在地区经济发展中占比越高，营改增对制造业产业细分的促进作用越大，因此，服务业越发达越能促进产业分工深化，提高生产效率。具体措施有：（1）鼓励服务业转型升级。政府可以提供优惠政策、减税降费等支持，引导企业加大技术创新和人才培养力度，提高服务业的竞争力和附加值。（2）加大对服务业的投资力度，优化服务业的供给结构，提高服务业的生产效率和质量。（3）积极推进服务业和制造业的融合发展，加强产业链、价值链的协同配合，不断提升服务业的整体竞争力。

三是加强各省尤其是中西部地区间的生产关联和经济交流。虽然中部地区的产业分工水平最高，但分工体系多集中于地区内部，需要通过政策引导和扶持，鼓励跨省份、跨地区的产业分工合作，促进地区间的经济协同发展。具体措施包括：（1）建立产业分工合作机制，通过提供税收优惠、资金扶持等方式，促进企业间的合作，引导企业跨地区合作。（2）通过引导企业进驻集群、提供基础设施建设、政策支持等方式，建立中西部地区的产业集群，推动产业分工的深入发展。（3）加强企业之间的信息共享和协作，以减少抵扣链条中的信息不对称和交易成本，促进企业之间的互联互通。

四是遏制地方保护主义，促进地区间经济循环。具体措施有：（1）制定优惠政策和减税政策，降低地区间投资成本，促进资本、技术、人才等生产要素的流动。(2）加强地方政府的监管和协调，统一地区间政策规划，避免地方保护主义的出现。（3）加强科技创新，利用好网络工具，缩小地区之间的技术差距，实现各地区的共同发展，加快经济一体化的进程。

# 参考文献

[1] 曹越，李晶．“营改增”是否降低了流转税税负——来自中国上市公司的证据［J］．财贸经济，2016（11）：62－76.

[2] 陈健，赵迪，陈苔菁．中国区域价值链分工拓展的空间解构特征及影响因素——基于生产分割视角的考察［J/OL］．国际贸易问题，2020（07）：63－76.

[3] 陈朴，林垚，刘凯．全国统一大市场建设、资源配置效率与中国经济增长［J］．经济研究，2021，56（06）：40－57.

[4] 陈启斐，蔡璐．服务外包与产业链长度：来自中国的经验证据［J］．经济理论与经济管理，2020（11）：21－38.

[5] 陈钊，王旸．“营改增”是否促进了分工：来自中国上市公司的证据［J］．管理世界，2016（03）：36－45.

[6] 范子英，彭飞．“营改增”的减税效应和分工效应：基于产业互联的视角［J］．经济研究，2017，52（02）：82－95.

[7] 高凤勤，刘金东．增值税跨区域转移与地方财力不均等——基于“营改增”前后的比较分析［J/OL］．上海财经大学学报，2018，20（02）：89－99.

[8] 高静．国内价值链分工会提升中国劳动收入份额吗？——基于235个城市的面板数据研究［J］．上海财经大学学报，2022，24（05）：33－50.

[9] 高培勇．构建新发展格局：在统筹发展和安全中前行［J］．经济研究，2021，56（03）：4－13.

[10] 桂琦寒，陈敏，陆铭，陈钊．中国国内商品市场趋于分割还是整合：基于相对价格法的分析［J］．世界经济，2006（02）：20－30.

[11] 何代欣．“营改增”的政府间收入分配效应——基于税收收入弹性变动的测算与评估［J］．经济社会体制比较，2016（03）：84－93.

[12] 黄群慧，倪红福．中国经济国内国际双循环的测度分析——兼论新发展格局的本质特征［J］．管理世界，2021，37（12）：40－58.

[13] 黄群慧．新发展格局的理论逻辑、战略内涵与政策体系——基于经济现代化的视角［J］．经济研究，2021，56（04）：4－23.

[14] 黎峰．增加值视角下的中国国家价值链分工——基于改进的区域投入产出模型［J］．中国工业经济，2016（03）：52－67.

[15] 李敬，刘洋．中国国民经济循环：结构与区域网络关系透视［J］．经济研究，2022，57（02）：27－42.

[16] 李善同，何建武，刘云中．全球价值链视角下中国国内价值链分工测算研究［J］．管理评论，2018，30（05）：9－18.

[17] 李永友，严岑．服务业“营改增”能带动制造业升级吗？[J]．经济研究，2018，53（04）：18-31.

[18] 梁若冰，汤韵．交通改善、企业贸易与区域市场整合——基于增值税发票的经验研究[J]．财贸经济，2021，42（10）：36-51.

[19] 梁若冰，叶一帆．营改增对企业间贸易的影响：兼论试点的贸易转移效应[J]．财政研究，2016（02）：52-64.

[20] 刘斌，李川川，李秋静．新发展格局下消费结构升级与国内价值链循环：理论逻辑和经验事实[J]．财贸经济，2022，43（03）：5-18.

[21] 刘鹤．加快构建以国内大循环为主体国内国际双循环相互促进的新发展格局[J]．资源再生，2021（09）：51-54.

[22] 刘建民，梁合昌，吴金光．地方财政压力与政府非税收入——基于营改增后增值税收入划分调整的视角[J]．税务研究，2022（01）：106-112.

[23] 刘建民，赵桁，唐畅．减税降费与地方财政风险防范——基于“营改增”的准自然实验[J/OL]．财经理论与实践，2022，43（05）：56-65.

[24] 刘明宇，芮明杰．价值网络重构、分工演进与产业结构优化[J]．中国工业经济，2012（05）：148-160.

[25] 刘生龙，胡鞍钢．交通基础设施与中国区域经济一体化[J]．经济研究，2011，46（03）：72-82.

[26] 刘志彪．重塑中国经济内外循环的新逻辑[J]．探索与争鸣，2020（07）：42-49，157-158.

[27] 龙飞扬，殷凤．制造业全球产业分工深化能否提升出口国内增加值率[J]．国际贸易问题，2021（03）：32-48.

[28] 卢洪友，王蓉，余锦亮．“营改增”改革、地方政府行为与区域环境质量——基于财政压力的视角[J/OL]．财经问题研究，2019（11）：74-81.

[29] 卢洪友，王云霄，祁毓．“营改增”的财政体制影响效应研究[J]．经济社会体制比较，2016（03）：71-83.

[30] 倪红福，龚六堂，王茜萌．“营改增”的价格效应和收入分配效应[J]．中国工业经济，2016（12）：23-39.

[31] 倪红福，龚六堂，夏杰长．生产分割的演进路径及其影响因素——基于生产阶段数的考察[J]．管理世界，2016（04）：10-23.

[32] 潘文卿，李跟强．中国区域的国家价值链与全球价值链：区域互动与增值收益[J]．经济研究，2018，53（03）：171-186.

[33] 彭飞，许文立，吕鹏，等．未预期的非税负担冲击：基于“营改增”的研究[J]．经济研究，2020，55（11）：67-83.

[34] 彭飞，许文立，范美婷．“营改增”对城市发展的影响及其作用机制研究[J]．财政研究，2018（03）：99-111.

[35] 乔俊峰，张春雷．“营改增”、税收征管行为和企业流转税税负——来自中国上市公司的证据[J/OL]．财政研究，2019（07）：77-89.

[36] 邵朝对，苏丹妮．中国价值链分工的福利效应与空间解构：双循环视角[J/

OL]. 世界经济，2023（01）：32－62［2023－05－11］.

［37］沈剑飞．流通活动、市场分割与国内价值链分工深度［J］. 财贸经济，2018，39（09）：89－104.

［38］盛斌，景光正．金融结构、契约环境与全球价值链地位［J］. 世界经济，2019，42（04）：29－52.

［39］苏庆义．中国省级出口的增加值分解及其应用［J］. 经济研究，2016，51（01）：84－98.

［40］孙正，张志超．基于“营改增”视角流转税改革的动态效率分析［J］. 中南财经政法大学学报，2015（02）：40－47.

［41］唐海燕，张会清．产品内国际分工与发展中国家的价值链提升［J］. 经济研究，2009，44（09）：81－93.

［42］王佳琳，庄佳强．增值税与行业价值链参与度：促进还是阻碍［J/OL］. 财贸经济，2022，43（11）：43－58.

［43］王健，黄静，吴群．“营改增”下的土地财政：建设用地规划指标的约束［J］. 财经研究，2019，45（06）：17－28.

［44］王健，吴群，彭山桂，李永乐．“营改增”是否影响了地方政府土地财政收入［J］. 财贸研究，2017，28（12）：82－94.

［45］王直，魏尚进，祝坤福．总贸易核算法：官方贸易统计与全球价值链的度量［J］. 中国社会科学，2015（09）：108－127.

［46］徐从才，丁hzh．分工深化、贸易理论发展与贸易战略选择［J］. 财贸经济，2010（06）：66－72.

［47］杨高举，黄先海．内部动力与后发国分工地位升级——来自中国高技术产业的证据［J］. 中国社会科学，2013（02）：25－45，204.

［48］尹正，倪志伟．区域博弈、产业分工与经济一体化［J］. 中国流通经济，2017，31（12）：65－72.

［49］余丽丽，彭水军．全面对外开放与区域协调发展：基于价值链互动视角［J］. 世界经济，2022，45（01）：3－29.

［50］袁国宝．双循环：构建以国内大循环为主体、国内国际双循环相互促进的新发展格局［M］. 北京：中国经济出版社，2020.

［51］张红梅．基于贸易增加值数据的中国省际贸易特征考察［J］. 郑州大学学报（哲学社会科学版），2021，54（01）：47－52.

［52］张训常，林静蓉．财政压力与国有企业混合所有制改革效果——基于增值税收入划分改革的经验证据［J/OL］. 财政研究，2022（06）：64－80.

［53］张占斌．国内大循环［M］. 长沙：湖南人民出版社，2020.

［54］赵文哲，杨继东．地方政府财政缺口与土地出让方式——基于地方政府与国有企业互利行为的解释［J］. 管理世界，2015（04）：11－24.

［55］周黎安．转型中的地方政府：官员激励与治理［M］. 上海：格致出版社 & 上海三联书店 & 上海人民出版社，2017年第2版：237－240.

［56］周琢，权衡，陈陶然．制造业出口、分工深化效应与企业的劳动收入占比

[J]. 国际贸易问题, 2017 (02): 16 - 26.

[57] Bai J, Lu J, Li S. Fiscal pressure, tax competition and environmental pollution [J]. Environmental and resource economics, 2019, 73 (02): 431 - 447.

[58] Coase R H. The Nature of the Firm [J]. Economica, 1937, 4 (16): 386 - 405.

[59] Fally T. Production staging: measurement and facts [J]. Boulder, Colorado, University of Colorado Boulder, May, 2012: 155 - 168.

[60] Grossman G M, Rossi - Hansberg E. Trading tasks: A simple theory of offshoring [J]. American Economic Review, 2008, 98 (05): 1978 - 1997.

[61] Koopman R, Wang Z, Wei S J. How much of Chinese exports is really made in China? Assessing domestic value - added when processing trade is pervasive [R]. National Bureau of Economic Research, 2008.

[62] Koopman R, Wang Z, Wei S. Estimating Domestic Content in Exports When Processing Trade Is Pervasive [J]. Journal of Development Economics, 2012, 99 (1): 178 - 189.

[63] Koopman R, Wang Z, Wei S. Tracing Value - added and Double Counting in Gross Exports [J]. American Economic Review, 2014, 104 (02): 459 - 494.

[64] Minutti - Meza M. Does auditor industry specialization improve audit quality? [J]. Journal of Accounting Research, 2013, 51 (04): 779 - 817.

[65] Pack H, Saggi K. Vertical technology transfer via international outsourcing [J]. Journal of Development Economics, 2001, 65 (02): 389 - 415.

# 致　谢

写到这里，近二十年的求学生涯也接近尾声，虽对校园生活深有眷恋和不舍，但感受更多的还是成长、成熟的喜悦，由衷地感谢在硕士阶段尤其是毕业论文写作中给我鼓励和帮助的师友们！

感谢我的导师王麒植老师，在论文写作过程中，导师认真为我制订论文写作计划、推荐阅读文献，耐心地与我定期讨论论文、给予我关键指导。导师不仅关心我的学业，也时常关心我的生活、就业并给予建议……对于导师所做的一切，我真诚地感激并将铭记于心。

感谢中心对我的培养，三年时光，在这里学到了知识，更收获了成长。来这里之前，我对学术一知半解，对未来充满迷茫，感谢中心的课堂为我打好了专业基础，引导我主动思考问题、解决问题，并悉心培养我们的科学研究能力；感谢中心老师们的关爱和赐教！

感谢中央财经大学。虽然很少说出口，但我发自内心地喜欢这里。学校资源丰富，环境舒适，为我们的学习、研究及职业发展提供了很多支持；同学、校友们都努力且优秀，在与他们相处中会自然地被激发向上的动力和向前的勇气；校园虽不大但充满生机活力，秋天里银杏叶纷扬飘落并铺满道路，真的很美。

感谢我的朋友们。我们偶尔或经常相聚，谈天说地，一起回首过往，规划未来。在我心情低落时带我逛街游玩，把我拖出消极情绪；在遇到瓶颈时帮我分析局势，寻求解决办法，往后的人生也希望与你们一直相伴。

感谢我的爷爷奶奶。是你们将我抚养长大，培养成人，在我生病数月期间包容我、照顾我，让我能够恢复健康，顺利完成学业。我们都不擅长表达对彼此的爱，唯愿你们幸福安康。

最后想要告诉自己，人生的又一篇章已然开启，希望你勇往直前，尽力实现自己的理想。

# 论文短评

点评人：阮睿

改革开放以来，中国各地的地方政府为了提高本地的经济增长水平，不同程度地制定实施了地方保护主义的经济政策。例如通过各种手段强制或鼓励本地企业和单位购买使用本地产品和服务，提高外地产品和服务进入本地市场的门槛等。地方保护主义导致市场分割，阻碍了资源合理配置，进而损害了我国市场经济健康发展。为破除地方保护和市场分割，我国中央政府提出加快建设全国统一大市场，推动市场一体化改革。建设全国统一大市场对于中国经济发展具有深远的意义，能够打破地区间的壁垒，促进劳动力、资本、技术等生产要素在全国范围内自由流动，实现资源的最优配置；降低交易成本，提高市场运行效率，激发市场活力等。

2012 年开始实施的“营改增”政策对优化我国税制结构等方面产生了深远影响，也是学术界研究的热点之一。大多数研究关注“营改增”政策的减税效应、对地方政府财政收入的影响、对企业经营行为的影响等，这篇学位论文另辟蹊径，关注税制变化对产业分工乃至地区间经济循环的作用，并深入探究，可谓让人耳目一新。

翟倩硕士的这篇学位论文探讨了中国 2012 年“营改增”政策对产业分工和省际经济循环的影响。营改增之前，营业税在中国的地方政府税收收入中占比较高，导致了地方政府为了保护本地企业而限制跨区域的生产和消费活动，对产业分工产生了不利影响。“营改增”以后，增值税以增值额为征税基础，减弱地方政府的保护动机，减少了地方政府保护本地市场的行为；并且增值税允许企业抵扣进项税，这促使企业更倾向于从效率更高的供应商处购买中间产品和服务，而不是仅仅依赖本地供应商，鼓励了跨区域的贸易和合作。

论文的研究设计包括了对营改增政策的理论机制分析，提出了营改增可能通过促进服务业与制造业的融合发展、缓解地方保护问题等途径影响产业分工和省际循环的研究假说。研究采用了多期双重差分法（DID）进行实证检验，以评估营改增政策对产业分工和省际经济循环的影响。被解释变量是一系列地区产业分工系列指标和省际循环水平指标，这些指标根据中国2007—2017年五个年份省际投入产出表计算得出，数据涵盖了30个省（市、自治区）的投入产出信息。

研究发现，营改增政策在省级层面显著提升了产业分工水平，尤其是加深了跨省产业分工的深度。服务业占比高的省份分工效应更强，表明营改增通过延伸增值税抵扣链条促进了服务业与制造业的融合发展。此外，营改增对营业税依赖程度高、地方保护程度高的省份的跨省分工促进作用更明显，支持了其通过缓解地方保护问题促进产业分工的作用机制。

这篇硕士学位论文的创新性体现在两个方面，一是研究视角的创新，论文从价值链的视角出发，探讨了营改增政策对产业分工和省际经济循环的影响，为理解税制改革的经济效应提供了新的维度；研究揭示了营改增如何通过影响地方政府行为和企业专业化分工来促进经济一体化。二是数据与方法的创新，作者利用了中国省际投入产出表这一独特的数据资源，并结合经济学理论构建指标衡量分工和省际经济循环，用于对营改增政策影响的实证分析，这在方法论上体现了创新。

论文的政策内涵有以下几点：第一，为了促进产业分工和省际经济循环，需要持续深化税制改革，包括完善增值税政策，确保税收抵扣链条的畅通。第二，遏制地方保护主义，论文提出要建立不同地区企业合作的减税政策，缩小地区间技术差距，并加强交通基础设施建设，以遏制地方保护主义，促进资源和要素的自由流动。第三，产业结构优化，通过政府优惠政策和投资力度的加大，促进技术创新，推动服务业和制造业的融合发展，打造更为合理的产业结构。在2024年这个时点上，这篇硕士学位论文又有了新的政策含义。2023年的中央经济工作会议提出政策工具之间的协同联动、协调配合，形成政策合力。论文主要关注的“营改增”政策，最初的政策目的是优化税制结构，提高税收效率，减轻企业税负等，它在促进全国统一大市场建设方面的政策效应，属于“意料之外的政策结果”。这篇论文提供了一个很好的案例，提醒政策研究者和政策制定者，在制定新政策之前，要充分仔细全面地分析论证政策效果，这样才能够最大程度上提高政策效率。

# 横向生态补偿转移支付与地方财政支出结构

## ——基于异质性处理效应下的两阶段 DID 实证检验

**Horizontal Ecological Compensation Transfer Payment and Local Fiscal Expenditure Structure: Empirical Analysis Based on Two - Stage Differences in Differences under Heterogeneous Treatment Effects**

韦天宇

# 摘 要

在2016年，我国制定了首份针对生态补偿机制的国家文件《关于健全生态保护补偿机制的意见》，明确了流域横向生态补偿在我国生态保护补偿机制建设中的重要地位。流域横向生态补偿机制是指通过流域上下游地方政府之间同时协商谈判的方式实现利益互补，从而协调和平衡生态保护地区和生态受益地区之间的利益关系、充分调动生态保护积极性的生态补偿机制。流域横向生态补偿政策主要是基于“双向补偿”的模式：上游地区向下游地区提供所需水质，下游地区向上游地区提供相应补偿；如果上游地区不能满足水质要求，要求上游地区对下游地区进行补偿。现有研究围绕横向生态补偿的环境治理效果与经济效应展开了广泛探讨。然而，目前尚未有研究从地方政府财政支出结构角度出发去探究横向生态补偿的影响效果。本文尝试将按生产性支出与民生性支出划分的财政支出结构纳入流域横向生态补偿试点的政策评估框架中。

流域横向生态补偿作为一项基于“双向补偿”的制度创新，强化了地方政府的环境保护责任，改变了地方环境治理激励，导致地方财政支出行为的调整。实施流域横向生态补偿政策扩大了地区公共环保支出，也避免了地方政府以开发流域资源为经济增长点获取财政收入，同时增加了支出端与收入端的财政压力；在考核体制转变和“三保”政策背景下，面对横向生态补偿政策所带来的财政压力，地方政府可能会优先保障民生性支出而削减生产性支出。此外，横向生态补偿政策的实施促使大量非农劳动力到城镇就业，促进了城市化转型，提高了城镇地区公共服务需求；地方政府需要为城市居民提供安排包括养老、教育、就业、住房等在内的多项公共服务，支出重心逐步转向民生性项目。因此，探究横向生态补偿转移支付对财政支出结构的影响机制需要同时从政策给地方带来的财政压力与政策对地方公共服务需求影响两方面来综合考虑。

基于上述分析，本文借助省内流域横向生态补偿这一政策冲击，利用2014—2019年地级市层面的面板数据，使用多时点双重差分法与事件研究法实证检验了横向生态补偿转移支付对财政支出结构的影响。近年来，大量研究表明使用多时点双重差分法和事件研究法需要满足不同时期的处理效应大小严格相等的严格假设。如果不同时期的政策处理效应存在差异，仅使用简单线性回归会造成部分时期的权重为负数，其估计结果与经济含义之间的对应关系可能存在偏误，从而错误估计流域横向生态补偿对财政支出结构的影响效应。有鉴于此，本文使用 Gardner 于 2022 年提出的两阶段回归法解决异质性处理效应带来的估计偏误问题。其本质在于，在第一阶段从未处理的样本中识别组别差异与趋势效应；第二阶段在剔除组别差异和趋势效应后通过比较处理和未处理的结果变量确定平均处理效应。本文也进一步将其拓展至事件研究法中。

实证结果表明，流域横向生态补偿政策的实施有助于促进地级市政府偏向民生性支出，即横向生态补偿转移支付会降低地方政府在生产性支出方向的投入比重并增加其民生性支出比重，但该政策效应持续时间大概在三年，并不具有长期的趋势效应。机制检验结果发现，受到省内流域横向生态补偿政策影响的城市拥有更大的财政压力与更高的城市化率，证实了财政压力和城市化是横向生态补偿转移支付影响城市财政支出结构的重要机制。异质性检验结果发现，流域横向生态补偿转移支付所导致的地方支出结构向民生领域转型主要发生在环境保护重视度较高与经济增长目标较低的城市。通过进一步分析横向生态补偿对特定类型民生性支出的影响，本文还发现横向生态补偿政策的实施增加了城市节能环保支出、社会保障和就业支出、医疗卫生与计划生育支出、住房保障支出与城乡社区支出的比重，但降低了对文化体育与传媒支出比重，且对教育支出比重与科学技术支出比重均没有显著影响作用。

本文的研究结论丰富了现有关于横向生态补偿政策效果与地方财政支出结构影响因素两方面的文献，拓展了考核体制转变与“三保”政策背景下地方政府民生支出偏向的相关研究，对完善财政转移支付体系与健全省以下财政体制具有一定启发。

**关键词：**横向生态补偿；财政支出结构；财政压力；两阶段双重差分法

# Abstract

In 2016, China released a guideline on deepening the reform of the country's ecological compensation mechanism to speed up the building of ecological civilization. The guideline confirms the important position of watershed horizontal ecological compensation in the construction of ecological compensation mechanism in China. The horizontal ecological compensation policy is mainly based on the "bidirectional compensation" mode: The upstream area provides the required water quality to the downstream area, and the downstream area provides the corresponding compensation to the upstream area; If the upstream area cannot meet the water quality requirements, the upstream area is required to compensate the downstream area. The existing research has extensively discussed the environmental effect and economic effect of horizontal ecological compensation. However, there is no study to explore the effect of horizontal ecological compensation from the perspective of local government financial expenditure structure. Therefore, this paper tried to include the fiscal expenditure structure divided by productive expenditure and livelihood expenditure into the policy evaluation framework of the horizontal ecological compensation.

The implementation of the horizontal ecological compensation policy expands the regional public environmental protection expenditure, and also hinders the local governments to obtain fiscal revenue from the development of water resource as the economic growth point, which increases the financial pressure on both expenditure end and income end. Under the background of the assessment system transformation and the "Three Guarantees" policy, local governments may give priority to ensuring livelihood expenditure and reduce productive expenditure. In addition, the implementation of horizontal ecological compensation policy made a large number of non-agricultural labor to urban employment, which promoted the urbanization transformation and increased the demand for public services in urban areas. Local governments need to provide many public services, including pension, education, employment, housing, etc., and the expenditure focus gradually shifts to livelihood projects. Therefore, to explore the mechanism of horizontal ecological compensation transfer payment on the financial expenditure structure, we need to comprehensively consider the financial pressure brought by policies to the local government and the impact of policies on the local public service demand.

Based on the above analysis, this paper used the panel data of prefecture - level cities in China from 2014 to 2019 to test the impact of horizontal ecological compensation transfer payment on local fiscal expenditure structure by applying staggered differences - in - differences method. In recent years, a large number of studies have shown that the use of staggered differences - in - differences method and event study method need to meet the strict assumption that the treatment effects of different periods are strictly equal. In view of this, this paper used the two - stage differences - in - differences method introduced by Gardner in 2022 to solve the estimation bias caused by heterogeneous treatment effects. Its essence is to identify group differences and trend effects from the untreated samples in the first stage, and to determine the average treatment effects by comparing the treated and untreated outcome variables after excluding group differences and trend effects in the second stage. This paper further extended it to the event study method.

The empirical results showed that the horizontal ecological compensation transfer payment reduced the proportion of productive expenditure and increased the proportion of livelihood expenditure. The results of the mechanism test indicated that the cities affected by the horizontal ecological compensation policy had greater financial pressure and higher urbanization rate. The results of the heterogeneity test showed that the transformation of the local expenditure structure to the field of people's livelihood caused by the horizontal ecological compensation transfer payment mainly occurred in the cities with high attention to environmental protection and low economic growth target. This paper also found that the implementation of the horizontal ecological compensation policy increased the expenditure on energy conservation and environmental protection; social security and employment; health care and family planning; housing security; and urban and rural community. But the horizontal ecological compensation policy reduced the the expenditure on culture, sports and media; and it has no significant effect on education expenditure and science and technology expenditure. The conclusions of this paper enrich the literature exploring the effect of horizontal ecological compensation policy and the determinants of local fiscal expenditure structure, and provide a reference to improve the financial transfer payment system and enhance the fiscal system below the provincial level.

**Keywords**: Horizontal ecological compensation; Structure of fiscal expenditure; Fiscal stress; Two - stage differences - in - differences

# 1. 绪论

## 1.1 研究背景

党的二十大报告明确提出“完善财政转移支付体系”，为进一步深化财税体制改革作出重要指引。作为现行纵向转移支付体系的重要补充，横向转移支付是促进区域间均衡发展、实现基本公共服务均等化的手段之一，但目前我国尚未正式建立地区间横向转移支付制度。流域横向生态补偿政策是横向转移支付制度的重要实践探索，在解决流域跨界污染问题上发挥了重要作用。该政策主要是基于“双向补偿”的模式：上游地区向下游地区提供所需水质，下游地区向上游地区提供相应补偿；如果上游地区不能满足水质要求，要求上游地区对下游地区进行补偿。其本质在于明确产权的基础上，通过交易机制内部化环境治理的外部性，从而激励地方政府实施环境保护（Gómez – Baggethun 等，2010）。现有研究也普遍证实了流域横向生态补偿政策能够有效降低环境污染水平（景守武和张捷，2018；曲超等，2019）。

除了生态补偿政策的环境效应外，生态补偿的额外政策效果目前已经受到广泛重视。现有研究主要围绕生态补偿对缓解贫困与经济发展的影响展开讨论并得出较为不一致的结论（Milder 等，2010；Kronenberg 和 Hubacek，2013；吴中全等，2020；景守武和张捷，2021；刘聪和张宁，2021），而这种争议很大程度上与生态补偿的类型与具体实施方式相关。最近的文献关注到了流域横向生态补偿的额外政策效果，并主要围绕其对农户就业与收入的影响展开讨论（李坦等，2022；卢文秀和吴方卫，2022），而大部分横向生态补偿政策相关的实证研究仍停留在对地区环境治理效果的分析与检验上。流域横向生态补偿这项制度创新主要作用于政府，而非企业或者居民。这种激励方式基于“惩罚污染者，补偿受损者”原则，将地方政府界定为流域水环境保护的第一责任人（刘炯，2015）。因此，有必要进一步评估横向生态补偿转移支付对地方政府行为的影响。

地方财政支出体现了地方政府行为的范围和方向。在财政激励与政治激励的共同作用下，地方政府长期以来偏好生产性支出，而轻视民生性支出。以往的研究表明，以纵向转移支付为主的政府间转移支付模式使地方政府倾向于将资金用于生产性支出而挤占民生性支出，进一步扭曲了地方财政支出结构（付文林和沈坤荣，2012；范子英，2013）。那么作为更注重财政能力与公共服务均等化的横向转移支付制度，横向生态补偿转移支付会如何影响地方财政支出结构？为了回答这一问题，本文尝试将按生产性支出与民生性支出划分的财政支出结构纳入流域横向生态补偿试点的政策评估框架中，运用异质性处理效应下的两阶段多时点双重差分法考察流域横向生态补偿政策对财政支出结构的影响效应和动态边际效应。

## 1.2 研究意义

### 1.2.1 理论意义

本文探究了省内流域横向生态补偿转移支付对地级市财政支出结构的影响及机制路径，与以往文献相比，本文的理论意义主要在于以下两点：

第一，丰富了现有关于横向生态补偿政策效果的研究文献。尽管横向生态补偿转移支付的主要目的在于流域环境保护，现有研究也针对其环境治理效应与经济效应展开了广泛讨论，但本文发现其政策的实施也影响了地方政府的支出决策。本文的研究有助于进一步从财政支出结构调整角度揭示横向生态补偿制度的额外政策效果，从而实现生态保护与支出结构优化的双重目标。

第二，丰富了现有关于财政支出结构影响因素的研究文献，拓展了考核体制转变与“三保”背景下地方政府民生支出偏向的相关研究。财政政策改革会对地方财政压力与公共服务需求造成冲击，进而改变地方政府支出行为。本文通过对财政压力与城市化两条影响路径的分析与针对不同地方政府特征的异质性检验，刻画了横向生态补偿转移支付对地区财政支出结构影响的完整路径。

### 1.2.2 现实意义

本文也具有较强的现实意义，主要表现于：

第一，横向生态补偿转移支付是我国当前横向转移支付的主要形式之一，本文发现流域横向生态补偿政策的实施有助于民生性支出的增加，并未造成地方财政支出结构的扭曲，进一步证实了横向生态补偿政策具有额外政策效果。本文的研究结论有助于加快健全并落实流域横向生态补偿机制，有利于完善现行的转移支付体制，更好地发挥转移支付的基本公共服务均等化作用。

第二，随着各省广泛开展省内流域横向生态补偿，更多的地级市受到了流域横向生态补偿政策的影响。本文发现流域横向生态补偿政策提高了地区的城市化率，导致社会保障和就业、医疗卫生、住房保障等领域对民生支出要求的不断提高。本文的研究结论为流域横向生态补偿配套政策的完善与地方政府保民生制度安排的优化提供了参考。

第三，在减税降费与民生支出要求不断提高的大背景下，地方依然面临较大的减收增支压力。本文发现流域横向生态补偿政策促进了财政支出结构偏向民生性支出，但这种支出结构转型一定程度上是因较大财政压力导致的。本文的研究结论为关注地方财政压力的变化及具体来源、确保重点民生支出得到保障提供了参考。

## 1.3 研究内容

本文首先梳理了生态补偿政策效果与财政支出结构影响因素的相关文献，随后提出本文研究假说，进一步在实证分析部分中予以检验，并基于实证结论提出政策建议。本文各部分内容如下：

第 1 部分，绪论。本部分主要介绍了本文的研究背景及研究的理论和现实意义，并概括了本文的研究内容，最后从研究问题与研究方法两方面总结了本文的创新点。

第 2 部分，文献回顾与研究假说。本部分主要包含三部分内容：其一，对生态补偿的内涵、环境效应与其他政策效应进行了总结；其二，结合现有文献研究成果梳理了财政支出结构的影响因素；其三，分析横向生态补偿转移支付可能会对地方政府的财政支出结构造成的影响，从财政压力影响支出决策和城市化带来公共服务需求提高两个角度入手，分别进行了各自的理论机制阐述并提出了研究假说。

第 3 部分，政策背景与研究设计。本部分首先介绍了流域横向生态补偿政策进展与省内流域横向生态补偿实施情况；其次，在研究设计部分着重对本文的模型设定、变量与数据进行了详细描述。

第4部分，实证结果分析。本部分首先利用多时点DID模型考察了横向生态补偿转移支付分别对生产性支出比重与民生性比重的影响效果，并利用事件研究法进行了共同趋势假设检验；其次，本文使用Gardner（2022）提出的两阶段回归法解决异质性处理效应带来的估计偏误问题；然后，本文从排除混杂因素干扰和替换被解释变量等角度进行了一系列稳健性检验；此外，本文还对横向生态补偿转移支付对财政支出结构的影响机制与异质性特征进行了检验；最后，为考察横向生态补偿转移支付对不同类型民生性支出的影响，本文做了进一步的分类回归。

第5部分，结论与政策建议。本部分对前文的研究结果进行简要总结，并根据相关研究结论提出相应政策建议。

## 1.4 研究创新

### 1.4.1 研究问题的创新

（1）横向生态补偿的影响效果

扩充了横向生态补偿政策效果的相关文献。现有研究大多关注流域横向生态补偿政策的环境效应与经济效应，忽视了政策实施对地方政府支出行为的影响。本文试图揭示横向生态补偿政策背景下地方政府激励转变对财政支出行为可能产生的影响效果，并探究地方政府环境偏好差异和经济发展目标差异所造成的异质性影响。

（2）财政支出结构的影响因素

丰富和拓展了现有财政支出结构影响因素的相关文献。现有研究普遍发现纵向转移支付会扭曲财政支出结构，但尚未有研究就界定于生态补偿基础上的横向转移支付对财政支出结构的影响展开检验。本文借助流域横向生态补偿试点这一外生冲击，考察横向生态补偿转移支付如何影响地区财政支出结构，对完善财政转移支付体系与健全省以下财政体制具有一定启发。

（3）省内流域横向生态补偿

利用省内流域横向生态补偿政策进行实证分析。早期横向生态补偿试点主要集中于跨省流域，但近年来各省逐步开展省内流域横向生态补偿试点，扩大了受流域横向生态补偿影响的地级市范围。然而，现有文献的研究对象局限于部分流域的跨省横向生态补偿或个别省的省内流域横向生态补偿，缺乏对全国层面各省省内流域横向生态补偿政策的梳理及实证评估。

### 1.4.2 研究方法的创新

近年来，大量研究表明使用多时点双重差分法和事件研究法需要满足不同时期处理效应大小严格相等的严格假设（Sun 和 Abraham，2021；Baker 等，2022）。多时点 DID 下的系数衡量的是不同时期实施横向生态补偿试点的城市在一定时间内的处理效应的加权平均。如果不同时期的政策处理效应存在异质性，则会造成部分时期的权重为负数，其估计结果与经济含义之间的对应关系可能存在偏误（De Chaisemartin 和 D'Haultfoeuille，2020），从而错误估计流域横向生态补偿对财政支出的影响效应。截至目前，较少有中文文献针对具体研究问题使用“异质性——稳健”的 DID 估计量。本文使用 Gardner（2022）提出的两阶段回归法解决异质性处理效应带来的估计偏误问题。

# 2. 文献回顾与研究假说

## 2.1 生态补偿的影响效应

### 2.1.1 生态补偿的内涵

在国外的实践和文献中，生态补偿被称为“生态系统/环境服务付费”(PES)，其基本定义为“至少一名买方与至少一名卖方对定义清晰的环境服务进行的有条件的自愿交易”，实质是通过行政或市场化手段将生态环境产品或服务的外部性内部化，弥补生态环境产品供给者因保护生态环境而放弃发展的机会成本，由此鼓励生态系统保护和恢复的环境管理方法（Wunder，2005；Wunder，2015)。Wunder 等（2008）比较并分析了发达国家和发展中国家中的 14 个生态补偿项目，认为生态补偿是一种直接“购买保护”的重要供给侧创新，对生态环境保护产生积极作用。Salzman 等（2018）基于 Engel 等（2008）的分析框架，将 PES 划分为使用者资助型（User - financed)、政府资助型（Government - financed）和合规型（Compliance）三种类型，并将中国实施的生态补偿政策划归到政府资助型。在我国的生态环境治理实践中，生态补偿主要体现为以生态环境保护为核心的政府间财政转移，因而又被称作“生态转移支付”。我国政府财政主导的生态补偿基本运作机制是一方政府有条件地向另一方政府进行财政转移支付，以弥补其进行的生态环境治理成本，由此解决生态环境和服务这一公共产品的供给难题以及生态环境的外部性问题。

### 2.1.2 生态补偿的环境效益

政府间财政生态补偿分为纵向生态补偿和横向生态补偿两种类型：前

者是通过中央政府对地方政府或省级政府对下级政府的纵向转移支付方式进行，即生态环境治理成本及其带来的溢出效应一部分由上级政府承担；后者则发生在不同地区之间，通过同一层级或不同层级但无上下级关系政府之间的横向转移支付进行，即生态环境治理成本及其带来的溢出效应一部分由地理位置相近并直接受益的地区政府承担（郑雪梅，2017）。

（1）纵向生态补偿

国家重点生态功能区转移支付是我国较早实施且长期运行的一项纵向生态补偿政策。有研究表明国家重点生态功能区转移支付总体上改善了以水质为代表的生态环境质量，是改善生态环境质量的重要影响因素，在生态环境改善过程中发挥了资金补偿效应（李国平等，2013；刘炯，2015；徐鸿翔和张文彬，2017；朱艳和陈红华，2020；李淑瑞和薛钢，2022）。但也有研究认为其实际影响效果并未达到预期（李国平等，2014），且显著依赖于地方政府环境保护支出占比（缪小林和赵一心，2019）。李国平和张文彬（2015）进一步从双重目标、契约差异化、保护能力异质性等视角分析了导致生态补偿纵向转移支付实施效果不明显的原因。

（2）横向生态补偿

国内外学者针对横向生态补偿能否有效解决生态环境问题展开了广泛探讨。相较于传统的命令控制方法和间接环境政策工具，横向生态补偿的直接交易性质使其在改善生态环境问题中具备更强的有效性和成本效益（Ferraro 和 Kiss，2002；Pagiola 等，2002；Wunder 等，2008）。Grolleau 和 McCann（2012）对慕尼黑和纽约市展开案例研究，讨论分析了农民通过横向生态补偿协议解决水质问题的政策设计与机制。景守武和张捷（2018）与胡东滨等（2022）对新安江流域的研究表明，我国跨省横向生态补偿显著地降低了水污染强度，提升流域整体水环境，并且政策效果具有可持续性。曲超等（2019）以赤水河流域为例，证实了横向生态补偿能够显著降低试点地区工业污染物总量排放强度，有效促进流域生态环境的改善。

值得注意的是，横向生态补偿的环境治理有效性也受到部分质疑（Muradian 等，2013；Börner 等，2017）。Scullion 等（2011）对在墨西哥实施的森林生态补偿项目进行了评估，研究表明生态补偿对森林砍伐率的影响很小，未能有效防止当地森林的净流失。Wunder 等（2008）指出，各国的横向生态补偿项目往往有本质上的区别，这些差异反映了不同的生态、社会经济或制度条件，环境保护并不总是“双赢”的，特别是对生态系统的直接管理者（如农民、伐木者和渔民等）往往没有吸引力。

### 2.1.3 生态补偿的“额外效果”

除了在生态环境保护方面发挥着重要作用，生态补偿还有额外的政策目标，特别是政府资助型的生态补偿项目（Wunder 等，2008）。现有文献对生态补偿的“额外效果”的探讨主要集中在三个领域：

一是贫困问题。Wunder 等（2008）认为减轻贫穷是生态补偿项目最常见且隐性的次要目标，并证实了生态补偿项目具备减轻贫困和提升福利的作用。生态补偿在发展中国家具有强大的减贫潜力，但减贫效果在气候行动国际协议、国内立法以及市场权属问题的影响下存在显著差异（Milder 等，2010）。基于拉丁美洲的 PES 项目经验表明，生态补偿的减贫效果除了来自支付补偿金额的直接影响，还受到包括土地产权稳定性、劳动力需求和非木材产品可得性变化等间接影响（Pagiola 等，2005）。在中国生态补偿实践过程中，谢晨等（2021）发现现金和实物补助的直接作用以及通过改变劳动力配置、调整土地利用结构等影响农户收入的间接作用是生态补偿减贫效果实现的主要路径。娜仁等（2020）进一步将生态补偿类型分为输血型生态补偿与造血型生态补偿，发现二者均具有显著的减贫效应，但造血型生态补偿较输血型生态补偿在作用效果与持续时间上均具有明显优势。卢文秀和吴方卫（2022）首次关注了横向生态补偿制度下受偿地区的减贫效果，发现生态补偿横向转移支付通过促进农业劳动力转移、产业结构高级化，有助于降低城乡收入差距。但也有研究指出，政策参与成本高、资源稀缺与缺乏足够竞争力导致贫困农户难以实际实现减贫，因而生态补偿政策可能更有利于高收入农户，造成收入差距的进一步扩大（吴中全等，2020）。不稳定不充分的生态补偿项目就业形式也导致了生态补偿政策对农户的长期收入造成负向影响（吴乐等，2017）。

二是经济社会发展。一方面，部分研究认为生态补偿有助于促进地区经济发展。娜仁等（2021）发现当生态补偿强度较高时，生态补偿与技术创新正相关。景守武和张捷（2021）发现生态补偿对受偿地区企业全要素生产率存在显著促进作用，并从税收减免、政府补贴、劳动生产率和资本深化四个方面验证了其影响机制。另一方面，Kronenberg 和 Hubacek（2013）认为资源收入与贫穷国家的经济发展密切相关，生态补偿可能导致贫穷国家不能充分利用其资源来保证经济发展，从而形成“生态系统服务诅咒”，在一定程度上阻碍这些国家的健康发展。国内学者也实证检验了生态补偿对地区经济发展水平的抑制作用，发现其负面影响主要体现在微观层面上的企业退出（刘聪和张宁，2021；李坦等，2022），以及宏观层面上的第三产业增加值未能弥补第二产业产值下降的机会成本（张晖等，2019）。

三是居民福利。生态补偿对受偿地区的直接支付，通过实现环境成效或行为改变为受偿地区居民提供了帮助（Ferraro 和 Kiss，2002；Wunder，2007），包括增进受偿地区居民的农业生产技能、提高受偿地区农业生产能力（Beauchamp 等，2018）、提升居民受教育水平（Clements 和 Milner - Gulland，2014）、改善当地的人力资本水平（Jack 和 Santos，2017）、提升居民幸福感（Ferraro 和 Kiss，2002；Pagiola 等，2005）等。

## 2.2 财政支出结构的影响因素

### 2.2.1 地方财政特征

（1）财政分权

中国式财政体制的核心内涵是财政分权与垂直政治治理体制的紧密结合，因此，我国财政分权体制是解释和分析地方财政支出结构的前提条件（李丹和唐善永，2014）。经典的分权理论认为，地方政府选择公共产品供给和税收组合匹配当地居民的公共需求，通过“用脚投票”机制，实现自身效用最大化并使得资源有效配置（Tiebout，1956）。然而，受到户籍制度的限制，我国地方政府难以受到“用脚投票”机制的有效约束。第二代财政分权理论认为，我国的财政分权体制是“市场保护型”联邦制（Qian 和 Weingast，1997；Roland，2000），该体制激发了地方政府促进与保护市场的积极性，进而促进经济增长。不同财政支出存在不同的经济增长效应，地方政府会表现出不同的财政支出偏向。在财政分权提供的强大激励机制下，由于科教文卫投资的短期经济增长效应不明显，地方政府会显著提高基础建设类支出比重，降低教育等民生性服务支出占比（乔宝云等，2005；龚锋和卢洪友，2009；李丹和唐善永，2014），这种财政分权引致的财政支出偏向在贫困地区更为明显（陈思霞和卢盛峰，2014）。因此，我国的财政分权是造就地方政府公共支出结构产生“重基本建设、轻人力资本投资和公共服务”明显扭曲的重要原因（傅勇和张晏，2007）。

（2）财政竞争

财政管理体制变革对我国地方政府间策略互动行为模式产生了巨大影响（郭庆旺和贾俊雪，2009）。在财政分权体制下，其他地方政府的竞争性支出行为会影响本地政府的支出行为（李丹和唐善永，2014）。张恒龙和陈宪（2006）证实了我国财政分权体制建立后，地方政府之间的财政竞争严重地异化了地方政府的支出行为，尤其是对地方财政支出结构产生了显著影响。随着财政竞争的加剧，财政支出结构的“生产性”偏好程度会提升，更高比例的财政资金投向“生产性”领域（刘江会和王功宇，2017），而对教育等民生性支出具有显著的负效应（乔宝云等，2005；郑磊，2008）。此外，也有学者认为如果中央政府能够提供合理的转移支付制度和户籍制度等，财政竞争就不会导致公共支出结构扭曲（郑尚植，2011）。

（3）转移支付

来自其他地区转移支付的预期会引发本地区财政收支策略行为（汪冲，2014）。早期转移支付理论认为，无条件转移支付只会使地方政府的预算线发生平移，不会影响地方财政支出结构（Bradford 和 Oates，1971）。专项转移支付制度通常被认为能使地方政府改变重建设、轻民生的格局（Shah，2006），但有研究发现中国转移支付制度进一步加剧了地方财政支出结构的扭曲（付文林和沈坤荣，2012）。在促进经济增长的激励下，无论是对于一般性转移支付还是专项转移支付，地方政府都倾向于将资金用于经济建设类支出和行政管理类支出，进而挤占科教文卫类支出和社会保障类支出（尹恒和朱虹，2011；范子英，2013；韩冰和黄娜，2014），并且这种影响在经济欠发达地区更为凸显（张启春和苗子豪，2022）。要想通过转移支付制度纠正财政支出结构的扭曲，需要进一步保证财政均等化，并且强化预算约束（付文林和沈坤荣，2012）。

（4）财政压力

分税制改革以来地方政府面临较大的财政压力，而取消农业税、减税降费等措施进一步增强了地方政府财政压力（谢贞发等，2017；杨得前和汪鼎，2021）。地方政府往往会采取策略行为应对财政压力（郭庆旺，2019），随着财政压力的增加，地方政府会倾向于增加生产性支出而忽视公共服务供给（左翔等，2011；Que 等，2019）。在财政压力冲击下，地方政府会提高基建支出水平（张原和吴斌珍，2019），增加交通运输支出和农林水支出，削减科技支出、教育支出和医疗卫生支出（顾元媛和沈坤荣，2012；余靖雯等，2018；吴敏和周黎安，2020）。然而，也有学者指出，只要上下级政府权责关系协调，地方政府不会因为财政压力而削减基本公共服务等民生性支出（孙开和张磊，2019）。马海涛和秦士坤（2022）发现地方政府在面临财政压力时会优先保障民生支出，杨得前和汪鼎（2021）也发现财政压力并不会削减社保就业支出以及其他基本公共服务的供给。

### 2.2.2 地方官员特征

我国垂直的政治管理体制决定了地方官员行为更多地受到上级政府政

治考核目标的激励（陈思霞和卢盛峰，2014）。“晋升锦标赛”理论认为，财政分权体制建立后，官员晋升标准逐渐转变为经济绩效考核为主（Li和Zhou，2005；周黎安，2007）。在以经济绩效为核心的官员晋升体制下，地方官员倾向于将财政资源运用到刺激经济增长的经济性支出，而减少短期经济增长效应不明显的非经济性支出，例如教育、文化、医疗卫生等支出（傅勇和张晏，2007；刘蓉等，2013；李丹和唐善永，2014）。因此，“晋升锦标赛”机制是地方政府增加基本建设支出而压缩民生性支出的行为的重要原因，也是我国传统的“建设性”财政向“公共财政”转型困难的根源（周黎安，2007）。然而，不同时期考核指标的转变可能改变地方官员的晋升激励，从而转变地方政府“重生产类支出、轻民生性支出”的财政支出偏向。随着2013年地方政府考核指标从经济增长转向“居民福利最大化”（如民生、社会、生态等）后，地方政府不再偏向于更有助于经济增长的生产性支出项目（白金山，2017）。

官员的年龄、在任年数、教育和工作经历等个人特征是影响地方政府财政支出结构的重要因素。随着年龄增长，官员的晋升概率变小，晋升激励所带来的生产性支出偏向将减弱（江依妮和易雯，2017）。随着在任年数的增加，为了维持政绩和加大晋升概率，地方官员倾向于提高生产性支出而忽略民生性支出（郭平和林晓飞，2018）。同时，在任年数的增加有利于官员个人政治权威的提升，从而与前任官员的财政支出结构产生偏离（姚东旻等，2020）。此外，教育会影响官员的管理理念和政策导向，高学历官员更加关注居民基本需求，从而提高科教文卫支出比重（王贤彬等，2013；郭平和林晓飞，2018）。从工作经历来看，有中央工作经历的地方官员倾向于提升教育支出和行政管理支出，而具有本省工作经历的官员会对基建支出表现出更强的偏好（杨良松和庞保庆，2014）。

### 2.2.3 地方经济与人口特征

对地方经济与人口因素的关注，主要围绕瓦格纳法则所提出的城市化、人口密度、产业结构、市场化程度和人均受教育年限等因素展开（Wagner，1958）。瓦格纳认为，城市化和人口密度增加会导致地方政府增加公共安全支出以干预和管制由此带来的外部性和拥挤现象；地方政府会根据产业结构的变化调整生产性支出，从而实现对经济活动的干预；随着市场化程度的提高，政府需要投入更多的财政资源进行市场治安维护和商业法律制定，进而影响财政支出结构；人均受教育年限的增加推动政府财政支出目标的转变，要求政府投入更多的民生性支出。上述理论在中国实践中也得到了广泛验证。黄国平（2013）发现城市化率与教育支出、卫生支出和行政管理支出负相关，而与基础建设支出和社会保障支出正相关。与 Wagner（1958）不同，姚东旻等（2021）发现人口密度对经济建设支出、科教文卫支出和公共安全支出均存在显著负向影响。在市场化程度方面，尹恒和杨龙见（2014）发现市场化有助于提升地方财政对居民需求的回应，从而提升教育、社会保障和医疗卫生等福利性支出。人均受教育年限的提高会影响地方政府财政支出目标向改善民生转变，从而增加科教文卫支出和减少经济建设支出（李振宇和李涛，2020）

## 2.3 研究假说

地方官员的感知水平在应对财政压力的决策中往往发挥着关键作用（Morgan 和 Pammer，1988），因此更易被感知的政策冲击，能够更大程度地影响地区财政支出结构。流域横向生态补偿作为一项基于“双向补偿”的制度创新，强化了地方政府的环境保护责任，改变了地方环境治理激励，导致地方财政支出行为的调整。同时，地方政府的实际支出行为也会结合预算平衡和当地的服务需求综合考虑（Rubin，2015）。地方政府在应对财政压力时会倾向于实行务实市政主义，采用多重平衡策略来保障公共服务供给（Warner 等，2021；马海涛和秦士坤，2022）。横向生态补偿政策的实施促使大量非农劳动力到城镇就业，提高了城镇地区公共服务需求。因此，探究横向生态补偿转移支付对财政支出结构的影响机制需要同时从政策给地方带来的财政压力与政策对地方公共服务需求影响两方面来综合考虑。

由于“对赌”机制的存在，实施流域横向生态补偿政策的城市会彼此加大环境治理力度，促成“环保竞赛”局面，从而扩大公共预算支出，增加了支出端的财政压力；另外，横向生态补偿政策避免了地方政府以开发流域资源为经济增长点获取财政收入，例如制止可能破坏生态环境的产业转入、关停或转出部分污染型企业等（刘聪和张宁，2021），进而导致地方政府财政收支缺口进一步扩大（卢文秀和吴方卫，2022）。因此，实施横向生态补偿可能扩大公共预算收支缺口，增加政府财政压力。晋升锦标赛理论通常认为地方官员间以经济绩效为核心的竞争使他们更偏好快速刺激经济增长的经济性支出，而减少投入短期较难见效的非经济性支出（周黎安，2007；刘蓉等，2013），但考核机制和方式的转变有助于缓解这一支出偏向问题（白金山，2017）。中共中央在 2013 年颁布的《关于改进地方党政领导班子和领导干部政绩考核工作的通知》从官员考核制度着手，致力于纠正地方领导层面以牺牲环境为代价发展经济、盲目举债、以 GDP 增长率论英雄等各种问题，使地方领导干部的考核项目和权重都发生了很大改变。此外，近年来中央也多次强调地方政府切实兜牢“三保”（即“保基本民生、保工资、保运转”），明确了民生性支出在预算安排中的优先地位。因此，在考核体制转变和“三保”背景下，面对横向生态补偿政策冲击所带来的财政压力，地方政府可能会优先保障民生性支出而削减生产性支出。

横向生态补偿转移支付扩大了试点地区的环境资源约束，影响了农户的收入与就业状况。较为严格的断面水质达标使得流经地区采取一系列禁养退耕措施，导致众多农户被迫失业转型。除了“造血式”的现金补贴、发展奖励等直接补助项目，地方政府也采取了一系列“输血式”措施对农户损失进行弥补，具体包括吸纳农村剩余劳动力到经济发展水平较高的城镇地区就业、增加生态保护岗位并优先考虑农村贫困人口任职、开展跨行业的劳动技能培训等（李坦等，2022）。上述措施生态补偿横向转移支付制度推动了农业劳动力向非农业产业进行转移，有助于推动地区城市化转型（卢文秀和吴方卫，2022）。随着地区城市化程度的提高，大量农村人口流向城市，提高了城市公共服务需求，政府需要为城市居民提供安排包括养老、教育、就业、住房等在内的多项公共服务与公共物品（Eberts 和 McMillen，1999；陈治国等，2015），导致政府将支出重心从建设性项目转向社会性项目（李猛，2016）。基于上述两种影响机制，本文提出以下研究假说：

横向生态补偿转移支付能够促进地方财政支出结构向民生性偏向转型，且其主要通过增加地区财政压力与推动地区城市化转型两条传导路径产生影响。

# 3.

# 政策背景与研究设计

## 3.1 政策背景

### 3.1.1 流域横向生态补偿政策进展

流域横向生态补偿机制是指通过流域上下游地方政府之间同时协商谈判的方式实现利益互补，从而协调和平衡生态保护地区和生态受益地区之间的利益关系、充分调动生态保护积极性的生态补偿机制，是生态环境保护和治理的重要手段。党的十八大以来，我国积极探索横向生态保护补偿机制，逐步将其体制机制建设上升到国家战略层面。“十一五”规划首次提出按照“谁开发谁保护、谁受益谁补偿”的原则，加快建立生态补偿机制。2013 年党的十八届三中全会在《中共中央关于全面深化改革若干重大问题的决定》中第一次明确提出“推动地区间建立横向生态补偿制度”。2015 年《关于加快推进生态文明建设的意见》提出建立地区间横向生态保护补偿机制的要求，同年，《生态文明体制改革总体方案》要求“探索建立多元化补偿机制，制定横向生态补偿机制办法，以地方补偿为主，中央财政给予支持。”在 2016 年，我国制定了首份针对生态保护补偿机制的国家文件《关于健全生态保护补偿机制的意见》，明确了横向生态保护补偿在我国生态保护补偿机制建设中的重要地位，其中“以地方补偿为主、中央财政给予支持”明确了中央和地方在横向生态保护补偿上的事权关系。同年，财政部等四部门发布《关于加快建立流域上下游横向生态保护补偿机制的指导意见》进一步落实建设横向流域生态补偿机制，提出到 2020 年各省份行政区域内流域上下游横向生态保护补偿机制基本建立以及到 2025 年跨多个省份的流域上下游横向生态保护补偿试点范围进一步扩大的工作目标。2021 年，《关于深化生态保护补偿制度改革的意见》提及，“健全横向补偿机制。巩固跨省流域横向生态保护补偿机制试点成果，总结推广成熟经验。鼓励地方加快重点流域跨省上下游横向生态保护补偿机制建设，开展跨区域联防联治。”图 3－1 为流域横向补偿政策进展脉络图。

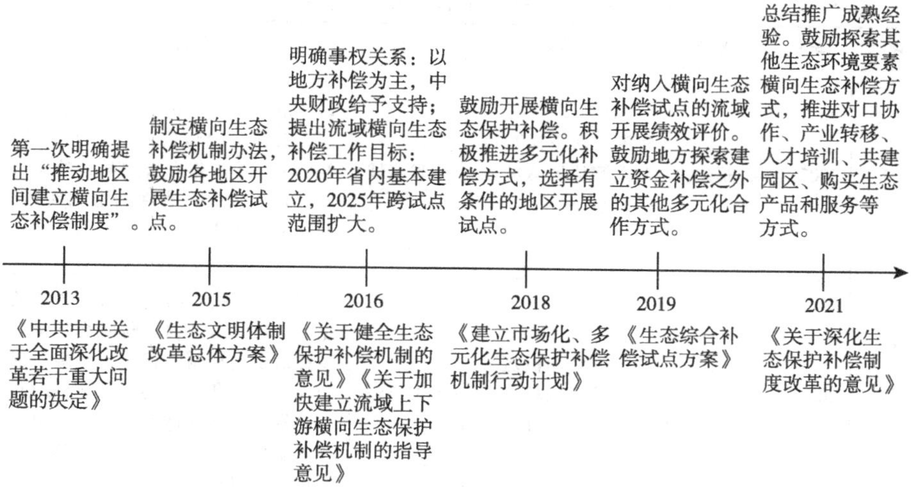


**图 3－1　流域横向生态补偿政策进展脉络图**

### 3.1.2　省内流域横向生态补偿实施情况

目前已有 13 个省份开展省内流域横向生态补偿的实践探索。从时间进度上看，福建省自 2007 年起实施以提高上游水源涵养能力、保护森林为主的江河下游地区对上游地区森林生态效益补偿，江苏省自 2008 年起实施的围绕太湖流域上下游地级市间的横向生态补偿，两省率先进行了我国省内流域横向生态补偿的初步探索。在省内流域横向生态补偿和跨省流域横向生态补偿的经验基础上，自 2016 年起，四川、浙江、宁夏、河南、辽宁、重庆、江西、山西、海南、贵州和山东等省份也陆续实施省内流域横向生态补偿政策。从空间分布来看，一方面，目前实施省内流域横向生态补偿政策的省份覆盖我国东中西部，体现了横向生态补偿政策的广泛性和有效性；另一方面，各省省内流域横向生态补偿实施范围可以分为省内部分流域（如江苏、浙江、山西）和全省流域这两类，体现了横向生态补偿政策的差异性和灵活性。从补偿措施来看，各省省内流域横向生态补偿的补偿依据主要以水质水量监测数据为主，也有部分省份以多个考核因子综合考核。对照监测数据与考核标准，上下游地级市（县）参考赔偿标准进行双向补赔。值得注意的是，宁夏回族自治区省内流域横向生态补偿政策不仅采取协商选择资金补偿，还包括对口协作、产业转移、人才培训、共建园区等更多形式的补偿方式，进一步丰富了横向生态补偿政策的深度和广度。具体省内流域横向生态补偿政策实施情况如表3-1所示。

表3-1 我国省内流域横向生态补偿政策实施情况

| 序号 | 年份 | 省份 | 文件名 | 实施范围 | 主要内容 |
|---|---|---|---|---|---|
| 1 | 2007年 | 福建 | 实施江河下游地区对上游地区森林生态效益补偿 | 全省流域 | 以城市工业用水和生活用水量为依据，江河下游地区的市、县（区）补偿上游地区生态公益林，补偿金由设区市政府负责在辖区内筹措，并通过年终结算上解省级财政。 |
| 2 | 2008年 | 江苏 | 江苏省太湖流域环境资源区域补偿试点方案的通知 | 太湖流域 | 以省环保厅核准的自动水质监测数据月平均值为依据，断面当月水质指标值超过控制目标的，上游地区市应当给予下游地区市补偿资金；直接排入太湖湖体的河流，断面当月水质指标值超过控制目标的，所在市应当将补偿资金交省级财政。 |
| 3 | 2016年 | 四川 | 四川省“三江”流域水环境生态补偿办法（试行） | 全省流域 | 以监测断面多考核因子为依据，当监测断面的任何一个考核因子的监测结果劣于规定类别时，该断面上游市、县对下游市、县给予水环境赔偿；反之，下游市、县对上游市、县给予水环境改善补偿。 |
| 4 | 2017年 | 浙江 | 关于建立浙江省流域上下游横向生态保护补偿机制的实施意见 | 钱塘江流域干流、浦阳江流域 | 以流域交接断面的水质水量和上下游县（市、区）的用水总量和用水效率为依据，下游地区对上游地区予以合理的资金补偿，同时享有水质恶化、上游过度用水的受偿权利。 |
| 5 | 2017年 | 宁夏 | 宁夏关于建立流域上下游横向生态保护补偿机制的实施方案 | 全省流域 | 以流域跨界断面的水质水量为依据，协商选择资金补偿、对口协作、产业转移、人才培训、共建园区等补偿方式。 |
| 6 | 2017年 | 河南 | 河南省水环境生态补偿暂行办法 | 全省流域 | 以考核监测断面的超标污染物通量为依据，当饮用水水源地水质考核断面全年达标率大于90%时，对下游省辖市扣缴水源地生态补偿金，全额补偿给上游饮用水水源地省辖市。 |

续表

| 序号 | 年份 | 省份 | 文件名 | 实施范围 | 主要内容 |
|---|---|---|---|---|---|
| 7 | 2017 年 | 辽宁 | 辽宁省河流断面水质污染补偿办法 | 全省流域 | 以河流断面水质为依据，跨市断面当月水质指标超标，由上游市对下游市给予超标补偿，入省河流断面由省对下游市给予超标补偿。支流入河口断面和入海口断面当月指标值超标，由断面所在市向省补偿。 |
| 8 | 2018 年 | 重庆 | 重庆市建立流域横向生态保护补偿机制实施方案（试行） | 全市流域 | 以河流区县交界断面的水质监测结果为依据，若水质超标或变差，上游补下游；若水质达标且向好，下游补偿上游。受偿区县须将资金专项用于流域水环境的保护与治理。 |
| 9 | 2019 年 | 江西 | 江西省建立省内流域上下游横向生态保护补偿机制实施方案 | 全省流域 | 以交接断面水质类别、污染物浓度和达标率等作为补偿依据，交接断面水质达到协议目标要求的，下游主体补偿上游主体；反之将由上游主体补偿下游主体。 |
| 10 | 2019 年 | 山西 | 关于建立省内流域上下游横向生态保护补偿机制的实施意见 | 汾河流域 | 以流域上下游交接断面的水质、生态流量为依据，跨界断面水质、生态流量均达标则上游获得补偿，其中一项未达标则下游获得补偿。 |
| 11 | 2020 年 | 海南 | 海南省流域上下游横向生态保护补偿实施方案 | 全省流域 | 以季度和年度水质考核结果为依据，年度结算补偿资金为正，由流域下游市县补偿上游市县；年度结算补偿资金为负，由流域上游市县补偿下游市县。 |
| 12 | 2021 年 | 贵州 | 贵州省赤水河等流域生态保护补偿办法 | 全省流域 | 以跨市（州）界考核断面选取化学需氧量、氨氮、总磷为依据，补偿断面考核因子浓度超标时，由上游市（州）补偿下游市（州）。出省断面考核因子浓度超标时，则由出境断面所在市（州）向省财政厅缴纳补偿资金。 |
| 13 | 2021 年 | 山东 | 关于建立流域横向生态补偿机制的指导意见 | 全省流域 | 以流域跨界断面水质类别或者特征因子浓度值为依据，原则上以资金补偿为主，补偿资金主要用于辖区内流域生态环境保护治理与水污染防治等。 |

## 3.2 研究设计

### 3.2.1 模型设定

(1) 多时点双重差分模型

本文采用双重差分方法检验流域横向生态补偿制度的实施对地级市财政支出结构的影响。考虑到地级市签订流域横向生态补偿协议的时间并不一致，本文采用多时点双重差分模型进行实证分析。具体模型设定形式如下：

$$Y_{i,t} = \alpha + \beta htp_{i,t} + \gamma X_{i,t} + \mu_i + \lambda_t + \varepsilon_{i,t} \tag{1}$$

其中，$Y_{i,t}$为城市 $i$ 在第 $t$ 年的生产性支出比重或民生性支出比重。$htp_{i,t}$为是否实施流域横向生态补偿制度的虚拟变量，即对于明确签订流域横向生态补偿协议的城市，签订当年及以后年份为 1；其余为 0。其系数 $\beta$ 度量了流域横向生态补偿对财政支出结构的影响效应，是本文所关注的核心参数。$X_{i,t}$为一系列城市层面的控制变量。$\alpha$ 为常数项，$\mu_i$ 是省份固定效应，$\lambda_t$ 是年份固定效应，$\varepsilon_{i,t}$为误差项。

(2) 事件研究法

模型 (1) 中，系数能够被准确估计的前提是：试点政策实施前，处理组（试点城市）与控制组（未试点城市）具有共同时间趋势。考虑到流域横向生态补偿试点是逐年在不同地区实施的，本文采用 Beck 等（2010）的思路，对试点政策效应在年度之间的动态趋势进行分解。具体来说，本文对流域横向生态补偿试点虚拟变量 $htp_{i,t}$进行展开，构建相对时间虚拟变量与政策试点变量的交互项 $D_{i,t}$，具体分为政策实施前 $n$ 期到政策实施后 $m$ 期，如模型（2）所示：

$$Y_{i,t} = \alpha + \sum_{\tau=-n}^{m} \beta^{\tau} D_{i,t}^{\tau} + \gamma X_{i,t} + \mu_i + \lambda_t + \varepsilon_{i,t} \tag{2}$$

$\beta^{\tau}$ 表示政策实施前后各期的政策处理效应。如果回归结果显示，政策实施前各交互项系数显著为 0，那么表明不存在其他因素与政策效应混杂，因而共同趋势假设得到满足；同时，政策实施当期与实施后各交互项系数可以反映政策实施后各期的处理效应。因此，模型（2）的设定可以同时解决两个重要的问题：一是共同趋势假设的检验，二是政策实施后各期处理效应的估计。

(3) 潜在问题

然而，多时点 DID 和事件研究法均有一个重要的潜在问题是存在异质性处理效应，即同一处理对于不同个体产生的效果存在差异（De Chaisemartin 和 D'Haultfoeuille，2020；Goodman - Bacon，2021；Sun 和 Abraham，2021）。异质性处理效应既体现在不同时点接受处理的组别差异，也包括同一个处理组在处理时间上的差异（刘冲等，2022）。因此，多时点 DID 估计系数识别的不是受处理个体的平均处理效应，而是组别—时间处理效应的加权平均。虽然事件研究法可以将不同处理时点转化为处理时点一致的相对时点，但 Sun 和 Abraham（2021）证明，事件研究法设定中的每一相对时点系数会受到回归方程中其他相对时点系数及被剔除在方程之外的相对时点系数的影响，形成“交叉污染”（Cross - LagContamination）。特别地，处理效应异质性还可能会导致共同趋势检验的方法面临失效。

（4）两阶段双重差分模型

为了解决处理效应异质性导致估计结果偏误这一问题，学者主要提出三类异质性—稳健估计量，分别是计算组别—时期平均处理效应再加权平均（De Chaisemartin 和 D'Haultfoeuille，2020；Sun 和 Abraham，2021）、插补估计量（Borusyak 等，2021；Gardner，2022）与堆叠回归估计量（Cengiz 等，2019）。研究者应基于数据特点来选择合适的异质性—稳健估计量（刘冲等，2022）。由于计算组别—时期平均处理效应再加权平均会导致大量样本丢失（Borusyak 等，2021），而本文总样本量并不充足；此外，堆叠回归估计量无法直接实现加权平均，且存在数据重复使用问题。因此，本文使用插补估计量进行检验，采用 Gardner（2022）提出的两阶段回归法来解决多时点 DID 存在的问题。

考虑个体 $i$ 和时间 $t$ 层面的数据结构，将受处理时点相同的个体归为 $g$ 组，其中 $g=0$ 表示始终未处理的对照组；若 $g=1$，表示处理时点发生在 $t=1$ 时的个体集合，依此类推。$g$ 组受处理后的时期为 $p$，$p=0$ 时表示受处理之前，若 $p=1$ 则表示组别 $g=1$ 接受处理后的时期为 1。$D_{g,p}$ 表示组别 $g$ 在时期 $p$ 是否接受处理。第一阶段，保留 $D_{g,p}=0$ 的样本，用 $Y_{g,p,i,t}$ 对 $\lambda_g$ 与 $\gamma_p$ 进行回归；第二阶段，在全样本里将 $Y_{g,p,i,t}-\hat{\lambda}_g-\hat{\gamma}_p$ 对 $D_{g,p}$ 进行回归，最终估计系数识别的是受处理个体的平均处理效应。其本质在于，在第一阶段从未处理的样本中识别组别差异与趋势效应；第二阶段在剔除组别差异和趋势效应后通过比较处理和未处理的结果变量确定平均处理效应。该方法的优点在于易于操作，并且第一阶段回归中也可加入控制变量（王鹏超和韩立彬，2022）。本文也将该方法拓展到事件研究法的应用中，在第二阶段将 $D_{g,p}$ 变为如式（2）中的相对时点虚拟变量。

### 3.2.2 变量与数据

（1）被解释变量

本文的被解释变量为城市财政支出结构。借鉴了杨得前和汪鼎（2021）、庞伟和孙玉栋（2022）的分类方法，将交通运输支出和农林水支出占总支出比重作为生产性支出比重（*pe*）；将节能环保支出、教育支出、科学技术支出、文化体育与传媒支出、社会保障和就业支出、医疗卫生与计划生育支出、住房保障支出、城乡社区支出占总支出比重作为民生性支出比重（*le*）。此外，本文在稳健性检验部分设置了除节能环保支出以外的其他民生性支出，以考察横向生态补偿对其他民生性支出比重的影响。各分项财政支出数据均来源于地级城市历年决算报告（从市政府网站、市财政局网站、市统计局网站以及历年城市统计年鉴等多渠道收集），时间跨度为2014—2019年。

（2）核心解释变量

本文的核心解释变量为省内流域横向生态补偿转移支付，以地级市是否签订省内流域横向生态补偿协议来衡量（*htp*）。在2014—2019年，全国共计8个省份颁布相关文件针对流域上下游地级市实行流域横向生态补偿计划。需要注意的是，并非出台流域横向生态补偿政策的省份所辖地级市全部都实施流域横向生态补偿政策，因此需要对省内具体签订流域横向生态补偿协议的地级市进行识别，构成本文的处理组。具体识别方法如下：①如果该省省内流域横向生态补偿协议或其他官方文件已明确其地级市层面的参与主体，将文件中所明确的试点地级市纳入处理组；②对于省内部分流域实施上下游横向生态补偿的省份，将政策实施流域范围内的所有地级市纳入省内流域横向生态补偿政策实施城市，省内其余地级市则不纳入处理组；③对于全省流域实施上下游横向生态补偿的省份，将该省份所辖全部地级市识别为省内横向生态补偿政策实施的地级市。本文将处理组地级市签订横向生态补偿协议当年及以后年份取值为1，其余取值为0。考虑到2007年与2008年福建省与江苏省就已经实施流域横向生态补偿政策，为了避免早期政策差异所导致的混杂干扰，本文在实证中剔除了这两个省的地级市样本。

（3）控制变量

为了防止竞争性解释变量的干扰，本文控制了地方环境治理成本（*lniwd*），使用地级城市滞后一期的人均工业废水排放量表示。此外，参考马光荣等（2019）、杨得前和汪鼎（2021），本文控制了一系列地级市宏观经济层面与人口发展层面的特征变量：财政自给率（*fsr*），用地级城市财政收入占预算内财政支出比重来计算；经济发展水平（*pgdp*），利用人均实际地区生产总值来表示；人口规模（*lnpop*），使用当年常住人口数度量；人口密度（*pd*），用单位面积人口数来表示；产业结构（*sgdp*），选用第二产业增加值占地区生产总值比重；对外开放水平（*lnfdi*），采用实际使用外商直接投资额来衡量。上述控制变量数据均来源于《中国城市统计年鉴》。此外，除以比例形式表示的变量指标外，其他所有变量指标都以对数形式进入回归模型。本文被解释变量、核心解释变量以及一系列控制变量的统计描述见表3-2。

**表3-2　变量统计描述**

| 变量 | 符号 | 样本 | 均值 | 标准差 | 最小值 | 最大值 |
|---|---|---|---|---|---|---|
| 生产性支出比重 | *pe* | 1492 | 16.217 | 5.848 | 0.716 | 43.058 |
| 民生性支出比重 | *le* | 1532 | 44.055 | 6.413 | 10.889 | 71.552 |
| 横向生态补偿转移支付 | *htp* | 1890 | 0.117 | 0.322 | 0 | 1 |
| 环境治理成本（取对数） | *lniwd* | 1444 | 7.879 | 1.261 | 1.099 | 10.756 |
| 财政自给率 | *fsr* | 1622 | 0.421 | 0.211 | 0.037 | 1.069 |
| 人均 GDP | *pgdp* | 1524 | 5.235 | 3.016 | 1.047 | 21.549 |
| 第二产业增加值比重 | *sgdp* | 1573 | 44.461 | 10.379 | 10.600 | 75.532 |
| 人口规模（取对数） | *lnpop* | 1580 | 5.809 | 0.791 | -3.219 | 8.136 |
| 人口密度 | *pd* | 1575 | 0.408 | 0.328 | 0.001 | 2.759 |
| 实际外商投资（取对数） | *lnfdi* | 1434 | 9.919 | 1.924 | 1.099 | 14.152 |

# 4. 实证结果分析

## 4.1 基准回归检验

表4-1展示了省内流域横向生态补偿转移支付对地方政府生产性支出比重以及民生性支出比重影响效应的估计结果。第（1）列结果显示，相比未受到省内流域横向生态补偿政策影响的地区，签订横向生态补偿协议的城市生产性支出比重下降1.230%，当在第（2）列模型中加入城市宏观经济层面和人口发展层面的控制变量后，其影响效应并无显著变化，系数为-1.279%；第（3）列结果显示，签订流域横向生态补偿协议的城市民生性支出比重上升1.710%，在第（4）列模型中加入城市宏观经济层面和人口发展层面的控制变量后，试点城市的系数为1.781%。上述结果证实了省内流域横向生态补偿政策的实施有助于促进地级市政府偏向民生性支出。作为一项基于对赌机制的制度创新，横向生态补偿转移支付不仅影响地方政府环保治理投入，还促进了整体财政支出的民生性偏向，有助于同时实现生态保护与支出结构优化。

**表4-1　横向生态补偿转移支付对财政支出结构的影响**

| 变量名 | (1) | (2) | (3) | (4) |
|---|---|---|---|---|
| | *pe* | *pe* | *le* | *le* |
| *htp* | -1.230***<br>(0.403) | -1.279***<br>(0.424) | 1.710**<br>(0.742) | 1.781**<br>(0.752) |
| *lniwd* | | 0.098<br>(0.344) | | -1.301***<br>(0.364) |
| *fsr* | | -2.136<br>(3.062) | | 2.943<br>(4.002) |

续表

| 变量名 | (1) | (2) | (3) | (4) |
|---|---|---|---|---|
| | *pe* | *pe* | *le* | *le* |
| *pgdp* | | -0.701***<br>(0.223) | | 0.585<br>(0.438) |
| *sgdp* | | -0.009<br>(0.044) | | -0.034<br>(0.061) |
| *lnpop* | | -2.449<br>(2.378) | | 5.396**<br>(2.319) |
| *pd* | | -10.55**<br>(4.799) | | 4.776<br>(4.770) |
| *lnfdi* | | -0.013<br>(0.148) | | -0.061<br>(0.236) |
| *Constant* | 17.245***<br>(0.191) | 40.439***<br>(14.577) | 10.867<br>(16.225) | 18.696<br>(15.008) |
| 城市效应 | Yes | Yes | Yes | Yes |
| 时间效应 | Yes | Yes | Yes | Yes |
| 观测值 | 1492 | 1182 | 1532 | 1211 |
| $R^2$ | 0.118 | 0.171 | 0.041 | 0.050 |

注：***、**和*分别表示1%、5%和10%的显著性水平，括号内的数字为异方差稳健标准误。

## 4.2 共同趋势检验

进一步地，本文通过事件研究法对流域横向生态补偿城市试点政策与地级市财政支出结构之间的动态影响关系进行深入分析。为了检验处理组（试点城市）与控制组（非试点城市）在试点前具有共同时间趋势以及判断政策实施后逐年政策效应的区别，本文按式（2）对试点政策效应在年度之间的动态趋势进行分解，其中生产性支出比重的回归系数及显著性如图4-1（a）所示，民生性支出比重的回归系数及显著性如图4-1（b）所示。

由图4-1（a）可知，对于所有试点政策实施前变量的系数，其95%的置信区间内都包含0值，因此不能拒绝政策效应与基期（政策实施前最后一期）相同的原假设，说明模型能够很好地控制住其他因素而不与政策效应混杂，共同趋势假设得到满足。所有政策试点实施当年及以后变量的系数均小于0，但系数绝对值逐年减小，且从政策实施后第四年开始不再显著。图4-1（b）展示了基于民生性支出比重的回归结果，基本与生产性支出比重的回归结果保持一致：共同趋势假设得到了满足；所有政策试点实施当年及以后变量的系数均大于0，但系数绝对值逐年减小且最终不再显著。上述结果表明流域横向生态补偿试点政策对地方政府生产性支出比重具有降低作用，并对地方政府民生性支出比重具有提升作用，但政策效应持续时间大概在三年，不具有长期的趋势效应。

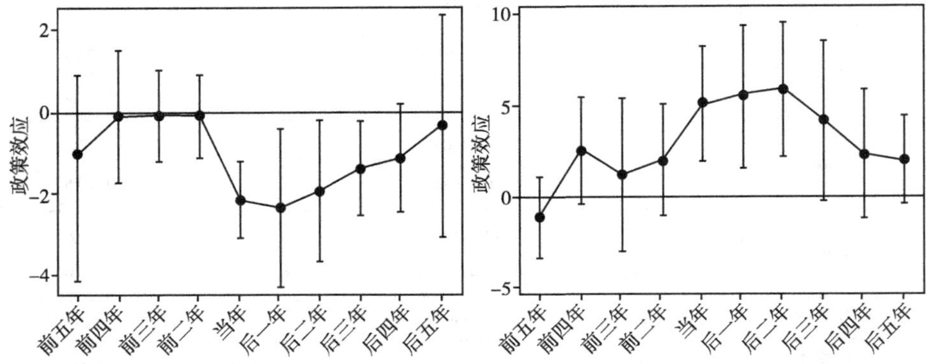

（a）生产性支出比重　　（b）民生性支出比重

**图4-1　横向生态补偿试点实施前后各年对地方财政支出结构的影响效应**①

## 4.3　两阶段DID检验

由于各个省份的流域横向生态补偿计划存在绝对时间差异，不同时间节点实施横向生态补偿政策所产生的影响效应可能存在较大差异。在多时点DID模型中，采用相对时间估计仅能获得横向生态补偿对生产性支出比重与民生性支出比重的平均处理效应，无法排除不同政策实施节点所导致的异质性影响。因此，本文采用Gardner（2022）提出的两阶段DID来解决传统多时点DID存在的异质性处理效应问题。

表4-2第（1）列回归结果显示，相比未受到省内流域横向生态补偿政策影响的地区，签订横向生态补偿协议的城市生产性支出比重下降1.297%，

---

① 线段范围代表95%的置信区间。由于政策实施前一年作为基准组未进入回归模型，因此图4-1所绘制的共同趋势图中没有政策实施前一年的估计系数和置信区间。

系数绝对值略高于表4-1中的-1.279%。第（2）列回归结果显示，签订横向生态补偿协议的城市民生性支出比重上升1.779%，系数绝对值略低于表4-1中的1.781%。两阶段DID结果验证了横向生态补偿转移支付有助于降低地方生产性支出比重，促进地方政府支出结构转型。同时，本文发现传统DID估计会低估横向生态补偿对生产性支出比重的影响，并高估其对民生性支出比重的影响。为了尽可能保持估计结果的准确性，本文后文统一使用两阶段DID进行估计。进一步地，本文将两阶段DID应用于事件研究法中。通过观察第（3）、第（4）列结果，可以发现共同趋势假设得到满足，政策实施后的影响效应逐年递减。

**表4-2　两阶段DID回归结果**

| 变量名 | (1) | (2) | (3) | (4) |
|---|---|---|---|---|
| | *pe* | *le* | *pe* | *le* |
| *htp* | -1.297***<br>(0.419) | 1.779**<br>(0.743) | | |
| *D_-5* | | | 0.097<br>(0.822) | -1.017<br>(1.110) |
| *D_-4* | | | -0.068<br>(0.512) | 2.571<br>(1.775) |
| *D_-3* | | | -0.536<br>(1.018) | 1.489<br>(1.990) |
| *D_-2* | | | -0.952<br>(1.651) | 2.122<br>(1.461) |
| *D_0* | | | -1.136***<br>(0.344) | 4.288***<br>(1.407) |
| *D_1* | | | -1.817***<br>(0.472) | 5.171***<br>(1.689) |
| *D_2* | | | -1.906***<br>(0.732) | 5.219***<br>(1.769) |
| *D_3* | | | -1.649*<br>(0.992) | 3.650*<br>(2.182) |
| *D_4* | | | -1.122*<br>(0.665) | 2.957**<br>(1.407) |

续表

| 变量名 | (1) | (2) | (3) | (4) |
|---|---|---|---|---|
| | *pe* | *le* | *pe* | *le* |
| *D_5* | | | -0.149<br>(0.570) | 2.256*<br>(1.187) |
| 控制变量 | Yes | Yes | Yes | Yes |
| 城市效应 | Yes | Yes | Yes | Yes |
| 时间效应 | Yes | Yes | Yes | Yes |
| 观测值 | 1182 | 1211 | 1182 | 1211 |
| $R^2$ | 0.154 | 0.091 | 0.075 | 0.042 |

注：***、**和*分别表示1%、5%和10%的显著性水平，括号内的数字为异方差稳健标准误。第一阶段回归结果见附录附表2。

## 4.4 稳健性检验

本文进一步从排除混杂因素干扰和替换被解释变量等角度进行了一系列稳健性检验。在基准回归中本文加入了大量城市社会经济和人口发展指标，以控制其他混杂因素对本文结果的干扰。但除这些因素外，地方官员特征也可能对本文结果造成干扰。随着中央将环境指标纳入考核体系，政府官员环境治理的积极性得以提高，环境绩效在官员晋升中扮演了重要角色（罗党论和赖再洪，2016）。具体而言，城市能否较好地执行流域横向生态补偿计划与当地官员的晋升激励紧密相关，而这又会最终影响地级市财政支出结构的安排。因此，本文进一步控制了市委书记年龄（*swage*）、市委书记在任年数（*swterm*），市长年龄（*szage*）、市长在任年数（*szterm*）等特征变量。表4-3第（1）、第（2）列结果显示，在控制了地方政府官员特征后，流域横向生态补偿试点变量系数显著性没有变化。进一步观察可以发现，市委书记的在任年数在民生性支出比重模型中显著为正，其余官员变量均不显著。中国没有执行严格的固定任期制度，官员的职务调整较为频繁，形成类似"试用期"的任职（耿曙等，2016）。在这种制度背景下，地方官员处于随时被考核的压力中，一旦上任就必须努力拼搏政绩以谋求晋升。具体来看，官员任职初期具有较强的晋升激励，在地方政府考核指标从经济发展逐步转为"居民福利最大化"（如民生、社会、生态等）的驱动下更加注重地方民生性支出。

此外，本文控制了其他相关环保试点政策以排除竞争性解释。2015—2016年，住房和城乡建设部先后发布了30个国家级海绵城市试点。海绵城市侧重于城市建设与水文生态系统的关系，关注城市内涝积水、黑臭水体治理、城市热岛等环境不良问题（郑艳等，2018），有助于减少城市污水排放。在加入海绵城市试点变量后，表4－3第（3）、第（4）列显示，本文回归结果依然保持稳健。

表4－3 稳健性检验结果：排除混杂因素干扰

| 变量名 | (1) | (2) | (3) | (4) | (5) | (6) |
|---|---|---|---|---|---|---|
| | *pe* | *le* | *pe* | *le* | *pe* | *le* |
| *htp* | －1.320*** (0.418) | 1.902** (0.757) | －1.320*** (0.418) | 1.901** (0.758) | －1.284*** (0.419) | 1.892** (0.761) |
| *swage* | 0.013 (0.050) | 0.041 (0.060) | 0.013 (0.050) | 0.041 (0.060) | 0.018 (0.051) | 0.040 (0.060) |
| *swterm* | －0.084 (0.087) | 0.258** (0.113) | －0.083 (0.087) | 0.257** (0.114) | －0.091 (0.088) | 0.259** (0.114) |
| *szage* | －0.005 (0.044) | 0.047 (0.057) | 0.003 (0.044) | 0.047 (0.057) | 0.001 (0.043) | 0.047 (0.057) |
| *szterm* | 0.101 (0.083) | 0.033 (0.115) | 0.100 (0.083) | 0.033 (0.115) | 0.087 (0.084) | 0.036 (0.116) |
| *sponge* | | | －0.282 (0.625) | 0.112 (0.907) | －0.256 (0.629) | 0.107 (0.909) |
| *htp_cross* | | | | | 1.975 (1.394) | －0.559 (1.194) |
| 控制变量 | Yes | Yes | Yes | Yes | Yes | Yes |
| 城市效应 | Yes | Yes | Yes | Yes | Yes | Yes |
| 时间效应 | Yes | Yes | Yes | Yes | Yes | Yes |
| 观测值 | 1182 | 1211 | 1182 | 1211 | 1182 | 1211 |
| $R^2$ | 0.164 | 0.097 | 0.165 | 0.096 | 0.162 | 0.099 |

注：***、**和*分别表示1%、5%和10%的显著性水平，括号内的数字为异方差稳健标准误。

本文进一步排除跨省流域横向生态补偿转移支付对回归结果的干扰。对于参与跨省流域横向生态补偿的省份，部分跨省流域横向生态补偿协议或其他官方文件已明确地级市层面的参与主体，而官方文件中未明确的则将流域跨省接壤的上下游地级市作为政策实施的地级市。基于此，本文在第

(5)、第 (6) 列构建了反映省际流域横向生态补偿影响的政策虚拟变量（*htp_cross*），发现结果依然保持稳健。

进一步地，本文替换了被解释变量，探究横向生态补偿转移支付是否从绝对量上改变了地方生产性支出与民生性支出。本文将生产性支出比重替换为生产性支出的对数（*lnpe*）与人均生产性支出（*ppe*）；将民生性支出替换为民生性支出的对数（*lnle*）与人均民生性支出（*ple*）。表 4 - 4 第 (1)—(4) 列结果显示，横向生态补偿显著降低了生产性支出与人均生产性支出，并显著提高了民生性支出与人均民生性支出。由此可见，财政支出结构的调整不仅表现在支出比重方面，在绝对量上也同样得到了体现。通过观察系数差异可以发现，地方政府在生产性支出上的削减幅度要小于其在民生性支出上的增长幅度。

**表 4 - 4　　稳健性检验结果：替换被解释变量**

| 变量名 | (1) | (2) | (3) | (4) | (5) | (6) | (7) |
|---|---|---|---|---|---|---|---|
| | *lnpe* | *ppe* | *lnle* | *ple* | *le*1 | *lnle*1 | *ple*1 |
| *htp* | -0.065** | -1.246** | 0.079*** | 2.268** | 1.777** | 0.077*** | 2.267** |
| | (0.033) | (0.583) | (0.015) | (0.980) | (0.742) | (0.016) | (0.979) |
| 控制变量 | Yes | Yes | Yes | Yes | Yes | Yes | Yes |
| 城市效应 | Yes | Yes | Yes | Yes | Yes | Yes | Yes |
| 时间效应 | Yes | Yes | Yes | Yes | Yes | Yes | Yes |
| 观测值 | 1182 | 1182 | 1211 | 1211 | 1211 | 1211 | 1211 |
| $R^2$ | 0.108 | 0.170 | 0.641 | 0.517 | 0.091 | 0.639 | 0.517 |

注：***、** 和 * 分别表示 1%、5% 和 10% 的显著性水平，括号内的数字为异方差稳健标准误。

此外，本文将被解释变量替换为除节能环保支出以外的其他民生性支出比重（*le*1）及其对数值（*lnle*1）与人均值（*ple*1），以考察横向生态补偿对其他民生性支出的影响。第 (5)—(7) 列结果展示了剔除节能环保支出后的民生性支出比重、对数值与人均值的回归结果，发现系数大小和显著性基本没有变化。上述结果再次证实了省内流域横向生态补偿政策的实施有助于促进地级市政府偏向民生性支出，且这种影响效应在剔除了节能环保支出以后依然显著存在。

## 4.5 机制检验

根据前文的理论机制分析，财政压力和城市化是影响城市财政支出结构的重要机制。本文首先检验横向生态补偿转移支付是否能显著增加地方政府财政压力。现有文献对财政压力的度量主要有三种方式：使用财税政策冲击构建准自然实验（陈思霞等，2017；余靖雯等，2018；毛捷等，2020）、使用一般预算收支缺口占收入或生产总值的比重（孙开和张磊，2019；孙希芳和王晨晨，2020；杨得前和汪鼎，2021）、从财政偿付责任视角来衡量（Brien 等，2021；朱军等，2019；马海涛和秦士坤，2022）。本文采用马海涛和秦士坤（2022）的做法，使用地方政府债务余额与 PPP 项目年度支付责任占一般公共预算收入与政府性基金收入的总和的比重衡量财政压力，该度量方式能够覆盖地方政府的多个账目，从支出端与收入端更为全面地衡量地方政府的财政压力水平。表 4－5 第（1）、第（2）列结果显示，相比未受到省内流域横向生态补偿政策影响的地区，签订横向生态补偿协议的城市财政压力更大。在重民生的考核制度和强调“三保”的政策背景下，面对横向生态补偿所带来的财政压力，地方政府也更倾向于降低生产性支出比重，而将更多资金投入民生性支出。因此，财政压力是流域横向生态补偿转移支付影响财政支出结构的重要机制。

表 4－5　　机制检验结果：财政压力与城市化

| 变量名 | (1) | (2) | (3) | (4) |
|---|---|---|---|---|
| | 财政压力 | 财政压力 | 城市化 | 城市化 |
| *htp* | 3.684***<br>(0.409) | 2.286***<br>(0.317) | 9.402***<br>(1.781) | 3.151**<br>(1.559) |
| 控制变量 | No | Yes | No | Yes |
| 城市效应 | Yes | Yes | Yes | Yes |
| 时间效应 | Yes | Yes | Yes | Yes |
| 观测值 | 1620 | 1236 | 1165 | 1039 |
| $R^2$ | 0.159 | 0.209 | 0.124 | 0.186 |

注：***、** 和 * 分别表示 1%、5% 和 10% 的显著性水平，括号内的数字为异方差稳健标准误。

进一步地，本文探究了横向生态补偿转移支付对城市化的影响，采用非农业人口占总人口的比重作为度量城市化的指标。表 4－5 第（3）、第（4）列结果显示，相比未受到省内流域横向生态补偿政策影响的地区，签订横向生态补偿协议的城市拥有更高的城市化水平。这一结果与现有研究较为一致，实施横向生态补偿吸引大量农村剩余劳动力向城镇流动，提升城市化率（卢文秀和吴方卫，2022）。而随着城市化的深入，政府逐渐将财政重心从建设性项目转移到社会性项目，生产性支出与民生性支出呈现

“此消彼长”的关系（李猛，2016）。因此，城市化是流域横向生态补偿转移支付影响财政支出结构的另一重要机制。

## 4.6 异质性检验

上文一系列实证检验结果表明，流域横向生态补偿转移支付有助于地方政府支出结构向民生性方向转型。那么这种支出结构调整现象是否在各个试点城市都显著存在？什么因素影响着其效应的发挥？

上级政策是地方政府必须面对的外部压力，但地方政府自身特征也影响了其对外部环境压力因素的反应（Warner 等，2021）。直觉上来说，地方政府对环保重视程度越高，横向生态补偿政策试点越能有效地使地方政府偏向民生性支出。本文使用政府工作报告中环境保护相关词汇出现频次比重度量政府环保重视程度（Chen 等，2018；陈诗一和陈登科，2018），并根据其是否大于均值将样本分为政府环保重视程度较高地区样本和较低地区样本两类进行检验。作为公共政策文本的典型代表，地方政府工作报告是我国各地政府在两会期间必须发布的施政纲领性文件，其内容不仅包括对本级政府上一年工作的回顾、总结，还涉及对下一年政治、经济、环境、民生、文化等方面的工作计划，政府工作报告中环保相关词汇出现频数比重是地方政府环保重视程度的重要体现。参照陈诗一和陈登科（2018）的做法，本文选取的环境保护相关词汇具体包括：环境保护、环保、污染、减排、排污、生态、绿色、低碳、空气、化学需氧量、二氧化硫、二氧化碳、PM10 以及 PM2.5 等。表 4-6 第（1）—（4）列结果显示，在环保重视程度较高的城市，流域横向生态补偿转移支付显著降低了地方政府生产性支出比重并提高了民生性支出比重；但这种影响效应在低环保重视程度的城市中不再显著。

表 4-6　　异质性检验结果

| 变量名 | (1) | (2) | (3) | (4) | (5) | (6) | (7) | (8) |
|---|---|---|---|---|---|---|---|---|
| | 环保重视程度 | | 环保重视程度 | | 经济增长目标 | | 经济增长目标 | |
| | 高 | 低 | 高 | 低 | 高 | 低 | 高 | 低 |
| | *pe* | *pe* | *le* | *le* | *pe* | *pe* | *le* | *le* |
| *htp* | -1.692*** | -1.132* | 1.918** | 1.059 | -1.127 | -1.785*** | -0.172 | 3.642*** |
| | (0.566) | (0.671) | (0.870) | (1.304) | (0.739) | (0.560) | (1.233) | (1.102) |
| 控制变量 | Yes | Yes | Yes | Yes | Yes | Yes | Yes | Yes |

续表

| 变量名 | (1) | (2) | (3) | (4) | (5) | (6) | (7) | (8) |
|---|---|---|---|---|---|---|---|---|
| | 环保重视程度 | | 环保重视程度 | | 经济增长目标 | | 经济增长目标 | |
| | 高 | 低 | 高 | 低 | 高 | 低 | 高 | 低 |
| | *pe* | *pe* | *le* | *le* | *pe* | *pe* | *le* | *le* |
| 城市效应 | Yes | Yes | Yes | Yes | Yes | Yes | Yes | Yes |
| 时间效应 | Yes | Yes | Yes | Yes | Yes | Yes | Yes | Yes |
| 观测值 | 574 | 608 | 587 | 624 | 574 | 608 | 589 | 622 |
| $R^2$ | 0.174 | 0.152 | 0.077 | 0.021 | 0.158 | 0.301 | 0.050 | 0.202 |
| 经验 $P$ 值 | 0.001 | | 0.045 | | 0.039 | | 0.040 | |

注：***、** 和 * 分别表示 1%、5% 和 10% 的显著性水平，括号内的数字为异方差稳健标准误。"经验 P 值"用于检验组间流域横向生态补偿政策效应差异的显著性，通过自助抽样（Bootstrap）1000 次得到。

此外，横向生态补偿转移支付对地方财政支出结构的影响还可能在不同经济增长目标的地区有所差异。在经济增长目标设定较高地区，地方政府往往需要配套大量的财政资源完成经济发展目标，在生产性支出方面的压力相对更大；而在经济增长目标较低地区，地方政府以生态环境和民生福祉换取经济发展的动机都相对较小（郭月梅和薛景文，2021）。因此，在进入流域横向生态补偿试点之后，较高的经济增长目标可能导致地方政府并没有将财政支出结构向民生性支出偏向进行调整，依然将经济增长作为财政支出的主要目标。本文通过手工整理不同年份各地级市政府工作报告中所设定的经济增长目标，并将经济增长目标大于省级经济增长目标的地级市归类为经济增长高目标地区，反之则为经济增长低目标地区。表 4－6 第（5）—(8）列结果显示，在经济增长目标较低的城市，流域横向生态补偿转移支付显著降低了地方政府生产性支出比重并提高了民生性支出比重；但这种影响效应在经济增长高目标城市中不再显著。

进一步地，本文参照现有研究（Cleary，1999；连玉君等，2010）的做法，采用"自助抽样法（Bootstrap）"对组间系数差异的显著性进行检验。以环保重视程度分组为例，具体检验步骤如下：（1）按照是否高于或低于环保重视程度均值水平将各样本观测值分为高环保重视程度组与低环保重视程度组，假设高环保重视程度组的观测值有 $n_1$ 个，低环保重视程度组的观测值有 $n_2$ 个，分别针对高环保重视程度组和低环保重视程度组估计模型（1），得到系数估计值之差 $d_0$；（2）将高、低环保重视程度组样本进行混合，得到 $n_1+n_2$ 个观测值构成的总样本，在每一轮从中随机抽取（无放回）$n_1$ 个观测值，并将其视为"高环保重视程度组"，剩下的 $n_2$ 个观测值可以视为“低环保重视程度组”；（3）分别计算两组系数估计值，得到系数之差 $d_i$；（4）将上述步骤重复 $k$ 次，计算 $d_i(i=1, 2, \cdots, k)$ 大于实际系数差异 $d_0$ 的百分比，即得到经验 $P$ 值，若 $P$ 值小于5%，说明可以在5%的水平上拒绝系数无差异的原假设，表明两组系数差异显著存在。结果显示，经验 $P$ 值在上述各组回归检验中均小于5%。

## 4.7 进一步分析

如前文所述，横向生态补偿转移支付促进地方政府提高民生性支出比重，但民生性支出种类繁多，横向生态补偿政策对不同类型的民生性支出可能具有不同的影响效果。公共安全、卫生和社保等公共服务通常被认为是必不可少的。地方政府在面对财政压力时会首先削减非必要的公共服务，例如娱乐、文化等（Berne 和 Stiefel，1993）。除了公共服务的必要性，公共服务是否具有跨界属性也是影响地方政府支出偏好的重要因素（庞伟和孙玉栋，2022）。当面临较大财政压力时，地方政府不会将财政资源投入外部性较强的跨界公共事务，反而倾向于投入更多资金到地区性公共事务中去。因此，本文探究了横向生态补偿转移支付对不同类型民生性支出的影响，结果如表4－7所示。

**表4－7　横向生态补偿转移支付对不同民生性支出比重影响的检验结果**

| 变量名 | (1) | (2) | (3) | (4) | (5) | (6) | (7) | (8) |
|---|---|---|---|---|---|---|---|---|
| | 节能环保 | 社保就业 | 医疗卫生 | 住房保障 | 城乡社区 | 教育 | 科学技术 | 文体传媒 |
| *htp* | 0.357** | 0.946** | 0.387* | 1.175** | 0.532*** | 0.211 | 0.058 | -0.206* |
| | (0.165) | (0.371) | (0.232) | (0.566) | (0.202) | (0.229) | (0.079) | (0.122) |
| 控制变量 | Yes | Yes | Yes | Yes | Yes | Yes | Yes | Yes |
| 城市效应 | Yes | Yes | Yes | Yes | Yes | Yes | Yes | Yes |
| 时间效应 | Yes | Yes | Yes | Yes | Yes | Yes | Yes | Yes |
| 观测值 | 1211 | 1211 | 1211 | 1211 | 1211 | 1211 | 1211 | 1211 |
| $R^2$ | 0.035 | 0.130 | 0.046 | 0.117 | 0.040 | 0.127 | 0.188 | 0.016 |

注：***、**和*分别表示1%、5%和10%的显著性水平，括号内的数字为异方差稳健标准误。

表4－7第（1）列结果显示，横向生态补偿转移支付扩大了城市节能环保支出，证实了横向生态补偿政策对地方政府环保投入的激励作用。第（2）—（5）列结果显示，横向生态补偿政策的实施增加了城市社会保障和就

业支出、医疗卫生与计划生育支出、住房保障支出与城乡社区支出的比重。一方面，横向生态补偿导致大量农业人口前往城镇地区就业，提高了城市的基本公共服务需求，迁移人群的医疗、社保等必要的公共服务需要得到满足；另一方面，上述财政支出类型均具有典型的地区性公共事务特征，地方政府倾向于在横向生态补偿政策冲击下优先保障外部性较弱的公共品提供。通过比较系数大小可以发现，横向生态补偿对社会保障和就业支出与住房保障支出的影响更大，这一结果也验证了 Labao 等（2014）的发现，认为在面对外生政策冲击时，地方政府会优先保护当地的社会保障网。第(6)—(8) 列结果显示，横向生态补偿转移支付对教育支出与科学技术支出的影响效果不显著，且对文化体育与传媒支出具有一定的降低作用。与以社会保障和就业支出为主的地区性公共事务支出相比，教育支出、科学技术支出与文化体育与传媒支出具有明显的跨界公共事务特性，其外溢性较强，在财政压力下地方政府倾向于减少此类支出。

# 5. 结论与政策建议

## 5.1 研究结论

本文利用全国各省省内流域横向生态补偿试点政策的准自然实验，使用异质性处理效应下的两阶段双重差分法，基于2014—2019年中国247个地级市的财政支出数据，实证检验了流域横向生态补偿转移支付对城市财政支出结构的影响及其传导机制。实证结果显示，流域横向生态补偿政策的实施有助于促进地级市政府偏向民生性支出，即横向生态补偿转移支付会降低地方政府在生产性支出方向的投入比重并增加其民生性支出比重；事件研究法结果表明，该政策效应持续时间大概在三年，并不具有长期的趋势效应。机制检验结果发现，受到省内流域横向生态补偿政策影响的城市拥有更大的财政压力与更高的城市化率，证实了财政压力和城市化是横向生态补偿转移支付影响城市财政支出结构的重要机制。异质性检验结果发现，流域横向生态补偿转移支付所导致的地方支出结构向民生领域转型主要发生在环境保护重视度较高与经济增长目标较低的城市。通过进一步分析横向生态补偿对特定类型民生性支出的影响，本文还发现横向生态补偿政策的实施增加了城市节能环保支出、社会保障和就业支出、医疗卫生与计划生育支出、住房保障支出与城乡社区支出的比重，但降低了对文化体育与传媒支出比重，且对教育支出与科学技术支出均没有显著影响作用。

## 5.2 政策建议

本文的研究丰富和拓展了流域横向生态补偿转移支付政策效果和财政支出结构相关研究，主要有以下几点政策启示：

第一，加快健全流域横向生态补偿机制及其配套措施，并将其上升为横向转移支付制度安排。横向生态补偿转移支付是我国当前横向转移支付的主要形式之一，本文发现流域横向生态补偿政策的实施有助于民生性支出的增加，并未造成地方财政支出结构的扭曲，进一步证实了横向生态补偿政策具有额外政策效果。加快健全并落实流域横向生态补偿机制有利于完善现行的转移支付体制，更好地发挥转移支付的基本公共服务均等化作用。

第二，地方政府的财政支出应该进一步以保障地区公共服务需求为核心目标。横向生态补偿政策转移支付对民生性支出的影响主要是在非跨界民生事务的财政投入的增加上，而对存在溢出效应的教育、科技、文化体育与传媒等民生领域没有显著促进作用。因此，地方政府应通过建立公共服务居民参与监督机制，利用好网络平台进行政民互动，鼓励民众积极参与到本地政府公共服务绩效评价中，持续优化财政支出结构。此外，在横向生态补偿政策实施过程中，除了吸纳农户到城镇地区转移就业，也要引导其积极参与打造绿色循环生态农业，以降低城镇地区的公共服务供给压力。

第三，应当高度关注流域横向生态补偿政策背景下地方财政压力的变化及具体来源。财政政策改革会对地方财政压力造成冲击，进而改变地方政府支出行为。尽管流域横向生态补偿政策促进了财政支出结构的民生性偏向，但需要注意的是这种支出结构转型一定程度上是由于较大财政压力导致的，流域横向生态补偿在收入端与支出端均导致了财政压力的扩大。因此，对于在较高财政压力下将支出资金用于重点民生保障领域的地方政府，上级政府应当通过特殊的财力补充或事权分担机制及时化解其潜在的财政风险问题。

第四，地方政府要增强环保责任感，科学设定地区经济增长目标。地方政府应重视流域生态环境治理与水资源合理开发，利用宣传、教育等部门广泛开展流域生态环境保护宣传，使地区民众具有较强的环境保护意识，为横向生态补偿政策的有效实施提供良好的外部环境。此外，在新冠疫情的流行尚未彻底结束和当前强调全国统一大市场的大背景下，地区经济发展受到影响而产生波动是无法避免且难以预测的。因此，地方政府应该对GDP增长目标合理设定区间值并适当扩大区间范围，保证财政支出结构调整的灵活性。

# 参考文献

[1] 白金山. 从“GDP依赖”到“居民福利最大化”：地方政府官员晋升与财政支出偏向的实证研究 [J]. 贵州社会科学，2017 (10)：120-126.

[2] 陈诗一，陈登科. 雾霾污染、政府治理与经济高质量发展 [J]. 经济研究，2018，53 (02)：20-34.

[3] 陈思霞，卢盛峰. 分权增加了民生性财政支出吗？——来自中国“省直管县”的自然实验 [J]. 经济学（季刊），2014，13 (04)：1261-1282.

[4] 陈思霞，许文立，张领祎. 财政压力与地方经济增长——来自中国所得税分享改革的政策实验 [J]. 财贸经济，2017，38 (04)：37-53.

[5] 范子英. 转移支付、基础设施投资与腐败 [J]. 经济社会体制比较，2013 (02)：179-192.

[6] 付文林，沈坤荣. 均等化转移支付与地方财政支出结构 [J]. 经济研究，2012，47 (05)：45-57.

[7] 傅勇，张晏. 中国式分权与财政支出结构偏向：为增长而竞争的代价 [J]. 管理世界，2007 (03)：4-12，22.

[8] 耿曙，庞保庆，钟灵娜. 中国地方领导任期与政府行为模式：官员任期的政治经济学 [J]. 经济学（季刊），2016，15 (03)：893-916.

[9] 龚锋，卢洪友. 公共支出结构、偏好匹配与财政分权 [J]. 管理世界，2009 (01)：10-21.

[10] 顾元媛，沈坤荣. 地方政府行为与企业研发投入——基于中国省际面板数据的实证分析 [J]. 中国工业经济，2012 (10)：77-88.

[11] 郭平，林晓飞. 地方官员特征与民生财政支出——来自中国省长省委书记的证据 [J]. 地方财政研究，2018 (03)：70-77.

[12] 郭庆旺，贾俊雪. 地方政府间策略互动行为、财政支出竞争与地区经济增长 [J]. 管理世界，2009 (10)：17-27，187.

[13] 郭庆旺. 减税降费的潜在财政影响与风险防范 [J]. 管理世界，2019，35 (06)：1-10，194.

[14] 郭月梅，薛景文. 地方政府债务的非线性环境效应研究 [J]. 统计研究，2021，38 (12)：105-117.

[15] 韩冰，黄娜. 中央转移支付对地方财政支出结构的影响 [J]. 当代经济研究，2014 (11)：78-85.

[16] 黄国平. 财政分权、城市化与地方财政支出结构失衡的实证分析——以东中西部六省为例 [J]. 宏观经济研究，2013 (07)：70-77.

[17] 胡东滨，林媚，陈晓红．流域横向生态补偿政策的水环境效益评估［J］．中国环境科学，2022，42（11）：5447-5456.

[18] 江依妮，易雯．区域差异、地方官员特征与教育支出行为［J］．广东财经大学学报，2017，32（06）：58-66.

[19] 景守武，张捷．新安江流域横向生态补偿降低水污染强度了吗？［J］．中国人口·资源与环境，2018，28（10）：152-159.

[20] 景守武，张捷．跨界流域横向生态补偿与企业全要素生产率［J］．财经研究，2021，47（05）：139-152.

[21] 李丹，唐善永．财政分权、政治体制与地方政府财政支出结构偏向［J］．地方财政研究，2014（09）：35-41.

[22] 李国平，李潇，汪海洲．国家重点生态功能区转移支付的生态补偿效果分析［J］．当代经济科学，2013，35（05）：58-64，126.

[23] 李国平，刘倩，张文彬．国家重点生态功能区转移支付与县域生态环境质量——基于陕西省县级数据的实证研究［J］．西安交通大学学报（社会科学版），2014，34（02）：27-31.

[24] 李国平，张文彬．国家重点生态功能区转移支付差异化契约研究［J］．当代经济科学，2015，37（06）：92-98，125.

[25] 李猛．人口城市化的财政代价及其形成机理——1960年以来的大国经验［J］．中国工业经济，2016（10）：40-56.

[26] 李淑瑞，薛钢．省以下生态转移支付制度环境保护激励效应［J］．中国人口·资源与环境，2022，32（01）：138-145.

[27] 李坦，徐帆，祁云云．从“共饮一江水”到“共护一江水”——新安江生态补偿下农户就业与收入的变化［J］．管理世界，2022，38（11）：102-124.

[28] 李振宇，李涛．财政分权视角下地方政府高等教育投入的竞争效应分析［J］．中国高教研究，2020（03）：39-43，70.

[29] 连玉君，彭方平，苏治．融资约束与流动性管理行为［J］．金融研究，2010（10）：158-171.

[30] 刘冲，沙学康，张妍．交错双重差分：处理效应异质性与估计方法选择［J］．数量经济技术经济研究，2022，39（09）：177-204.

[31] 刘聪，张宁．新安江流域横向生态补偿的经济效应［J］．中国环境科学，2021，41（04）：1940-1948.

[32] 刘江会，王功宇．地方政府财政竞争对财政支出效率的影响——来自长三角地级市城市群的证据［J］．财政研究，2017（08）：56-68，111.

[33] 刘炯．生态转移支付对地方政府环境治理的激励效应——基于东部六省46个地级市的经验证据［J］．财经研究，2015，41（02）：54-65.

[34] 刘蓉，刘楠楠，黄策．地区间外溢性公共品的供给承诺与匹配率研究［J］．经济研究，2013，48（10）：112-123.

[35] 刘彦华．2022中国现代生态发展指数70.1水污染成最大担忧［J］．小康，2022（16）：44-45.

[36] 卢文秀，吴方卫．生态补偿横向转移支付能缩小城乡收入差距吗？——基于2000—2019年中国典型流域生态补偿的经验证据［J］．财政研究，2022（07）：35－51.

[37] 罗党论，赖再洪．重污染企业投资与地方官员晋升——基于地级市1999—2010年数据的经验证据［J］．会计研究，2016（04）：42－48，95.

[38] 吕炜，郑尚植．财政竞争扭曲了地方政府支出结构吗？——基于中国省级面板数据的实证检验［J］．财政研究，2012（05）：36－40.

[39] 马橙，高建中．森林生态补偿、收入影响与政策满意度——基于陕西省公益林区农户调查数据［J］．干旱区资源与环境，2020，34（11）：58－64.

[40] 马光荣，张凯强，吕冰洋．分税与地方财政支出结构［J］．金融研究，2019（08）：20－37.

[41] 毛捷，韩瑞雪，徐军伟．财政压力与地方政府债务扩张——基于北京市全口径政府债务数据的准自然实验分析［J］．经济社会体制比较，2020（01）：22－33.

[42] 毛显强，钟瑜，张胜．生态补偿的理论探讨［J］．中国人口·资源与环境，2002（04）：40－43.

[43] 缪小林，赵一心．生态功能区转移支付对生态环境改善的影响：资金补偿还是制度激励？［J］．财政研究，2019（05）：17－32.

[44] 娜仁，陈艺，万伦来，林春鑫．中国典型流域生态补偿财政支出的减贫效应研究——来自2010—2017年安徽新安江流域的经验数据［J］．财政研究，2020（05）：51－62.

[45] 娜仁，张晗璐，万伦来．典型流域生态补偿对区域技术创新的非线性影响——基于新安江流域安徽段面板数据的门槛效应检验［J］．科技管理研究，2021，41（21）：225－230.

[46] 牛文娟，王伟伟，邵玲玲，王慧敏，牛富．政府强互惠激励下跨界流域一级水权分散优化配置模型［J］．中国人口·资源与环境，2016，26（04）：148－157.

[47] 庞伟，孙玉栋．地方政府财政支出的结构偏异——基于跨界公共事务的视角［J］．经济理论与经济管理，2022，42（06）：33－49.

[48] 乔宝云，范剑勇，冯兴元．中国的财政分权与小学义务教育［J］．中国社会科学，2005（06）：37－46，206.

[49] 曲超，刘艳红，董战峰．基于DID模型的流域横向生态补偿政策的污染——贵州省赤水河流域实证研究［J］．生态经济，2019，35（09）：194－198.

[50] 宋丽颖，杨潭．转移支付对黄河流域环境治理的效果分析［J］．经济地理，2016，36（09）：166－172，191.

[51] 孙开，张磊．分权程度省际差异、财政压力与基本公共服务支出偏向——以地方政府间权责安排为视角［J］．财贸经济，2019，40（08）：18－32.

[52] 孙希芳，王晨晨．地方财政压力、信贷错配与信贷过度扩张［J］．经济科学，2020（06）：34－47.

[53] 汪冲．政府间转移支付、预算软约束与地区外溢［J］．财经研究，2014，40（08）：57－66.

[54] 王鹏超，韩立彬．多时点双重差分法的潜在问题与解决措施［J］．东北财经

大学学报，2022：1－17.

［55］王贤彬，张莉，徐现祥．什么决定了地方财政的支出偏向——基于地方官员的视角［J］．经济社会体制比较，2013（06）：157－167，180.

［56］吴凤平，邵志颖，季英雯．新安江流域横向生态补偿政策的减排和绿色发展效应研究［J］．软科学，2022，36（09）：65－71.

［57］吴敏，周黎安．财政压力的多层级传递与应对——基于取消农业税改革的研究［J］．世界经济文汇，2020（01）：41－59.

［58］吴中全，杨志红，王志章．生态补偿、精英俘获与农村居民收入——基于重庆市酉阳县11个易地扶贫搬迁安置点的微观数据［J］．西南大学学报（社会科学版），2020，46（01）：69－78，194.

［59］谢贞发，严瑾，李培．中国式“压力型”财政激励的财源增长效应——基于取消农业税改革的实证研究［J］．管理世界，2017（12）：46－60，187－188.

［60］徐鸿翔，张文彬．国家重点生态功能区转移支付的生态保护效应研究：基于陕西省数据的实证研究［J］．中国人口·资源与环境，2017，27（11）：141－148.

［61］杨得前，汪鼎．财政压力、省以下政府策略选择与财政支出结构［J］．财政研究，2021（08）：47－62.

［62］杨良松，庞保庆．省长管钱？——论省级领导对于地方财政支出的影响［J］．公共行政评论，2014，7（04）：72－111，184－185.

［63］杨梦杰，杨凯，李根等．博弈视角下跨界河流水资源保护协作机制——以太湖流域太浦河为例［J］．自然资源学报，2019，34（06）：1232－1244.

［64］姚东旻，许艺煊，赵江威等．我国地方政府预算支出的类型、特征及其影响因素［J］．中国人民大学学报，2021，35（05）：70－83.

［65］姚东旻，朱泳奕，余凯．制度惯性、地方领导人更替与财政支出结构变动［J］．社会学研究，2020，35（02）：99－123，243－244.

［66］尹恒，杨龙见．地方财政对本地居民偏好的回应性研究［J］．中国社会科学，2014（05）：96－115，206.

［67］尹恒，朱虹．县级财政生产性支出偏向研究［J］．中国社会科学，2011（01）：88－101，222.

［68］余靖雯，陈晓光，龚六堂．财政压力如何影响了县级政府公共服务供给？［J］．金融研究，2018（01）：18－35.

［69］张彩云，苏丹妮，卢玲，王勇．政绩考核与环境治理——基于地方政府间策略互动的视角［J］．财经研究，2018，44（05）：4－22.

［70］张恒龙，陈宪．财政竞争对地方公共支出结构的影响——以中国的招商引资竞争为例［J］．经济社会体制比较，2006（06）：57－64.

［71］张晖，吴霜，张燕媛等．流域生态补偿政策对受偿地区经济增长的影响研究——以安徽省黄山市为例［J］．长江流域资源与环境，2019，28（12）：2848－2856.

［72］张启春，苗子豪．中央一般性转移支付何以影响地方财政支出结构？——基于地方预算软约束分析视角［J］．华中师范大学学报（人文社会科学版），2022，61（06）：72－86.

[73] 张原，吴斌珍．财政分权及财政压力冲击下的地方政府收支行为［J］．清华大学学报（自然科学版），2019，59（11）：940－952.

[74] 郑磊．财政分权、政府竞争与公共支出结构——政府教育支出比重的影响因素分析［J］．经济科学，2008（01）：28－40.

[75] 郑尚植．财政竞争与地方政府的公共支出结构——基于国内外文献的一个思考［J］．云南财经大学学报，2011，27（06）：15－21.

[76] 郑雪梅．生态补偿横向转移支付制度探讨［J］．地方财政研究，2017（08）：40－47.

[77] 郑艳，翟建青，武占云，李莹，史巍娜．基于适应性周期的韧性城市分类评价——以我国海绵城市与气候适应型城市试点为例［J］．中国人口·资源与环境，2018，28（03）：31－38.

[78] 周黎安．中国地方官员的晋升锦标赛模式研究［J］．经济研究，2007（07）：36－50.

[79] 朱军，寇方超，宋成校．中国城市财政压力的实证评估与空间分布特征［J］．财贸经济，2019，40（12）：20－34.

[80] 朱艳，陈红华．重点生态功能区转移支付改善生态环境了吗？——基于 PSM 的结果［J］．南方经济，2020（10）：125－140.

[81] 左翔，殷醒民，潘孝挺．财政收入集权增加了基层政府公共服务支出吗？以河南省减免农业税为例［J］．经济学（季刊），2011，10（04）：1349－1374.

[82] Baker A C, Larcker D F, Wang C C Y. How much should we trust staggered difference - in - differences estimates? [J]. Journal of Financial Economics, 2022, 144 (2): 370 - 395.

[83] Beauchamp E, Clements T, Milner - Gulland E J. Assessing medium - term impacts of conservation interventions on local livelihoods in northern Cambodia [J]. World Development, 2018, 101: 202 - 218.

[84] Beck T, Levine R, Levkov A. Big bad banks? The winners and losers from bank deregulation in the United States [J]. The Journal of Finance, 2010, 65 (5): 1637 - 1667.

[85] Berne R, Stiefel L. Cutback budgeting: The long - term consequences [J]. Journal of Policy Analysis and Management, 1993, 12 (4): 664 - 684.

[86] Bradford D F, Oates W E. Towards a predictive theory of intergovernmental grants [J]. American Economic Review, 1971, 61 (2): 440 - 448.

[87] Brien S T, Eger R J, Matkin D. The timing of managerial responses to fiscal stress [J]. Public Administration Review, 2021, 81 (3): 414 - 427.

[88] Borusyak K, Jaravel X, Spiess J. Revisiting event study designs: Robust and efficient estimation [J]. Working Paper, 2021.

[89] Börner J, Baylis K, Corbera E, et al. The effectiveness of payments for environmental services [J]. World Development, 2017, 96: 359 - 374.

[90] Cengiz D, Dube A, Lindner A, et al. The Effect of Minimum Wages on Low - Wage Jobs [J]. The Quarterly Journal of Economics, 2019, 134 (3): 1405 - 1454.

[91] Cleary S. The relationship between firm investment and financial status [J]. Journal of Finance, 1999, 54 (2): 673 - 692.

[92] Clements T, Milner - Gulland E J. Impact of payments for environmental services and protected areas on local livelihoods and forest conservation in northern Cambodia [J]. Conservation Biology, 2015, 29 (1): 78 - 87.

[93] De Chaisemartin C, D'Haultfoeuille X. Two - way fixed effects estimators with heterogeneous treatment effects [J]. American Economic Review, 2020, 110 (9): 2964 - 2996.

[94] Eberts R W, McMillen D P. Agglomeration economies and urban public infrastructure [J]. Handbook of Regional and Urban Economics, 1999, 3: 1455 - 1495.

[95] Engel S, Pagiola S, Wunder S. Designing payments for environmental services in theory and practice: an overview of the issues [J]. Ecological Economics, 2008, 65: 663 - 674.

[96] Ferraro P J, Kiss A. Direct payments to conserve biodiversity [J]. Science, 2002, 298 (5599): 1718 - 1719.

[97] Gardner J. Two - stage differences in differences [J]. arXiv preprint arXiv: 2207.05943, 2022.

[98] Goodman - Bacon A. Difference - in - differences with variation in treatment timing [J]. Journal of Econometrics, 2021, 225 (2): 254 - 277.

[99] Grolleau G, Mc Cann L M J. Designing watershed programs to pay farmers for water quality services: Case studies of Munich and New York City [J]. Ecological Economics, 2012, 76: 87 - 94.

[100] Gómez - Baggethun E, De Groot R, Lomas P L, et al. The history of ecosystem services in economic theory and practice: from early notions to markets and payment schemes [J]. Ecological Economics, 2010, 69 (6): 1209 - 1218.

[101] Jack B K, Santos E C. The leakage and livelihood impacts of PES contracts: A targeting experiment in Malawi [J]. Land Use Policy, 2017, 63: 645 - 658.

[102] Kronenberg J, Hubacek K. Could payments for ecosystem services create an "ecosystem service curse"? [J]. Ecology and Society, 2013, 18 (1): 10.

[103] Li H, Zhou L A. Political turnover and economic performance: the incentive role of personnel control in China [J]. Journal of Public Economics, 2005, 89 (9 - 10): 1743 - 1762.

[104] Lobao L, Adua L, Hooks G. Privatization, business attraction, and social services across the United States: Local governments' use of market - oriented, neoliberal policies in the post - 2000 period [J]. Social Problems, 2014, 61 (4): 644 - 672.

[105] Milder J C, Scherr S J, Bracer C. Trends and future potential of payment for ecosystem services to alleviate rural poverty in developing countries [J]. Ecology and Society, 2010, 15 (2): 4.

[106] Morgan D R, Pammer W J. Coping with fiscal stress: Predicting the use of financial management practices among U. S. cities [J]. Urban Affairs Review, 1988, 24 (24): 69 - 86.

[107] Muradian R, Arsel M, Pellegrini L, et al. Payments for ecosystem services and the fatal attraction of win - win solutions [J]. Conservation Letters, 2013, 6 (4): 274 - 279.

[108] Pagiola S, Arcenas A, Platais G. Can payments for environmental services help reduce poverty? An exploration of the issues and the evidence to date from Latin America [J]. World Development, 2005, 33 (2): 237 - 253.

[109] Pagiola S, Landell - Mills N, Bishop J. Making market - based mechanisms work for forests and people [M] //Pagiola S, Bishop J, Landell - Mills N. Selling forest environmental services: market - based mechanisms for conservation and development. London, UK: Earthscan, 2002: 261 - 290.

[110] Qian Y, Weingast B R. Federalism as a commitment to preserving market incentives [J]. Journal of Economic Perspectives, 1997, 11 (4): 83 - 92.

[111] Que W, Zhang Y, Schulze G. Is public spending behavior important for Chinese official promotion? evidence from city - level [J]. China Economic Review, 2019 (54): 403 - 417.

[112] Rubin I. Past and future budget classics: A research agenda [J]. Public Administration Review, 2015, 75 (1): 25 - 35.

[113] Roland G. Politics, markets, and firms: transition and economics [M]. Cambridge: MIT Press, 2000.

[114] Salzman J, Bennett G, Carroll N et al. The global status and trends of Payments for Ecosystem Services [J]. Nature Sustainability, 2018, 1: 136 - 144.

[115] Scullion J, Thomas C W, Vogt K A, et al. Evaluating the environmental impact of payments for ecosystem services inCoatepec (Mexico) using remote sensing and on - site interviews [J]. Environmental Conservation, 2011, 38 (4): 426 - 434.

[116] Shah A. A practitioner's guide to intergovernmental fiscal transfers. Policy Research Working Paper Series 4039, The World Bank, 2006.

[117] Sun L, Abraham S. Estimating dynamic treatment effects in event studies with heterogeneous treatment effects [J]. Journal of Econometrics, 2021, 225 (2): 175 - 199.

[118] Tiebout C M. A pure theory of local expenditures [J]. Journal of Political Economy, 1956, 64 (5): 416 - 424.

[119] Wagner A. Three Extracts on Public Finance [M] //Masgrave R A, Peacock A T. Classics in the Theory of Public Finance. London: Macmillan, 1958: 1 - 15.

[120] Warner M E, Aldag A M, Kim Y. Pragmatic municipalism: US local government responses to fiscal stress [J]. Public Administration Review, 2021, 81 (3): 389 - 398.

[121] Wunder S. Payments for environmental services: some nuts and bolts [EB/OL]. http: //hdl. handle. net/10919/66932.

[122] Wunder S. The efficiency of payments for environmental services in tropical conservation [J]. Conservation Biology, 2007, 21 (1): 48 - 58.

[123] Wunder S, Engel S, Pagiola S. Taking stock: A comparative analysis of payments for environmental services programsin developed and developing countries [J]. Ecological Economics, 2008, 65 (4): 834 - 852.

[124] Wunder S. Revisiting the concept of payments for environmental services [J]. Ecological Economics, 2015, 117: 234 - 243.

# 附录

附表 1　　我国流域横向生态补偿政策进展

| 时间 | 政策名称 | 发布部门 | 政策要点 |
|---|---|---|---|
| 2013 年 | 《中共中央关于全面深化改革若干重大问题的决定》 | 中共中央 | 第一次明确提出“推动地区间建立横向生态补偿制度”。 |
| 2015 年 | 《关于加快推进生态文明建设的意见》 | 中共中央、国务院 | 健全生态保护补偿机制，建立地区间横向生态保护补偿机制，引导生态受益地区与保护地区之间、流域上游与下游之间，通过资金补助、产业转移、人才培训、共建园区等方式实施补偿。 |
| 2015 年 | 《生态文明体制改革总体方案》 | 中共中央、国务院 | 制定横向生态补偿机制办法，以地方补偿为主，中央财政给予支持。鼓励各地区开展生态补偿试点，继续推进新安江补偿试点，在长江流域开展流域生态补偿试点。 |
| 2016 年 | 《关于健全生态保护补偿机制的意见》 | 国务院办公厅 | 明确以地方补偿为主、中央财政给予支持的事权关系。 |
| 2016 年 | 《关于加快建立流域上下游横向生态保护补偿机制的指导意见》 | 财政部、环境保护部、发展改革委、水利部 | 提出到 2020 年各省份行政区域内流域上下游横向生态保护补偿机制基本建立以及到 2025 年跨多个省份的流域上下游横向生态保护补偿试点范围进一步扩大的工作目标。 |
| 2018 年 | 中央财政促进长江经济带生态保护修复奖励政策实施方案 | 财政部、环境保护部、发展改革委、水利部 | 支持建立跨省流域横向生态保护补偿机制。鼓励流域内邻近的省（市）建立横向生态保护补偿机制，对签订了省级政府间补偿协议建立起机制的，根据流域生态功能重要性、保护治理难度、补偿力度等因素，分年确定中央财政奖励额度，用于协议双方流域保护和治理。 |
| 2018 年 | 关于建立健全长江经济带生态补偿与保护长效机制的指导意见 | 财政部 | 建立流域上下游间生态补偿机制，按照中央引导、自主协商的原则，鼓励相关省（市）建立省内流域上下游之间、不同主体功能区之间的生态补偿机制。 |

续表

| 时间 | 政策名称 | 发布部门 | 政策要点 |
|---|---|---|---|
| 2018年 | 建立市场化、多元化生态保护补偿机制行动计划 | 国家发展改革委、财政部、自然资源部、生态环境部、水利部、农业农村部、人民银行、市场监管总局、林草局 | 鼓励生态保护地区和受益地区开展横向生态保护补偿。探索建立流域下游地区对上游地区提供优于水环境质量目标的水资源予以补偿的机制。积极推进资金补偿、对口协作、产业转移、人才培训、共建园区等补偿方式，选择有条件的地区开展试点。 |
| 2019年 | 生态综合补偿试点方案 | 国家发展改革委 | 推进流域上下游横向生态保护补偿，完善重点流域跨省断面监测网络和绩效考核机制，鼓励地方探索建立资金补偿之外的其他多元化合作方式。 |
| 2021年 | 关于深化生态保护补偿制度改革的意见 | 中共中央办公厅、国务院办公厅 | 健全横向补偿机制。巩固跨省流域横向生态保护补偿机制试点成果，总结推广成熟经验。鼓励地方加快重点流域跨省上下游横向生态保护补偿机制建设，开展跨区域联防联治。 |

**附表2　　两阶段DID：一阶段回归结果**

| | (1) | (2) |
|---|---|---|
| | *pe* | *le* |
| *lniwd* | 0.006<br>(0.342) | -1.277***<br>(0.364) |
| *fsr* | -5.451**<br>(2.458) | 4.151<br>(4.059) |
| *pgdp* | -0.663***<br>(0.223) | 0.524<br>(0.443) |
| *sgdp* | -0.003<br>(0.044) | -0.035<br>(0.061) |
| *lnpop* | -2.562<br>(2.397) | 4.798**<br>(2.207) |
| *pd* | -10.520**<br>(4.770) | 4.442<br>(4.831) |
| *lnfdi* | 0.006<br>(0.143) | -0.038<br>(0.236) |

续表

| | (1) | (2) |
|---|---|---|
| | *pe* | *le* |
| 城市效应 | Yes | Yes |
| 时间效应 | Yes | Yes |
| 观测值 | 1182 | 1211 |
| $R^2$ | 0.169 | 0.041 |

注：*** 、** 和 * 分别表示 1%、5% 和 10% 的显著性水平，括号内的数字为异方差稳健标准误。

# 致　谢

回顾整个研究生生涯，学术科研占据了我大部分的时光，也让我坚定了学术的理想。然而，如果扼杀了感官上的自我，即使丰富了思想上和学术上的自我，那也不可能寻得真正的自我。思想和感觉背后都蕴藏着人的终极意识，而我有幸在读研期间同时聆听到了二者的美妙音符。

感谢我的导师姚东旻教授与王斐然讲师，感谢你们对我毕业论文与多篇研究论文的悉心指导。在姚老师和斐然老师的分别指导下，我的多项研究成果在国内重要学术会议上宣讲并获奖，更有幸在中财 AA 类、A 类期刊发表，收获良多。也同时感谢王麒植老师、阮睿老师、耿纯老师、李慧青老师等中心教师对我学术与生活多方面的教诲与指引。年轻老师们严谨治学的态度与乐观积极的精神也让我对未来读博以及“青椒”之路多了一份信心。

感谢父母二十多年以来一如既往地对我学业的支持，感谢你们一直鼓励我追逐自己的梦想、寻找自己热爱的方向，让我始终拥有无穷的动力，没有丝毫后顾之忧。

感谢所有中心 20 级并肩奋斗的同学们，尤其是我的舍友们，感谢你们在我遇到困难时的无私帮助，我也为你们都找到心仪工作而欣喜不已。感谢我的女朋友小雨，始终陪伴在我身边，也共同见证了彼此的成长和收获。

最后，感谢党和国家，以及所有为抗击疫情付出汗水的工作者和医务人员。疫情跨越了整个研究生的三年，影响了我们一代人。相信我们这一代可以承担起使命，终将克服万难，实现中华民族伟大复兴。

七年前，我带着高考失利的无尽遗憾来到中财，但却在这里找到了人生的方向，并最终坚定地选择了学术道路。我会永远感激母校，也祝愿母校取得更加辉煌的成绩，为社会培养更多优秀人才！

# 论文短评

点评人：范翻

生态环境是最重要的公共资源，它为人类社会提供了生存和发展的基础。然而，由于非排他性的存在，生态环境常常面临过度开发和污染的威胁，容易产生“公地悲剧”。在过去相当长的时期里，随着经济的快速发展和城市化进程的加速，生态环境保护问题日益凸显，成为制约中国经济高质量和可持续发展的关键因素。为了有效协调生态保护地区与生态受益地区之间的利益关系，中国政府在2016年发布了《关于健全生态保护补偿机制的意见》，明确提出建立流域横向生态补偿机制，以促进区域间生态保护的合作与平衡。现有研究主要围绕横向生态补偿的环境治理效果与经济效应展开了广泛探讨，然而，目前鲜有研究从地方政府财政支出结构角度出发去探究横向生态补偿的政策效果。韦天宇同学的硕士学位论文《横向生态补偿转移支付与地方财政支出结构——基于异质性处理效应下的两阶段DID实证检验》提供了对当前生态环境保护政策影响的深刻洞察。论文选题紧扣时代脉搏，针对中国特有的流域横向生态补偿机制，开展财政学视角下的实证研究，具有明显的理论探索价值和现实关怀。

论文首先系统梳理了生态补偿政策的演进脉络，并对13个省份的实践探索进行了详尽的描述。在此基础上，作者运用双重差分方法，巧妙地处理了政策实施时点差异带来的异质性问题，采用了两阶段DID模型进行稳健性估计。研究发现，横向生态补偿政策有效地调整了地方政府的财政支出结构，促使其更加倾向于民生性支出，这对于优化财政资源配置、推动公共服务均等化具有积极作用。进一步地，论文通过机制检验和异质性分析，揭示了财政压力和城市化水平在政策效应中的中介作用，以及不同环保重视程度和经济增长目标下的城市对政策响应的差异性。这些发现不仅丰富了生态补偿政策效果的理论阐释，也为地方政府在具体实施过程中提供了差异化的策略建议。

本文的研究结果对于指导中国地方政府优化财政支出结构、加强生态环境保护具有重要参考价值。特别是在当前推动绿色发展和生态文明建设的背景下，文章揭示了生态补偿政策如何通过财政机制影响地方政府的资源配置，为相关政策的制定和完善提供了经验依据。当然，本文也存在一些有待进一步研究之处。首先，虽然考虑了异质性处理效应，但可能还有其他未观测因素影响估计结果的准确性。大江大河对城市发展具有重要作用，因此靠近省内重要水源流域的城市与其他城市本身可能就具有系统性差异。其次，研究主要集中在地级市层面，对于不同地区、不同规模城市而言政策效应可能存在差异，未来研究可以进一步细化分析。最后，本文发现政策的长期效应有限，对于政策持续性和适应性的影响需要进行更深入的研究。尽管如此，本文的研究为流域横向生态补偿政策的深入理解和有效实施提供了宝贵的视角和方法。这些方面有望成为未来研究的重要方向。总体而言，韦天宇同学的论文在研究设计、方法运用、结果解释等方面均表现出较高的学术素养，对于推动公共经济学与环境经济学的交叉研究具有较高的贡献。期待作者在未来的研究中，能够持续深化该领域的探索，为学术界和政策制定提供更多有价值的见解。

# 条块关系视角下的财政科技投入体系研究

## ——基于政策文本和预算数据的事实分析

**Research on the Financial Science and Technology Investment System from the Perspective of Block Relationship: Factual Analysis Based on Policy Texts and Budget Data**

张　丹

# 摘要

自2012年党的十八大明确提出我国要实施创新驱动发展战略以来，我国科技事业在这十年间取得了巨大成就。从创新指数来看，我国作为中等收入经济体已经成功位列创新型国家中，科技产出、科技人才队伍相较于2012年也实现了数量和质量上的提升。与丰硕的科技成果相对应的是这十年来我国科技投入大幅增加，全社会研发经费翻了一番，而在众多对科技投入的渠道中，财政作为国家治理的基础和重要支柱，其对创新驱动发展战略、科技创新的支持发挥着难以替代的支撑和引导作用。这十年中，国家财政对科技创新的支持力度不断增强，且在科技创新是实现经济高质量发展的核心动力这一大时代背景下，我国未来在科技方面的财政投入仍将稳步提升，所以有必要对政府财政科技投入现状和体系进行系统分析和梳理，只有在对其具有明确认知的基础上才能准确发现问题并在未来不断调整和优化。那么目前我国财政科技投入存在哪些基本特征？我国财政科技投入体系内部具体是如何运作的？未来如何完善与发展？

现有文献研究难以对以上三个问题形成有条理、有逻辑的回答，所以本文选择了中国政府治理体制中存在的三种条块结构关系作为分析视角，建立了一个由中央、地方和省级政府及政府部门财政决算报表构成的预算数据库，共包括20张中央和地方财政决算报表、30张省级政府财政决算报表和5487张部门财政决算报表，并结合相关政策文本，试图系统性地总结出我国财政科技投入存在的基本特征事实，打开财政科技投入体系运行的“黑箱”，对体系内部相关主体之间的关系进行分析，为我国财政科技投入体系的未来发展提供一定思考和启示。

首先，本文从“上级政府和下级政府”视角，对我国财政科技投入体系进行了纵向的研究。本文总结归纳出了以下四点财政科技投入在中央政府与地方政府上的分布事实与特征：第一，我国政府在科技领域的财政决算信息公开并不完全。第二，地方政府的财政科技投入增速相较于中央更快，地方政府逐渐在国家财政科技投入体系中占据主导地位，这可能源于中央财政科技支出的增加受制于中央财政收入的增加、地方政府的支出责任逐渐与科技事权相匹配、地方政府逐渐意识到科技创新对地方经济发展的重要性等。第三，中央政府和地方政府的投入结构存在显著性差异，但政府财政科技投入的主要项目与政府在央地投入体系中占据主导的项目具有一定相似性。中央政府科技投入的主要项目和主导项目均是应用研究和基础研究，地方政府科技投入的主要项目与主导项目相重复的是科学技术管理事务、技术研究与开发、科技条件与服务。第四，从投入年均增长率和投入占比变化来看，中央政府和地方政府层面均非常注重对基础研究的投入，与国家加大基础研究投入的呼吁相一致。同时，本文发现中央与地方政府履行科技支出责任的现状，从整体来看与《科技领域中央与地方财政事权和支出责任划分改革方案》中的划分一致，但科技领域央地共同财政事权支出责任的具体承担与项级科目的挂钩程度较高。此外，本文的研究结果表明，在财政科技投入体系中，中央政府对地方政府存在共同财政事权转移支付和专项转移支付，且中央政府部门和地方政府部门之间存在业务指导和项目申报等互动关系。

然后，本文从“政府与本级条条”和“同级条条与同级条条”视角，对我国财政科技投入体系进行了横向的研究。本文的研究发现主要包括以下六点：第一，我国部分省份的政府部门在科技领域的财政决算信息并不完全。第二，中央政府和30个省级政府的财政科技投入横向分布的部门数并不相同，且具体部门的分布存在差异性。第三，部分省级行政区的部门财政科技支出总数并不能完整反映本级政府财政科技投入的横向分布全貌。第四，中央政府的财政科技投入在部门间呈现高度分散的状态，中央科技支出部门的科技事权可以划分为三类，但部门之间的科技事权并不相似，同级条条之间在科技事权上是并行的权力关系。第五，30个省级行政区的财政科技投入模式可以概括为高度集中型、相对集中型、相对分散型和高度分散型四类，但只有部分省级行政区的财政科技投入模式与中央相似，体现了不同的中央条条在纵向上的集权和政府在横向上的集权情况。第六，政府对科技事项的横向分工具有差异性。

最后，综合上述结论和分析，本文刻画出了我国财政科技投入体系的内部运作图，并针对我国财政科技投入体系未来的完善与发展提出四点思考与启示。第一，公开内容不完整、不细化是我国政府和政府部门在科技领域预决算信息公开中存在的问题，我国应该在《财政预决算领域基层政务公开标准指引》等相关标准指引中，指明公开部门决算的部门是与同级财政部门直接发生缴款和领款关系的一级预算单位，并在《财政预决算领域基层政务公开标准目录》中增添对“99”款级科目下“99”项级科目支出具体用途的公开要求。第二，我国科技事权大部分都集中在央地共同财政事权上，但科技领域央地共同财政事权支出责任的承担在改革文件中大多以“中央财政承担主要支出责任”“地方财政承担主要支出责任”这种描述出现，相较于教育、医疗卫生和公共文化领域中分档按比例分担央地共同财政事权支出责任的方式，科技领域的划分不确定性更强。因此，建议在未来科技领域央地财政事权与支出责任划分改革的进程中，可以适当参考医疗卫生、教育等领域的改革方案，充分运用比例原则，严格界定央地共同事权的支出责任。第三，我国对原始创新的重视在未来将会导致基础研究需求持续提升，因而我国政府对于基础研究的投入力度仍需进一步夯实。目前基础研究方面的财政投入主要来源于中央政府，地方政府投入相对不足，建议在稳定中央政府层面投入的同时，地方政府也应该优化财政科技投入结构，有条件的地方政府可以出台与基础研究相关的中央联动配套举措，并尝试结合预算程序对政府内部相关经费主管部门的基础研究投入比重进行约束和协调。第四，科技创新涉及全社会中的各个行业和各个领域，所以教育部（厅）、农业农村部（厅）等部门存在一定科技支出是合理且无法避免的，但考虑到财政科技资金管理的效率和科技投入的整体效果，政府大部分的财政科技投入还是应该由科技专业部门支配和管理，所以高度集中型和相对集中型的财政科技投入模式比较理想，相对分散型次之。由于省际之间参考财政科技投入模式存在一定困难性，所以为了避免投入碎片化带来的科技投入重复、浪费、无效率等问题，中央和相关省级行政区应该提升财政科技资金的统筹管理力度，建立和完善部门间的综合协调与衔接机制。

**关键词：**财政科技投入；条块关系；事实分析

# Abstract

Since 2012, when the 18th Party Congress clearly proposed that China should implement the innovation - driven development strategy, China has made great achievements in science and technology during this decade. In terms of innovation index, China has successfully stepped into the ranks of innovative countries as a middle - income economy, and has achieved quantitative and qualitative improvement in science and technology output and the scientific and technological talent pool compared to 2012. Among the many channels of investment in science and technology, finance, as the foundation and important pillar of national governance, has played an irreplaceable role in supporting and guiding the innovation - driven development strategy and science and technology innovation. In this decade, the national financial support for science and technology innovation has been increasing, and under the background of the era that science and technology innovation is the core driving force to achieve high - quality economic development, China's future financial investment in science and technology will still be steadily increased, so it is necessary to systematically analyze and sort out the current situation and system of government financial investment in science and technology. Only on the basis of a clear understanding of it can we accurately find the problem and constantly adjust and optimize it in the future. What are the basic characteristics of the current financial investment in science and technology in China? How does the system of financial investment in science and technology work in China? How to improve and develop it in the future?

It is difficult for the existing literature to form a structured and logical answer to the above three questions, so this paper chooses the three kinds of block structure relationship in the governance system of Chinese government as the perspective of analysis, and establishes a budget database consisting of central, local and provincial governments and government departments' financial statements. Including 20 central and local financial final accounts statements, 30 provincial government financial final accounts statements and 5487 departmental financial final accounts statements, and combined with the relevant policy articles, this paper attempts to systematically summarize the basic characteristic facts of China's financial science and technology investment, open the "black box" of the operation of the financial investment in science and technology system, analyze the relationship between relevant subjects within the system, and provide some thoughts and insights for the future development of China's financial investment in science and technology system.

First of all, this paper conducts a longitudinal study on China's financial investment system in science and technology from the perspective of "higher and lower level governments". This paper summarizes the following four facts and characteristics of the distribution of financial investment in science and technology between the central government and local governments: First, the disclosure of financial account information of our government in the field of science and technology is not complete. Secondly, the growth rate of local government's financial investment in science and technology is faster than that of the central government, and the local government gradually occupies a dominant position in the national financial investment system in science and technology, which may be due to the fact that the increase of central government's expenditure in science and technology is constrained by the increase of central government's revenue, the local government's expenditure responsibility gradually matches with the authority of science and technology, and the local government gradually realizes the importance of science and technology innovation to local economic development. Third, there are significant differences between the input structures of the central government and local governments, but the main items of the government's fiscal science and technology input have some similarity with the items that the government dominates in the central and local input system. The main and dominant projects of the central government's S&T input are applied research and basic research, and the main and dominant projects of the local government's S&T input are duplicated in science and technology management affairs, technology research and development, and science and technology conditions and services. Fourth, in terms of the average annual growth rate of investment and the change in the proportion of investment, both the central government and local government levels pay great attention to the investment in basic research, which is consistent with the national call to increase the investment in basic research. Meanwhile, this paper finds that the current situation of central and local governments' fulfillment of S&T expenditure responsibilities is consistent with the division in the Reform Plan for the Division of

Central and Local Fiscal Affairs and Expenditure Responsibilities in the Field of Science and Technology in general, but the specific undertaking of joint central and local fiscal affairs and expenditure responsibilities in the field of science and technology is linked to a higher degree with item - level accounts. In addition, the research results of this paper show that in the financial science and technology input system, there are common financial affairs transfer payments and special transfer payments from the central government to local governments, and there are interactive relationships such as business guidance and project declaration between central government departments and local government departments.

Then, this paper conducts a horizontal study on China's financial investment system in science and technology from the perspective of "government and its own level" and "same level and same level" . The research findings of this paper include the following six points: First, the financial accounts of government departments in the field of science and technology in some provinces in China are not complete. Secondly, the number of departments in the horizontal distribution of financial investment in science and technology of the central government and 30 provincial governments is not the same, and there is variability in the distribution of specific departments. Thirdly, the total departmental financial expenditures on science and technology of some provincial administrative regions do not fully reflect the horizontal distribution of the financial investment in science and technology of this level of government. Fourth, the financial S&T investment of the central government is highly fragmented among departments, and the S&T authority of the central S&T expenditure departments can be divided into three categories, but the S&T authority between departments is not similar, and the power relationship between the same level of bars is parallel in S&T authority. Fifth, the financial S&T input patterns of 30 provincial - level administrative regions can be summarized into four categories: highly centralized, relatively centralized, relatively decentralized and highly decentralized, but only some provincial - level administrative regions have similar financial S&T input patterns to the central government, reflecting the centralization of power vertically by different centralized articles and the centralization of power horizontally by the government. Sixth, there are differences in the horizontal division of governmental labor on S&T matters.

Finally, based on the above conclusions and analysis, this paper depicts the internal operation chart of China's financial science and technology investment system, and puts forward four points of thinking and enlightenment for the future improvement and development of China's financial science and technology investment system. Firstly, the incomplete and non - detailed content of public disclosure is a problem in the disclosure of budgetary information in the field of science and technology by the government and government departments in China. In the "Standard Catalog of Basic Governmental Affairs in the Field of Financial Budget and Accounts", we have added the requirement of disclosing the specific purposes of the expenditure of "99" items under the "99" section - level accounts. Secondly, most of China's science and technology affairs are concentrated in the central and local common financial affairs, and the assumption of expenditure responsibility of the central and local common financial affairs in the field of science and technology is mostly described as "the central government bears the main expenditure responsibility" and "the local government bears the main expenditure responsibility" in the reform documents. "Compared with the way of sharing the expenditure responsibility of central and local common financial affairs in the fields of education, medical and health care and public culture by grades and proportions, the division in the field of science and technology is more uncertain. Therefore, it is suggested that in the future process of reforming the division of central and local financial affairs and expenditure responsibilities in the field of science and technology, appropriate reference can be made to the reform proposals in the fields of health care and education, and the principle of proportionality can be fully applied to strictly define the expenditure responsibilities of central and local common affairs. Third, China's emphasis on original innovation will lead to a continuous increase in the demand for basic research in the future, so our government's investment in basic research still needs to be further consolidated. At present, the financial investment in basic research mainly comes from the central government, and the local government investment is relatively inadequate. It is suggested that while stabilizing the investment at the central government level, the local government should also optimize the structure of financial investment in science and technology. Qualified local governments can introduce central linkage supporting measures related to basic research, and try to constrain and coordinate the basic research investment proportion of relevant funding departments within the government in conjunction with budgetary procedures. Fourth, science and technology innovation involves various industries and fields in the whole society, so the existence of certain science and technology expenditures in departments such as the Ministry of Education (department) and the Ministry of Agriculture and Rural Affairs (department) is reasonable and unavoidable, but considering the efficiency of financial science and technology fund management and the overall effect of science and technology investment, most of the government's financial science and technology investment should still be dominated and managed by science and technology professional departments, so highly centralized and relatively The centralized financial science and technology investment model is more ideal, and the relatively decentralized model is the second. Since it is difficult to refer to the financial science and technology input model between provinces, so in order to avoid the problems of duplication, waste and inefficiency of science and technology input brought by input fragmentation, the central government and relevant provincial administrative regions should enhance the overall management of financial science and technology funds, establish and improve the comprehensive coordination and articulation mechanism between departments.

**Keywords**: financial investment in science and technology; block relationship; factual analysis

# 1. 绪论

## 1.1 研究背景

自2012年党的十八大明确提出我国要实施创新驱动发展战略以来，我国在党中央的带领下，对该战略进行积极落实和持续深化，不断推进科技强国建设，使得我国的科技事业在这十年间发生了巨大变革。从世界知识产权组织（WIPO）发布的《全球创新指数报告》来看，我国的排名在2012—2021年上升了22位，2021年排名第12，表明我国作为中等收入经济体已经成功位列创新型国家中；从专利合作条约（PCT）国际专利申请量来看，2019—2021年我国的申请量一直位于世界第一；从科技进步对经济增长的贡献率来看，2021年我国的科技进步贡献率已超过60%，较2012年提高了8个百分点，我国创新驱动发展战略成果丰硕。科技投入是顺利开展各种科技创新活动的重要物质基础和必要条件，所以我国在过去十年所取得的科技进步和科技实力提升的成果必然离不开背后大规模科技投入的支撑，从全国研究与试验发展（R&D）经费投入来看，我国的研发经费投入总额快速从2012年的10298.4亿元增长到2021年的27956.3亿元。而在众多对科技投入的渠道中，财政作为国家治理的基础和重要支柱，其对创新型国家建设、科技创新的支持发挥着难以替代的支撑和引导作用。基于图1－1可知，从国家财政科技拨款来看，2021年我国财政科技拨款规模达到10766.7亿元，相对于2012年的5600.1亿元增加了92.26%，表明国家财政对科技创新的支持力度不断增强，其中中央财政拨款占比从46.7%降低到了35.2%，地方财政拨款占比对应从53.3%提高到了64.8%。

根据2021年3月公布的“十四五”规划和2035年远景目标纲要内容可知，创新驱动发展战略在未来仍将是我国的基本战略，且在科技创新是实现经济高质量发展的核心动力这一大时代背景下，我国未来在科技方面的财政投入仍将稳步提升。因而政府作为促进科技发展的重要和稳定出资者，

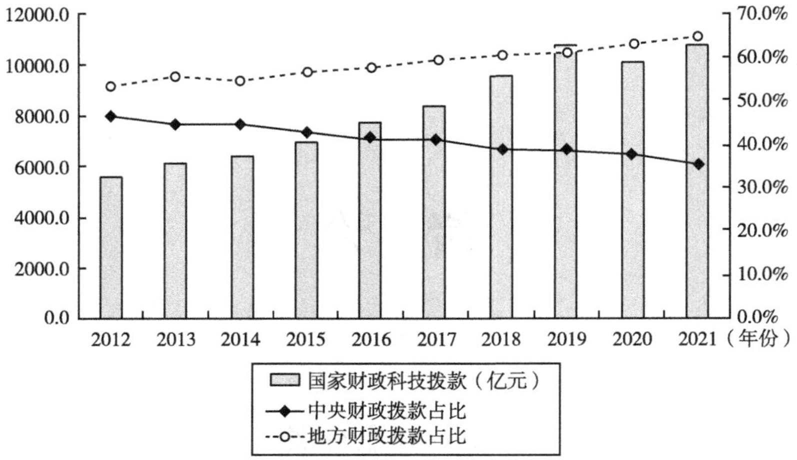


**图 1-1 2012—2021 年国家财政科技拨款规模及结构**

有必要对政府财政科技投入现状和体系进行系统分析和梳理，只有在对其具有明确认知的基础上才能准确发现问题并在未来不断调整和优化。那么目前我国财政科技投入存在哪些基本特征？我国财政科技投入体系内部具体是如何运作的？未来如何完善与发展？

中国政府治理体制中存在的条块结构特征在一定程度上使得财政科技投入体系趋于复杂，纵向层级化和横向部门化的条块结构让我国的财政科技投入不仅涉及中央政府和地方政府两级政府，还涉及政府内部不同的职能部门，如科学技术部、教育部、农业农村部等。这些主体在财政科技投入体系中发挥着不同的作用，例如为了合理分配中央政府和地方政府在财政科技投入上的责任，2019 年我国出台了《科技领域中央与地方财政事权和支出责任划分改革方案》（以下简称《改革方案》）。政府职能部门方面，通过整理 2022 年 7 月中央政府 102 个部门公布的 2021 年部门决算可知，共有 49 个部门决算中含有科学技术支出，整理 2022 年 8 月四川省政府 113 个部门公布的 2021 年部门决算可知，共有 50 个部门决算中含有科学技术支出，从数量上可以看出财政科技投入分布在近乎一半的政府职能部门中。

在现有关于财政科技投入的文献中，部分学者对我国财政科技投入体系也分别进行了纵向和横向的研究，但仍存在一定的不足。对中央和地方财政科技投入基本特征事实以及完善央地科技事权与支出责任划分进行研究的文献较多，但都集中在 2019 年我国出台《改革方案》之前，没有分析改革后央地履行科技财政事权和支出责任的现状。同时，也有部分文献研究了政府财政科技投入在横向职能部门中的分布情况，但都聚焦于中央政府层面，并没有涉及省级政府等地方政府，且中央层面的研究仅从部门分布数和单个部门的支出占比进行论述。因此，本文将借助三种条块关系视角，基于中央、地方和省级预算数据以及相关政策本文，试图系统性地总结出我国财政科技投入存在的基本特征事实，打开财政科技投入体系运行的“黑箱”，对体系内部相关主体之间的关系进行分析，为我国财政科技投入体系的未来发展提供一定思考和启示。

## 1.2 研究意义

首先，从现有研究来看，有关财政科技投入的文献大多集中于对财政科技投入的区域事实现状进行基本规模结构分析或在此基础上进行效果测算，又或者探究影响财政科技投入的因素，缺乏对我国财政科技投入体系的系统性分析。我国财政科技投入与条块结构结合密切，因此本文选用了中国政府治理体制中基本的条块结构关系为切入点分析我国财政科技投入体系，有助于厘清我国财政科技投入体系的运作，并形成系统认知，在一定程度上丰富了财政科技投入和条块关系方面的研究。

其次，现有学者在分析我国财政科技投入现状时所选择的对象一般为中央、地方和整个省，缺少对省级这一层级政府财政科技投入的研究，而本文所选择的分析对象为中央政府、地方政府和省政府三类，共包括30个省级行政区。同时，现有学者进行分析的数据一般均为政府支出数据，但本文还包括中央和30个省级行政区共5487个部门的支出数据，因此本文的研究能够刻画出我国中央和30个省级行政区财政科技投入在横向部门间分布的全貌，实现对30个省级行政区财政科技投入现实特征的揭露。

最后，在科技创新是实现经济高质量发展的核心动力这一大时代背景下，我国未来在科技方面的财政投入将稳步提升，本文的研究对未来我国财政科技投入体系的调整和优化具有一定借鉴意义。

## 1.3 研究思路与方法

### 1.3.1 研究思路

周振超（2009）提出了八种条块关系的表现形式，但上级块块与下级条条关系、上级条条和下级块块关系、上级条条对下级条条关系、上级垂直管理的条条与下级块块关系在一定程度上蕴含在上级政府对下级政府的关系中，所以在分析时仅保留上级政府和下级政府这一视角，同时同级块块关系涉及同级政府间的合作竞争等关系，在本文选择的政策文本和预算数据等研究工具中较难体现，因而本文仅选择上级政府与下级政府、政府与本级条条、同级条条与同级条条三种条块关系为切入点分析我国财政科技投入体系，分别代指中央政府与地方政府、政府与其政府部门、同级政府部门之间的关系。

本文将结合图 1－2，按照以下思路展开研究：首先，从纵向维度研究我国财政科技投入体系，即上级政府和下级政府，对应我国的中央政府和地方政府。通过对 2012—2021 年中央和地方预决算文件中的科技支出数据进行支出分类科目对比，总结央地财政科技投入存在的特征，并结合《改革方案》探究科技事权和支出责任的对应履行情况以及央地政府间的互动。然后，从横向维度研究我国财政科技投入体系，即探究政府与本级条条、同级条条与同级条条在财政科技投入体系中的资金关系，包括中央政府和省级政府两个层面。全面收集 2021 年我国中央政府及其政府部门、30 个省级政府及其政府部门的财政决算信息，筛选出涉及财政科技支出的部门和支出分类数据，结合数据情况进行特征总结与差异比较。最后，结合前文

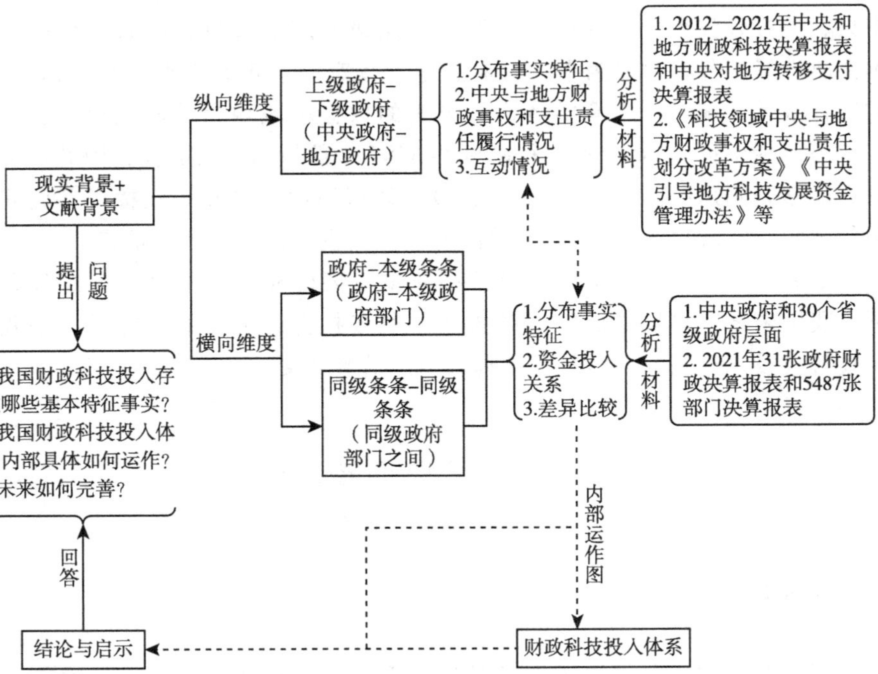


**图 1－2 本文研究思路图**

发现和结论，刻画出我国财政科技投入体系的内部运作图，并对我国财政科技投入体系的完善提出思考和启示。

### 1.3.2 研究方法

（1）文献研究法。本文对现有的国内外有关财政科技投入、条块关系的学术文献进行系统梳理，归纳财政科技投入的研究现状和已有分析条块关系文献的研究思路和研究结论，为本文从条块关系角度分析我国财政科技投入体系构建了框架和新视角。

（2）文本分析法。本文搜集了2021年中央政府和省级政府的预决算文件和其公开的部门预决算文件，以“横截面”的形式，整理出部门预决算中涉及科学技术支出的部门和预决算文件中关于科学技术支出的数据信息和项目类别信息，对文本信息进行分析和总结。

（3）对比分析法。本文选取了30个省级（自治区、直辖市）政府，对财政科技投入在政府内部职能部门之间的分布情况进行差异比较和特征归纳。

## 1.4 论文创新及不足

本文尝试在研究视角和研究数据上有所创新。一方面，本文选取了中国政府治理体制中基本的条块结构关系为切入点分析我国财政科技投入体系，搭建了一个更有逻辑和系统性的框架，能够更具体地揭露我国财政科技投入体系的事实现状。另一方面，不同于现有研究中只使用中央、地方和整个省的政府预决算数据，本文增添了中央政府部门预决算数据、30个省级行政区政府和政府部门的预决算数据，刻画了我国中央和30个省级行政区财政科技投入在横向部门间的分布情况。

论文也存在不足之处，由于中央和30个省级行政区的部门数量较多，各政府部门决算在“预决算公开平台”的公开程度不同，因此本文的数据集可能难以全面囊括科技决算部门数据，可能会降低本文分析的全面性。

# 2. 研究基础

## 2.1 核心概念界定

### 2.1.1 财政科技投入

财政科技投入是指政府为提供科技公共产品、支持科技创新活动开展、推动科技进步、提高全社会创新水平而进行的科技投入，分为广义和狭义两个层次。狭义的财政科技投入是指在政府财政预算内安排的用于科学技术方面的各项投入，以直接拨款的形式进行（陈文文，2022）；广义的财政科技投入不仅包含上述直接财政科技投入，还包括通过给予研发主体税收优惠、政府采购等各项政策工具来实现的间接财政科技投入。从数据可得性的角度来看，由于目前我国并未对间接财政科技投入形成官方、统一、权威的统计，所以本文文中的财政科技投入仅代指狭义的财政科技投入。在我国目前的预算体系中，政府财政预算包括一般公共预算、政府性基金预算、国有资本经营预算和社会保险基金预算四本预算，这四本预算具体包含的收支科目列示在财政部印发的《政府收支分类科目》中。根据2021年的《政府收支分类科目》可知，仅有一般公共预算和政府性基金预算支出功能分类科目下设有“206科学技术支出”科目；同时，国家统计局、科学技术部和财政部每年发布的国家科技经费投入统计公报中也报告了“财政科学技术支出（国家财政科技拨款）”数，为一般公共预算财政支出范围内的“科学技术支出”和该预算内其他功能支出科目用于科学技术的支出的总和。因此，参考该数据的预算口径，本文中的财政科技投入仅代指一般公共预算内安排的用于科学技术方面的投入，同时由于其他功能支出科目中用于科学技术的支出过于分散，数据搜集和整理的难度较大，所以本文仅用一般公共预算中的“206科学技术支出”对财政科技投入进行衡量。

### 2.1.2 条条和块块

“条条”在中国政府治理体制相关的研究中通常指代的是中央到地方政府中，具有相近职能或者处理相对一致业务内容的部门（周振超和黄洪凯，2023），但是本文选用的数据分析材料为部门预决算，该部门是指与同级财政部门直接发生缴款和领款关系的一级预算单位，“条条”的原意相较于部门预决算中的“部门”范围更小。所以，为了刻画出我国财政科技投入在部门间分布的全貌，本文中的“条条”将统一代指部门预决算中的部门。“块块”则维持原意，指由不同职能部门所组成的各个层级的地方政府。

## 2.2 文献综述

### 2.2.1 关于财政科技投入的研究

现有文献对财政科技投入的研究主要集中在对财政科技投入现状和效果的分析、探讨财政分权对财政科技投入的影响和不同主体在财政科技投入中的关系三方面。

一是对财政科技投入宏观现状和效果进行分析。探究财政科技投入现状的学者大多以我国全国或单独的省市作为研究对象，从财政科技投入总量、投入结构、增长速度、投入强度、地区差异等方面进行数据分析，分析其中存在的问题，并对应提出建议。吕鑫（2022）分析了北京市财政科技投入的特征，总结出了财政科技支出增速与广东、浙江仍有差距、投入强度稳中有降、区级财政科技支出不足等问题，建议积极调整财政科技政策、聚焦创新链关键环节发力等；张洁（2021）以江苏省为研究对象，结合财政科技支出总量、科研机构数量、研发经费等指标描述江苏省财政科技投入现状；聂亚利（2017）则聚焦于我国财政科技投入总量、区域情况和经费分配情况。对财政科技投入效果进行测算的学者，通过运用数据包络（DEA）法、动态 Malmquist 指数法等多种不同方法构建不同指标进行模拟计算，Cullmann 和 Zloczysti（2014）使用非参数 DEA 方法评估了 OECD 国家研发支出的相对绩效，杨志安等（2022）运用 DEA - Tobit 两步法探究我国 30 个省的财政科技投入效果，结果表明我国地方政府的财政科技投入效率已经逐步改善，但存在明显的地区差异。

二是探究财政分权这一制度因素对财政科技投入的影响。学者们并未形成一致结论，部分学者指出财政分权对地方政府财政科技投入存在正向作用，周克清等（2011）运用省际面板数据的研究表明，财政分权让地方政府产生了对生产性支出的偏向，政府财政科技投入水平的提高也表明科技创新可归属于生产性支出；潘镇等（2013）的实证结果表明市场化程度强化了财政分权对地方政府财政科技投入的正向作用，认为分权下的地方政府认识到了科技的战略价值，而潘修中（2017）指出虽然财政分权导致了地方财政科技投入的增加，但在考虑其他因素的情况下，这个增加只能归因于法律对增加科技投入的强制要求。部分学者则得出了跟以上学者相反的结论，傅勇和张晏（2007）发现中国式分权向地方政府提供了发展经济的激励，出于政绩考核的考虑，地方政府官员会偏向增加在任期内见效快、经济增长效应明显的基本建设投资支出，从而减少对见效慢的科技方面的投入；Caldeira（2012）也发现财政分权下的官员晋升机制，以经济支出项目为主的绩效考核标准会让政府官员更关注对经济支出项目的投入，相对忽略科技等社会支出项目；顾元媛和沈坤荣（2012）则证明了财政分权背景下地方政府财权与事权的不匹配会使政府减少对企业的研发补贴。还有一些学者从财政收入分权和财政支出分权两个角度进行探究，白俊红和戴玮（2017）指出财权和事权的划分会通过不同渠道影响地方政府科技投入，实证分析结果表明前者发挥抑制作用，后者发挥促进作用，但包健和尉喆雅（2019）得出了完全相反的结论。

三是以我国中央政府和地方政府、涉及科技职能的部门在科技投入上的关系为切入点，研究我国科技事权和支出责任划分与科技支出管理。从科技事权和支出责任划分情况来看，不仅存在中央和地方科技事权与支出责任划分不对等的问题（周忠民，2015），科技事权在央地政府间、地方政府中上级政府和下级政府之间也是模糊不清的，导致上级政府下达给下级政府的目标任务或资金专项难以如实推进（李成威和赵伟，2016），聂常虹和冀朝旭（2017）还指出中央与地方政府在科学技术上的投入范围完全相同，地方政府科技事权缺乏地方特色。同时，樊轶侠和余贞利（2016）、李成威和赵伟（2016）分别基于对江苏省和云南省的调研情况阐述了省级、市级科技事权与支出责任划分的现状。从财政科技投入管理体制来看，我国政府的财政科技投入分散在众多职能部门中，科技事权的权责被“条条”部门肢解，科技管理体制条块分割严重（李欣等，2015），张明喜和朱云欢（2016）指出 2013 年中央政府公布的 98 个部门的决算中，涉及“科技支出”项目的部门有 44 个，这些政府同级部门之间的科技事权交叉重叠化（聂常虹和冀朝旭，2017），且在“跟随模仿”下地方政府部门也呈现相同趋势。周忠民（2015）也认为我国财政科技支出存在严重的多头管理、条块分割现象，例如2013年国家科技部管理和支配的财政科技资金仅占中央财政科技支出的10.51%。同时，由于中央政府和地方政府及其职能部门履行其科技事权的行为具有项目化的倾向（李欣等，2015），科技经费的分散直接导致了科技项目重复交叉，造成财政资源浪费，为此2014年我国启动了科技计划项目资金管理方式的改革，试图破解“九龙治水”、科技资源“碎片化”难题，但李振国等（2018）指出在实际执行过程中，部分地方科技部门在事实上承担了很多额外的事权和支出责任，例如资金监管、验收审查等，但是并没有获得有效激励从而可能导致项目执行出现偏差，黄可嘉和滕雅琼（2019）也指出这次改革一定程度上加强了财政科技资源的统筹协调，但仍有可能会出现“五龙治水”的困境。

### 2.2.2 关于条块关系的研究

条块关系中的“条条”和“块块”是中国特有的政治概念，最初于1956年被毛泽东用来分别代指中央部委和地方政府（薄一波，1991），自此，其广泛地进入了国家领导和学术研究者的视野。

学者们对条块内涵及条块关系的形成进行讨论。学者们在“条条”和“块块”的界定上基本达成了共识，认为前者是指中央到地方政府中具有相近职能或者处理相对一致业务内容的职能部门，后者则是指由不同职能部门所组成的各个层级的地方政府（马力宏，1998；谢庆奎，1998；周振超，2009）。“条条”和“块块”所组成的条块结构在我国是政府行政体系中的基础架构，在此结构上所产生的不同政府组织之间的交错互动关系则被对应称之为条块关系，因而条块关系存在于条块结构之中。关于形成条块结构或条块关系的条件及原因，谢庆奎（1995）认为是纵向层级化和横向部门化的政府组织架构，马力宏（1998）则指出了条块结构形成的四个基本条件，包括国家行政管理体系是以下级服从上级为基础的权威的层次结构、层级制和职能制在政府机构中相结合、国家结构形式为单一制和非绝对分权的政府行政管理模式。还有学者对“条条”的类型进行了阐述，谢庆奎（1998）提出了上下对口专业性条条、系统内上级部门的派出机构或分支机构、对上归口的国有大中型企业和事业单位三类，周振超（2009）对应提出了上级政府职能部门实行垂直管理的条条、接受上级政府职能部门和本级政府双重领导的条条、地方政府单独管理的条条三类。

学者们从不同角度对条块关系的表现形式和类型进行了概括，主要见表2-1。从表现形式上来看，马力宏（1998）指出国家行政管理中存在上级条条与下级块块、上级条条与下级条条、作为条块关系核心的上级政府与下级政府此三种条块关系，结合不同政府层级则可以划分为中央与省、省与市县、县与乡镇此三大类。周振超（2009）在马力宏的基础上补充提出了中央部委垂直管理的条条与下级块块、上级块块与下级条条等五种条块关系表现形式。与上述两位学者的划分结果不同，陶振（2015）将条块关系按照政府层级划分为以政府各级职能部门为横向主线和以专业管理部门为纵向主线的两大类条块关系，按照管理权限划分为垂直领导型和条块结合型。

**表 2－1　马力宏（1998）和周振超（2009）对条块关系表现形式的总结**

<table>
<tr><th colspan="2">学者</th><th>条块关系的表现形式</th></tr>
<tr><td rowspan="2">周振超（2009）</td><td>马力宏（1998）</td><td>上级条条与下级块块<br>上级条条与下级条条<br>上级政府与下级政府</td></tr>
<tr><td colspan="2">上级垂直管理的条条与下级块块<br>上级块块与下级条条<br>同级条条与同级条条<br>政府与本级条条<br>同级块块与同级块块</td></tr>
</table>

众多学者从条块关系的视角分析政府间关系，围绕条块矛盾的表现、后果、产生根源和解决路径进行研究。从条块矛盾的表现来看，林尚立（1998）认为条块矛盾在政府间关系中主要体现在权力集中与分散、行政关系、财政分权与分钱三个方面；马力宏（1998）认为我国政府管理中的条块矛盾体现为过于集中的上级“条条”权力肢解了下级“块块”的权力导致地方政府工作积极性降低、“块块”权力过大各自为政影响中央政府宏观调控；孙发锋（2011）则分析了上级垂直管理的“条条”与下级“块块”之间的矛盾，即垂直管理部门与地方政府之间存在相互推诿和不配合工作的问题，出现条块分割现象；杨雪冬（2020）认为条块矛盾反映的是条块关系中的双重不协调，包括“条条”的统一要求和“块块”的地方差异之间的不协调、“条条”以项目配置资源和“块块”统筹使用资源之间的不协调、“条条”的部门利益倾向与“块块”的地方利益倾向之间的不协调等。而回顾新中国成立以来的历史可知，我国政府间关系一直在“条条专政”和“地区分割”两个极点之间摇摆，未能寻找到合适的平衡点，导致政府间横向交流合作难以畅通、行政办事效率降低、公共服务提供难以达到最优、治理碎片化等大量问题出现（周振超，2006；武小龙和孙金华，2011）。

关于条块关系产生条块矛盾的原因，主要有以下三种代表性解释。其一，双重从属论。从纵向上看，大多地方政府条条都有对应的上级条条，但从横向上看，政府条条也在本级政府的管理范围之内，这种双重从属制在保障条块结构正常运行的同时也留下了权限划分问题的隐患，权限划分不清晰或不平衡导致条块矛盾产生（马力宏，1999）。其二，职责同构论。周振超（2005）、朱光磊和张志红（2005）等学者认为条块矛盾的主要症结在于职责同构，例如在机构设置上强调“上下对口、左右对齐”，在这种政府架构下，条条过分集权却缺乏足够管理权威、地方政府“无能”和“全能”并存，条块矛盾难以避免。其三，集权化行动。Andrew（2005）指出中国为应对地方保护主义而开展的以垂直管理为核心的“柔性”集权行动让以“条条”为主的集权系统逐步取代了以“块块”为基础的地方分权系统，加剧了条块矛盾的产生。关于协调条块矛盾和理顺条块关系，学者们提出了多方面的策略。从直接协调“条条”和“块块”的关系化解矛盾来看，其分为基于正式政治和非正式政治的条块协调两类，前者包括设立议事协调机构、网格化管理条块、项目制运作、跨条块的运动式执法机制四种方式（折晓叶和陈婴婴，2011；竺乾威，2012；赖静萍，2012；盛铎和王芳，2013；李振，2014；叶敏，2016），后者是指正式组织内的非正式关系网络（巴达赫，2011；叶敏，2016）。从理顺条块关系的路径来看，周振超（2020）提出可以间接通过改善制度环境为理顺条块关系创造结构性条件，例如加强中央事权和支出责任、提升地方自主权等，杨雪冬（2020）指出理顺条块关系应遵循分权、民主、法治三个基本原则，例如厘清中央与地方以及地方各层级之间的权责关系、探索条块关系协调机制的制度化。

现有文献还讨论了基层治理、项目制治理、环境治理中的条块关系。周振超（2019）指出基层治理中的条块矛盾表现出权责失衡、职责失序、考核偏差、形式主义和官僚主义现象严重等新特点和新趋势，建议从健全政府职能体系、完善条块协调机制、规范上级条条的检查考核等方面理顺基层治理中的条块关系；朱俊庆（2022）则进一步分析了天津“吹哨报到”这一基层治理创新对理顺条块关系的影响；史普原（2015）以中央农口项目的整合为案例，结合条块关系分析了这项改革最终失败的原因；史普原和李晨行（2021）则以农业农村项目为案例分析了四种典型条块统合策略的运行特征和影响范围；张彩云和夏勇（2021）则利用双重差分模型证实了“以条为主、条块结合”的条块关系形式有利于提升环境治理质量。

部分学者还分析了财政领域的条块关系。曲京山等（2020）将财政体制中的“条条”管理和“块块”管理分别视作财政集权和财政分权的体制形式，认为我国实施的财政分权改革本质上是加强“块块”管理，并指出现阶段财政体制中的条块矛盾主要表现为财权配置向职能部门倾向造成横向财权分割、专项转移支付受部门利益支配导致财政资金使用效率低下、“条强块弱”导致政府机构同构等。余锋（2020）则从财政涉农资金的统筹整合使用方面探究了县级职能部门（条条）和乡镇政府（块块）的关系，发现主要存在本级条条之间难以协调合作、“块块”纵向之间难以进行沟通的问题。

### 2.2.3 文献述评

纵观上述研究，不难发现学者们已经围绕财政科技投入、条块关系进行了丰富的研究，但仍存在一定的局限性。首先，目前有关条块关系的研究的焦点主要是中国政府行政系统中的条块关系，还没有将研究对象聚焦于财政科技投入体系内部。其次，现有有关财政科技投入的研究大多集中于对财政科技投入的区域事实现状进行基本规模结构分析或在此基础上进行效果测算，又或者探究影响财政科技投入的因素，缺乏对我国财政科技投入体系基本事实的系统梳理和体系内部相关主体之间关系的分析。最后，虽然部分探究中央政府和地方政府、涉及科技职能的部门在科技投入上的关系的文献可以对应视作研究财政科技投入领域条块关系中的上级政府和下级政府关系、同级条条与同级条条的关系，但是研究内容并不完整和深入，例如研究没有涉及省级政府等地方政府，且中央层面的研究仅从部门分布数和单个部门的支出占比进行论述，也没有结合预算数据和政策文本进行充分分析和解释。

# 3. 纵向维度下的财政科技投入体系

## 3.1 财政科技投入体系中的上级政府和下级政府分布

### 3.1.1 中央政府与地方政府的分布事实特征

我国实施一级政府一级预算制度，因此中央和地方政府的财政部门每年都需要编制本级预算草案，中央和地方预算草案在经全国人民代表大会审查批准后，正式成为法定预算，预算法案的存在一定程度上已经清晰界定了政府间的各项支出责任，即中央和地方政府的支出责任事实上已经体现在了预算的编制中，预算法案会约束财政资金的具体用处（洪小东，2018），但由于预算执行过程中会出现一些调整和变化情况，所以相较于预算，中央和地方预算的决算更能体现出中央和地方政府的实际支出情况。本文选用2012—2021年的中央与地方政府财政决算报表为分析对象，探究我国财政科技投入在中央政府和地方政府间的分布情况以及分布特点。

在科技领域，我国《中华人民共和国科技进步法》《中华人民共和国科学技术普及法》《中华人民共和国促进科技成果转化法》和《中华人民共和国中小企业促进法》等法律列举出了创新体系建设、国防科技、知识产权保护、科技重大项目、科技服务支持、基础研究、应用研究、科学技术普及等一系列科技事项，但在实际编制政府预决算时，中央和地方政府是按照财政部每年印发的《政府收支分类科目》确定科学技术方面的具体支出科目。根据《中华人民共和国预算法》的规定可知，政府支出按照其功能分类为类、款、项三级，2021年的《政府收支分类科目》内容显示科学技术支出属于类这一级，具体包括10个款级科目[①]。

---

① 10个款级科目分别为：科学技术管理事务、基础研究、应用研究、技术研究与开发、科技条件与服务、社会科学、科学技术普及、科技交流与合作、科技重大项目、其他科学技术支出。

由于《政府收支分类科目》是各级政府编制预决算时所遵循的基本标准和准则，且财政部每年会根据机构改革、机构职能调整、预算管理等实际需要对《政府收支分类科目》中的具体科目进行细微调整，所以《政府收支分类科目》的每年调整必然会直接影响当年政府预决算报表中的内容呈现。为了后文的决算解析和指标跨年比较更容易理解，本文结合每年发布的《政府收支分类科目》，将2012—2021年中央和地方财政科技决算中所涉及的科目调整进行了整理，这十年“206科学技术支出”下的支出科目进行的调整主要集中在“20602基础研究”“20604技术研究与开发”和“20605科技条件与服务”3个款级科目下，主要调整方式包括科目取消、科目新增和科目名称与内容调整，详见表3－1。

**表3－1　中央和地方财政科技决算中政府收支分类科目调整内容①**

| 年份 | 调整科目 | 调整类型 | 说明 |
| --- | --- | --- | --- |
| 20602基础研究 | | | |
| 2020 | 02重点基础研究规划 | 取消 | |
| 2021 | 04重点实验室及相关设施 | 名称与内容调整 | 名称调整为“实验室及相关设施”，反映的内容增添了国家实验室的支出 |
| 2021 | 08科技人才队伍建设 | 新增 | |
| 2021 | 99其他基础研究支出 | 内容调整 | 反映内容去掉了中科院、农科院研究生院的支出等 |
| 20604技术研究与开发 | | | |
| 2020 | 02应用技术研究与开发 | 取消 | |
| 2020 | 03产业技术研究与开发 | 取消 | |
| 2021 | 05共性技术研究与开发 | 新增 | |
| 20605科技条件与服务 | | | |
| 2021 | 02技术创新服务体系 | 内容调整 | 反映对象增添了“公益性行业” |

资料来源：作者根据财政部每年印发的《政府收支分类科目》和中央、地方财政预决算数据自行整理。

1. 投入总量

表3－2展示了2012—2021年财政部公开的中央和地方科技方面的财政决算数据。从财政科技决算数据情况和完整度来看，款级科目方面，除了2012年中央和地方财政科技决算公布了9个款级科目的支出情况，2013—

---

① 表3－1中的科目调整内容非2012—2021年《政府收支分类科目》“206科学技术支出”下的所有科目调整内容，表中范围限定为中央和地方政府财政科技决算中所涉及的科目。

2021 年均只公布了 8 个款级科目，对应地，经过对决算科目的汇总统计发现，只有 2012 年所公布的 9 个款级项目支出的总和等于科学技术支出数，2013—2021 年所公布的 8 个款级项目支出的总和与科学技术支出数存在一定差距，中央政府科技决算中的 8 个款级项目支出总和占本级政府科学技术支出数的 70%—87%，地方政府科技决算中的 8 个款级项目支出总和则占本级政府科学技术支出数的 60%左右，这表明我国中央与地方政府财政科技决算仍存在一定比例的未公开部分，中央政府的这一比例数在 13%—30%，地方政府则在 40%上下，具体的每年未公开比例见表 3－2。项级科目方面，中央和地方财政科技决算未公布的部分集中在“应用研究”和“其他科学技术支出”2 个款级科目下，2012 年的中央和地方财政科技决算均未公布“应用研究”和“其他科学技术支出”2 个款级科目下对应的具体项级科目支出数，2013—2018 年的中央和地方财政科技决算未公布“应用研究”这一款级科目下对应的项级科目支出数据，2019—2021 年这三年的财政科技决算则公布了完整的项级科目支出数据①。通过计算检验发现，2012—2021 年中央和地方财政科技决算中凡是公布了款级科目下项级科目支出数据的，项级科目支出数据的总和与对应的款级科目支出数相等。

**表 3－2　2012—2021 年中央与地方财政科学技术支出**　单位：亿元

| 年份 | 政府级次 | 科学技术支出 | 科学技术管理事务 | 基础研究 | 应用研究 | 技术研究与开发 | 科技条件与服务 | 社会科学 | 科学技术普及 | 科技交流与合作 | 其他科学技术支出 | 未公开部分占比 |
|---|---|---|---|---|---|---|---|---|---|---|---|---|
| 2021 | 中央 | 3205.53 | 5.41 | 720.91 | 1535.40 | －12.37 | 61.79 | 59.63 | 24.51 | 16.36 | — | 24.38% |
| | 地方 | 6464.24 | 298.84 | 416.87 | 340.49 | 1906.16 | 384.80 | 49.07 | 143.59 | 32.37 | — | 44.74% |
| 2020 | 中央 | 3216.48 | 6.81 | 625.36 | 1528.62 | －0.18 | 51.33 | 58.74 | 21.75 | 19.12 | — | 28.13% |
| | 地方 | 5801.86 | 287.49 | 255.19 | 330.78 | 1798.07 | 338.96 | 52.45 | 148.97 | 29.84 | — | 44.13% |
| 2019 | 中央 | 3516.18 | 11.00 | 671.22 | 1689.93 | 25.29 | 68.86 | 60.54 | 28.12 | 19.16 | — | 26.79% |
| | 地方 | 5954.61 | 232.99 | 151.30 | 244.59 | 2135.26 | 368.65 | 46.68 | 145.40 | 32.56 | — | 43.62% |
| 2018 | 中央 | 3120.27 | 9.76 | 552.64 | 1502.85 | 27.58 | 59.11 | 51.52 | 20.88 | 18.91 | — | 28.11% |
| | 地方 | 5206.38 | 231.38 | 96.69 | 254.69 | 1932.45 | 283.34 | 56.85 | 140.12 | 22.69 | — | 42.03% |
| 2017 | 中央 | 2826.96 | 8.99 | 532.45 | 1372.26 | 40.41 | 54.92 | 54.05 | 20.80 | 17.83 | — | 25.65% |
| | 地方 | 4440.02 | 181.64 | 72.59 | 203.40 | 1739.25 | 240.62 | 50.58 | 122.01 | 26.79 | — | 40.61% |
| 2016 | 中央 | 2686.10 | 8.25 | 518.13 | 1424.95 | 60.8 | 60.55 | 45.57 | 21.9 | 23.81 | — | 19.44% |
| | 地方 | 3877.86 | 170.59 | 51.56 | 194.6 | 1531.76 | 238.75 | 43.14 | 116.29 | 12.6 | — | 39.16% |

① 2019—2021 年中央财政科技决算虽也未公布“应用研究”这一款级科目下具体的项级科目支出数据，但是全国财政科技决算和地方财政科技决算进行了公布，中央具体项级科目的支出数据可以通过全国减去地方得到。

续表

| 年份 | 政府级次 | 科学技术支出 | 科学技术管理事务 | 基础研究 | 应用研究 | 技术研究与开发 | 科技条件与服务 | 社会科学 | 科学技术普及 | 科技交流与合作 | 其他科学技术支出 | 未公开部分占比 |
|---|---|---|---|---|---|---|---|---|---|---|---|---|
| 2015 | 中央 | 2478.39 | 7.51 | 500.45 | 1394.19 | 110.3 | 58.6 | 42.16 | 19.6 | 23.21 | — | 13.01% |
| | 地方 | 3384.18 | 137.96 | 50.46 | 195.24 | 1431.48 | 183.98 | 31.58 | 104.43 | 9.32 | — | 36.63% |
| 2014 | 中央 | 2436.66 | 7.06 | 428.84 | 1344.97 | 109.57 | 50.2 | 37.33 | 12.33 | 24.06 | — | 17.33% |
| | 地方 | 2877.79 | 108.03 | 42.23 | 162.47 | 1208.75 | 159.23 | 31.89 | 88.48 | 6.08 | — | 37.20% |
| 2013 | 中央 | 2368.99 | 7.28 | 362.91 | 1322.63 | 107.04 | 46.42 | 30.56 | 13.77 | 18.91 | — | 19.40% |
| | 地方 | 2715.31 | 104.21 | 43.75 | 141.3 | 1112.98 | 137.26 | 37.54 | 84.7 | 6.57 | — | 38.56% |
| 2012 | 中央 | 2210.43 | 4.96 | 328.13 | 1168.35 | 103.14 | 45.74 | 30.27 | 8.59 | 24.36 | 496.88 | 0.00% |
| | 地方 | 2242.20 | 90.66 | 33.56 | 127.12 | 986.32 | 116.14 | 27.56 | 73.43 | 5.49 | 781.91 | 0.00% |

数据来源：财政部预决算公开平台（中央预决算公开平台（mof. gov. cn））。

分投入主体来看政府财政科技投入数据，投入总量方面，中央政府和地方政府的财政科技投入在2012—2021年整体均呈现上升趋势，中央政府2021年的财政科技投入相较于2012年增长了45.02%，年均增长率[①]超过了4%，地方政府2021年的财政科技投入相较于2012年则增长了188.30%，接近2012年科技投入的三倍，年均增长率超过了12%，由此可见，地方政府的财政科技投入增速相较于中央更快。投入总量占比方面，根据图3－1可知，自2012年起，地方政府的财政科技投入一直超过了中央政府，且超过的幅度越来越大，地方政府财政科技投入占全国财政科技投入的比重也逐

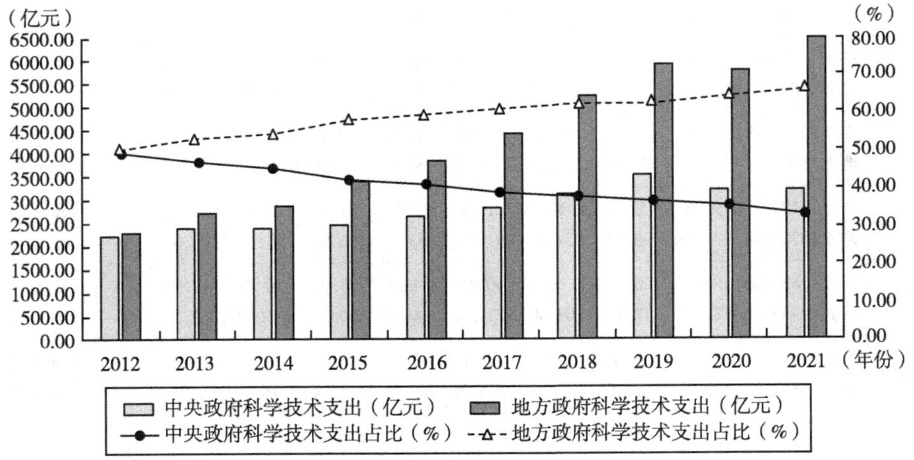


**图3－1　2012—2021年中央与地方财政科技支出占比**

① 年均增长率 = $\sqrt[9]{(2021\text{年支出数}/2012\text{年支出数})}-1$

年提高，2021年地方政府财政科技投入占全国的比重为66.85%，财政科技投入在中央政府和地方政府之间的分布由“五五开”逐步接近“三七开”，表明地方政府逐渐在国家财政科技投入体系中占据主导地位。

地方政府财政科技投入总量与中央政府财政科技投入总量之间的差距自2012年起逐渐拉大的背后，可能存在以下三点原因：第一，中央财政科技支出的增加受制于中央财政收入的增加。2012年，我国经济增速为7.80%，是我国进入21世纪以来首次经济增速低于8%，中国经济正式进入新常态。与经济增速放缓相对应的是，2012年我国中央财政收入增速出现断崖式下降，为9.45%，但地方财政收入增幅为16.24%，地方财政收入仍保持较快增长，且在2012—2021年这十年间，地方财政收入的年均增速高于中央财政收入。受困于财政收入的增长压力，中央政府的科技支出年增幅相较于地方政府更小。第二，地方政府的支出责任逐渐与科技事权相匹配。张明喜和朱云欢（2016）指出在我国科技领域，地方政府所履行的事权远大于中央政府，但在2012年时，地方政府仍处于以较少科技投入履行更多科技事权的情形，科技事权与支出责任匹配度不高。那么地方政府科技支出占比逐年增大的背后可能是因为中央科技支出责任的下移，让地方政府自主承担其科技事权的支出责任。第三，地方政府逐渐意识到科技创新对地方经济发展的重要性。2012年我国正式实施创新驱动发展战略，地方政府在战略引导下，以及在财政科技投入对推动经济增长、增加财政收入的正向反馈下，会逐渐在财力配置中强调科学技术支出。

2. 投入结构

投入结构方面，从除其他科学技术支出外的8个款级科目来看，中央和地方政府的财政科技投入范围完全相同，但在体量结构上有所区别。根据图3-2可知，中央政府的财政科技投入最主要集中在应用研究，2012—2021年应用研究方面的投入占中央政府总投入的比例在50%上下浮动，2021年其所占比例为47.90%，比例最高时达到了56.25%。其次为基础研究，2012—2021年，基础研究方面的投入占中央政府总投入的比例在20%上下浮动，2021年其所占比例为22.49%，为最高值，虽然基础研究方面的投入在总量上仍然与应用研究相差较多，但是中央政府基础研究方面的投入年均增长率高达9.14%，应用研究方面的投入年均增长率仅为3.08%，可见中央政府层面非常注重对基础研究的投入，其余6项款级科目的投入占比在2012—2021年均低于5%。相反，地方政府的财政科技投入则最集中于技术研究与开发，由图3-3所示，2012—2021年，其占地方政府财政科技总投入的比例位在29%—44%，但整体呈现下降趋势，2021年其占地方政府财政科技总投入的29.49%；其余7项款级科目的投入占比均低于7%，科技条件与服务、应用研究、科学技术管理事务方面的投入则分别稳定在6%、5%、4%上下。此外，值得注意的是，2020年和2021年，地方政府层面基础研究方面的投入占比出现了一个大幅度的提升，由2019年的2.54%上升至2020年的4.40%、2021年的6.45%，表明地方政府层面对基础研究的投入力度也在不断加强。

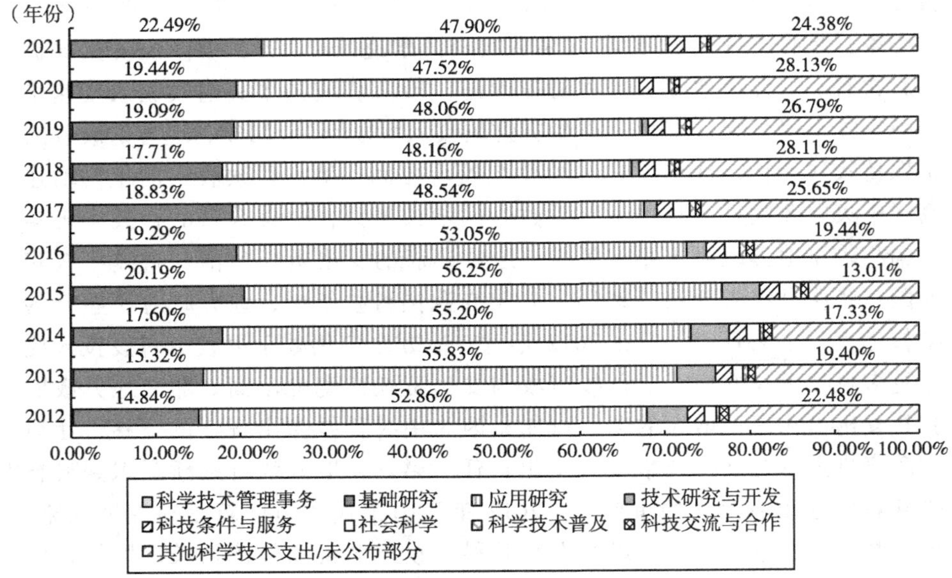


**图3-2 2012—2021年中央政府财政科技投入结构图**

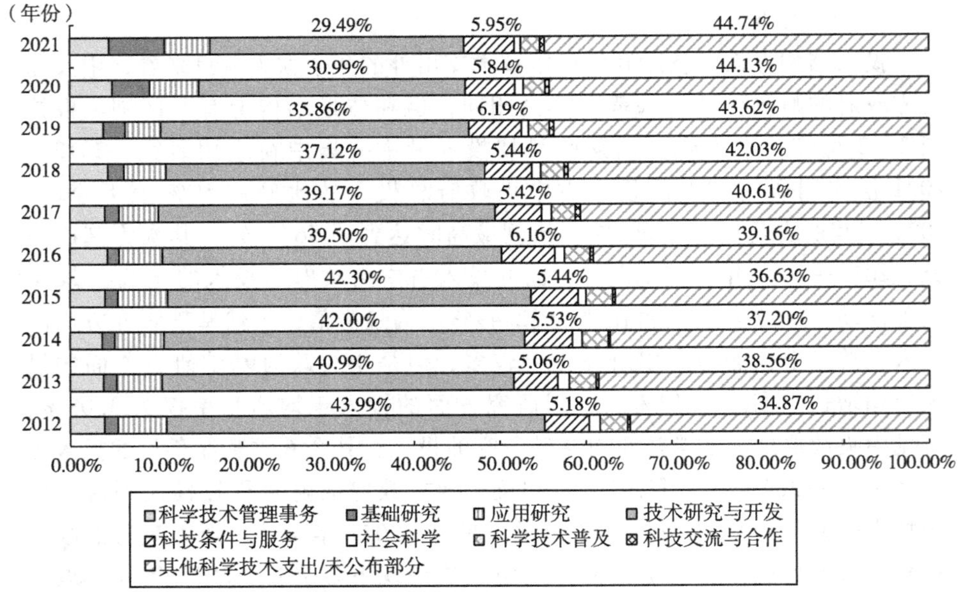


**图3-3 2012—2021年地方政府财政科技投入结构图**

综合上述分析可知，中央政府和地方政府的财政科技投入主要集中在科学技术管理事务、基础研究、应用研究、技术研究与开发和科技条件与服务此5个款级科目方面，从同一款级科目下的项级科目投入分布来看，中央政府和地方政府的财政科技投入侧重点也具有差异性。以2021年中央和地方财政科技决算数据为例，科学技术管理事务科目下，中央政府在行政运行上花费得最多，地方政府则是在其他科学技术管理事务支出上花费得最多；基础研究科目下，中央政府更多投入在自然科学基金上，地方政府则更多投入在实验室及相关设施上；应用研究科目下，中央政府和地方政府的投入侧重点分别是高技术研究和机构运行；技术研究与开发科目下，中央政府的投入排序为其他技术研究与开发、机构运行、科技成果转化与扩散，地方政府的投入排序则为其他技术研究与开发、科技成果转化与扩散、共性技术研究与开发和机构运行；科技条件与服务科目下，中央政府在科技条件专项上支出得最多，地方政府则是其他科技条件与服务支出。

**表3-3　2012—2021年款级支出科目下中央与地方支出占比**

| 年份 | 政府级次 | 科学技术支出 | 科学技术管理事务 | 基础研究 | 应用研究 | 技术研究与开发 | 科技条件与服务 | 社会科学 | 科学技术普及 | 科技交流与合作 | 其他科学技术支出 |
|---|---|---|---|---|---|---|---|---|---|---|---|
| 2021 | 中央 | 33.15% | 1.78% | 63.36% | 81.85% | -0.65% | 13.84% | 54.86% | 14.58% | 33.57% | — |
| | 地方 | 66.85% | 98.22% | 36.64% | 18.15% | 100.65% | 86.16% | 45.14% | 85.42% | 66.43% | — |
| 2020 | 中央 | 35.67% | 2.31% | 71.02% | 82.21% | -0.01% | 13.15% | 52.83% | 12.74% | 39.05% | — |
| | 地方 | 64.33% | 97.69% | 28.98% | 17.79% | 100.01% | 86.85% | 47.17% | 87.26% | 60.95% | — |
| 2019 | 中央 | 37.13% | 4.51% | 81.61% | 87.36% | 1.17% | 15.74% | 56.46% | 16.21% | 37.05% | — |
| | 地方 | 62.87% | 95.49% | 18.39% | 12.64% | 98.83% | 84.26% | 43.54% | 83.79% | 62.95% | — |
| 2018 | 中央 | 37.47% | 4.05% | 85.11% | 85.51% | 1.41% | 17.26% | 47.54% | 12.97% | 45.46% | — |
| | 地方 | 62.53% | 95.95% | 14.89% | 14.49% | 98.59% | 82.74% | 52.46% | 87.03% | 54.54% | — |
| 2017 | 中央 | 38.90% | 4.72% | 88.00% | 87.09% | 2.27% | 18.58% | 51.66% | 14.56% | 39.96% | — |
| | 地方 | 61.10% | 95.28% | 12.00% | 12.91% | 97.73% | 81.42% | 48.34% | 85.44% | 60.04% | — |
| 2016 | 中央 | 40.92% | 4.61% | 90.95% | 87.98% | 3.82% | 20.23% | 51.37% | 15.85% | 65.39% | — |
| | 地方 | 59.08% | 95.39% | 9.05% | 12.02% | 96.18% | 79.77% | 48.63% | 84.15% | 34.61% | — |
| 2015 | 中央 | 42.27% | 5.16% | 90.84% | 87.72% | 7.16% | 24.16% | 57.17% | 15.80% | 71.35% | — |
| | 地方 | 57.73% | 94.84% | 9.16% | 12.28% | 92.84% | 75.84% | 42.83% | 84.20% | 28.65% | — |
| 2014 | 中央 | 45.85% | 6.13% | 91.04% | 89.22% | 8.31% | 23.97% | 53.93% | 12.23% | 79.83% | — |
| | 地方 | 54.15% | 93.87% | 8.96% | 10.78% | 91.69% | 76.03% | 46.07% | 87.77% | 20.17% | — |
| 2013 | 中央 | 46.59% | 6.53% | 89.24% | 90.35% | 8.77% | 25.27% | 44.88% | 13.98% | 74.22% | — |
| | 地方 | 53.41% | 93.47% | 10.76% | 9.65% | 91.23% | 74.73% | 55.12% | 86.02% | 25.78% | — |
| 2012 | 中央 | 49.64% | 5.19% | 90.72% | 90.19% | 9.47% | 28.26% | 52.34% | 10.47% | 81.61% | 38.86% |
| | 地方 | 50.36% | 94.81% | 9.28% | 9.81% | 90.53% | 71.74% | 47.66% | 89.53% | 18.39% | 61.14% |

分款级项目来看 2012—2021 年的政府财政科技投入数据，根据表 3－3 可知，中央政府和地方政府的投入主导项目存在显著差异。在基础研究和应用研究这 2 个方面的投入中，中央政府一直位于主体地位，也与中央政府财政科技投入的重点相对应，2012—2018 年，基础研究方面，中央政府的财政投入占比一直在 90% 左右，2019—2021 年略有下降，占比分别为 81.61%、71.02% 和 63.36%，表明地方政府也在积极主动地加大基础研究投入力度；应用研究方面，中央政府的财政投入占比一直稳定在 80% 以上。在科学技术管理事务、技术研究与开发、科技条件与服务、科学技术普及这 4 个方面的投入中，地方政府则一直占据主导地位，科学技术管理事务方面，地方政府的财政科技投入占比稳定在 95% 上下；技术研究与开发方面，地方政府的投入占比逐年提升，基本为 90%—99%；科技条件与服务方面，地方政府的投入占比从 2012 年的 71.74% 增长到了 2021 年的 86.16%；科学技术普及方面，地方政府的财政科技投入占比稳定在 80% 以上。除了上述 6 个可以明显区分投入主导政府的款级科目以外，社会科学方面的投入，中央和地方政府基本上各占一半，2021 年，中央政府和地方政府的投入占比分别为 54.86% 和 45.14%；科技交流与合作方面的投入，中央政府和地方政府的投入占比未呈现出明显特征。

### 3.1.2 中央与地方的科技财政事权与支出责任

前文所提到的中央政府和地方政府在财政科技投入结构上的差异是科技领域央地财政事权和支出责任划分的反映。我国中央与地方的财政关系自改革开放以来历经众多体制变化，初步确立了央地财政事权和支出责任的划分体系，但随着社会主义市场经济体制的完善和发展以及国家治理体系和治理能力的现代化，央地财政事权和支出责任的划分存在一定程度的模糊、不合理等问题（马海涛，2019），改革迫在眉睫。2016 年 8 月，国务院颁布了《关于推进中央与地方财政事权和支出责任划分改革的指导意见》（国发〔2016〕49 号），正式拉开了改革的序幕；2019 年 5 月，国务院办公厅印发了《改革方案》（国办发〔2019〕26 号），提出了科技领域财政事权和支出责任划分的具体模式。接下来本文将结合 2019—2021 年中央和地方政府财政科技决算中的款级、项级数据和《改革方案》探究我国央地政府履行科技领域各项财政事权和承担各项支出责任的实际情况。

关于科技领域中的央地财政事权与支出责任，国发〔2016〕49 号文指出，财政事权[①]包括中央财政事权、地方财政事权、中央与地方共同财政事权三类。其中，中央财政事权和地方财政事权的支出责任均由本级政府承担，但中央财政事权若委托至地方，则需要通过给予地方中央专项转移支付进行支出，同理，地方财政事权若委托至中央，地方政府需要承担相应支出；央地共同财政事权支出责任的承担则需要中央与地方依据情况而定。国办发〔2019〕26号文则提出了科技领域央地权责划分的基本原则，即中央政府财政侧重支持的科技工作应当具备全局性、基础性和长远性特征，侧重支持的重大科技任务应当针对全球科技前沿、满足国家重要需求、针对国民经济主战场，地方政府财政则应当侧重于支持新技术开发和科技成果转化应用，以及区域特色创新体系的建设，与前文中的分析结果相符合。同时，在《改革方案》中，共列举规定了八个方面的财政事权和支出责任划分，具体内容见表3－4。

**表3－4　科技领域央地财政事权与支出责任划分**

| 事权种类 | | 具体类别 | | | 支出责任 |
|---|---|---|---|---|---|
| 科技研发 | 中央与地方共同财政事权 | 基础研究 | 自由探索类 | — | 中央/主要支出责任 |
| | | | | 地方自主设立的科技计划（专项、基金等） | 地方/支出责任<br>中央/转移支付统筹支持 |
| | | | 目标导向类 | 聚焦国家发展战略目标；整体自主创新能力提升 | 中央/主要支出责任 |
| | | | | 地方自主设立的科技计划（专项、基金等） | 地方/支出责任 |
| | | 应用研究和技术研究开发 | 聚焦国家重大战略产品和重大产业化目标；发挥举国体制优势；在设定时限内进行集成式协同攻关的事项 | | 中央/主要支出责任<br>地方/相应支出责任 |
| | | | 事关国计民生的农业、能源资源、生态环境等领域中需要长期演进的重大社会公益性研究；事关产业核心竞争力、整体自主创新能力和国家安全的重大科学问题、重大共性关键技术和产品研发 | | 中央/主要支出责任<br>地方/相应支出责任 |
| | | | 地方自主设立的科技计划（专项、基金等） | | 地方/支出责任 |

① 财政事权：政府应承担的利用财政资金进行基本公共服务提供的任务和职责。

续表

<table>
<tr><th colspan="2">事权种类</th><th colspan="2">具体类别</th><th>支出责任</th></tr>
<tr><td rowspan="2">科技创新基地建设发展</td><td rowspan="2">中央与地方共同财政事权</td><td colspan="2">围绕国家目标，根据科学前沿发展、国家战略需求以及产业创新发展需要建设的国家实验室等国家科技创新基地建设发展</td><td>中央/主要支出责任<br>地方/相应支出责任</td></tr>
<tr><td colspan="2">地方自主建设的科技创新基地</td><td>地方/主要支出责任<br>中央/转移支付统筹支持</td></tr>
<tr><td rowspan="2">科技人才队伍建设</td><td rowspan="2">中央/地方财政事权</td><td colspan="2">中央实施的人才专项</td><td>中央/支出责任</td></tr>
<tr><td colspan="2">地方自主实施的人才专项</td><td>地方/支出责任</td></tr>
<tr><td rowspan="2">科技成果转移转化</td><td rowspan="2">中央与地方共同财政事权</td><td colspan="2">关系国计民生和产业发展的科技成果转移转化和资本化、产业化</td><td>中央/主要支出责任</td></tr>
<tr><td colspan="2">支持区域重点产业等科技成果转移转化</td><td>地方/主要支出责任<br>中央/转移支付统筹支持</td></tr>
<tr><td rowspan="2">区域创新体系建设</td><td rowspan="2">中央与地方共同财政事权</td><td colspan="2">国家自主创新示范区、国家科技创新中心、综合性国家科学中心等区域创新体系建设</td><td>地方/主要支出责任<br>中央/转移支付统筹支持</td></tr>
<tr><td colspan="2">地方自主开展的区域创新体系建设</td><td>地方/支出责任</td></tr>
<tr><td rowspan="2">科学技术普及</td><td rowspan="2">中央与地方共同财政事权</td><td colspan="2">中央层面的科普工作</td><td>中央/主要支出责任</td></tr>
<tr><td colspan="2">地方层面的科普工作</td><td>地方/主要支出责任<br>中央/转移支付统筹支持</td></tr>
<tr><td rowspan="2">科研机构改革和发展建设</td><td rowspan="2">中央/地方财政事权</td><td>中央级</td><td>科研机构改革和发展建设（科研机构承担地方政府委托任务）</td><td>中央/支出责任<br>（地方/合理补助）</td></tr>
<tr><td>地方级</td><td>科研机构改革和发展建设</td><td>地方/支出责任</td></tr>
<tr><td rowspan="4">科技领域的其他未列事项</td><td rowspan="4">—</td><td>社会科学研究</td><td>研究围绕关系经济社会发展全局的重大理论和现实问题；哲学社会科学创新体系建设的重大基础理论问题；推动国家高端智库建设等</td><td>中央/主要支出责任<br>鼓励地方/相应支出责任</td></tr>
<tr><td>国际交流与合作</td><td>地方自主设立的专项（基金等）</td><td>地方/支出责任</td></tr>
<tr><td rowspan="2">科技管理与服务</td><td colspan="2">参照外交领域改革方案执行</td></tr>
<tr><td colspan="2">按照现行管理体制和经费渠道保障或支持</td></tr>
</table>

资料来源：作者根据国办发〔2019〕26 号文自行整理。

根据表 3 -4 可知，科技领域中的科技研发、科技创新基地建设发展、科技成果转移转化、区域创新体系建设、科学技术普及这 5 个方面被确认为中央与地方共同财政事权，仅科技人才队伍建设、科研机构改革和发展建设此 2 个方面被确认为中央或地方财政事权，表明我国科技事权大部分都集中在央地共同财政事权。其中，共同财政事权下对应的支出责任划分区分了多种情况，整体可以总结为以下4种模式的组合：地方政府财政承担主要支出责任+中央政府财政通过转移支付统筹给予支持、中央政府财政承担主要支出责任+地方政府根据相关规划和任务部署结合地区实际承担相应支出责任、地方政府财政承担支出责任、中央政府财政承担主要支出责任。同时，在被确认为共同财政事权的科技事项中，支出责任承担主体的确定并非只依赖于科技事权的性质，还依赖于具体科技项目的性质，例如科技研发方面的事权，中央和地方有各自机构承担相应职责，按照国发〔2016〕49号文中的共同财政事权支出责任划分的指导意见，该事权应该由中央和地方各自承担相应支出责任，但是基础研究事权下不同类别的科技项目具有不同的支出责任划分模式，例如目标导向类基础研究和自由探索类基础研究支出责任的承担方式存在差异。

为探究我国中央政府和地方政府财政履行科技支出责任的真实情况，本文选用了2019—2021年中央和地方财政科技决算中“206科学技术支出”下项级科目支出占全国同项目总支出的比例情况进行衡量，具体对应关系详见表3-5。表3-5中“央地财政事权与支出责任”列中的财政事权类别来自表3-4，支出责任类别的确定则取决于2019—2021年该科目的中央和地方承担比例是否存在明显的持久的特征，所以对于部分难以与表3-4中内容对应的款级科目以及部分承担比例不存在明显特征的项级科目，该列内容为空，暂不讨论。同时，该列内容也反映了我国中央和地方政府在履行共同财政事权的过程中，支出责任的具体承担模式与项级科目性质的挂钩程度非常高，虽然从预决算编制的角度来看，项级科目的多样化可以更细致地反映财政资金在科技领域的用途，但是考虑到项目性质可能会影响央地支出责任的划分，长远来看，过于灵活分散的项级科目在一定程度上会不利于财政科技投入资金的统筹。

**表3-5　我国央地财政科技支出与财政事权划分的对应关系①**　单位：%

| 财政科技决算项级科目 | 2019年 | | 2020年 | | 2021年 | | 央地财政事权与支出责任 |
|---|---|---|---|---|---|---|---|
| | 中央承担比例 | 地方承担比例 | 中央承担比例 | 地方承担比例 | 中央承担比例 | 地方承担比例 | |
| 基础研究 | | | | | | | 共同财政事权 |
| 重点基础研究规划 | 1.64 | 98.36 | / | / | / | / | 地方/主要支出责任 |

① 本表中所列的项级科目不包含表3-4中科技领域的其他未列事项：科技管理与服务和国际交流与合作，对应款级科目为科学技术管理事务、科技交流与合作，也不包含其余6个款级科目下的机构运行项、其他×××项。

续表

| 财政科技决算项级科目 | 2019年 | | 2020年 | | 2021年 | | 央地财政事权与支出责任 |
|---|---|---|---|---|---|---|---|
| | 中央承担比例 | 地方承担比例 | 中央承担比例 | 地方承担比例 | 中央承担比例 | 地方承担比例 | |
| 自然科学基金 | 89.29 | 10.71 | 87.29 | 12.71 | 84.39 | 15.61 | 中央/主要支出责任 |
| （重点）实验室及相关设施 | 66.48 | 33.52 | 53.02 | 46.98 | 37.62 | 62.38 | |
| 重大科学工程 | 43.77 | 56.23 | 48.49 | 51.51 | 52.87 | 47.13 | 中央/地方 |
| 专项基础科研 | 83.74 | 16.26 | 41.40 | 58.60 | 69.03 | 30.97 | |
| 专项技术基础 | — | 100.00 | — | 100.00 | — | 100.00 | 地方/支出责任 |
| 科技人才队伍建设 | / | / | / | / | — | 100.00 | 中央/地方财政事权<br>地方/支出责任 |
| 应用研究 | | | | | | | 共同财政事权 |
| 社会公益研究 | 62.62 | 37.38 | 53.28 | 46.72 | 53.98 | 46.02 | 中央/主要支出责任 |
| 高技术研究 | 94.18 | 5.82 | 90.97 | 9.03 | 91.89 | 8.11 | 中央/主要支出责任 |
| 专项科研试制 | 99.95 | 0.05 | 99.21 | 0.79 | 99.70 | 0.30 | 中央/主要支出责任 |
| 技术研究与开发 | | | | | | | 共同财政事权 |
| 应用技术研究与开发 | 0.00 | 100.00 | / | / | / | / | 地方/主要支出责任 |
| 产业技术研究与开发 | — | 100.00 | / | / | / | / | 地方/支出责任 |
| 共性技术研究与开发 | / | / | / | / | — | 100.00 | 地方/支出责任 |
| 科技成果转化与扩散 | 5.21 | 94.79 | -0.58 | 100.58 | -2.54 | 102.54 | 共同财政事权<br>地方主要支出责任 |
| 科技条件与服务 | | | | | | | — |
| 技术创新服务体系 | — | 100 | 0.12 | 99.88 | 2.13 | 97.87 | 地方/主要支出责任 |
| 科技条件专项 | 47.16 | 52.84 | 42.70 | 57.30 | 42.20 | 57.80 | 中央/地方 |
| 社会科学 | | | | | | | — |
| 社会科学研究 | 62.40 | 37.60 | 62.98 | 37.02 | 64.81 | 35.19 | 中央/主要支出责任 |
| 社科基金支出 | 97.13 | 2.87 | 91.65 | 8.35 | 97.68 | 2.32 | 中央/主要支出责任 |
| 科学技术普及 | | | | | | | 共同财政事权 |
| 科普活动 | 11.48 | 88.52 | 11.31 | 88.69 | 8.56 | 91.44 | 地方/主要支出责任 |
| 青少年科技活动 | 36.61 | 63.39 | 22.91 | 77.09 | 25.73 | 74.27 | 地方/主要支出责任 |

续表

| 财政科技决算项级科目 | 2019 年 | | 2020 年 | | 2021 年 | | 央地财政事权与支出责任 |
|---|---|---|---|---|---|---|---|
| | 中央承担比例 | 地方承担比例 | 中央承担比例 | 地方承担比例 | 中央承担比例 | 地方承担比例 | |
| 学术交流活动 | 76.62 | 23.38 | 78.92 | 21.08 | 77.68 | 22.32 | 中央/主要支出责任 |
| 科技馆站 | 8.15 | 91.85 | 7.69 | 92.31 | 5.96 | 94.04 | 地方/主要支出责任 |

注：数据列中的“/”是指由于政府收支分类科目调整，当年政府财政科技决算不含有本项级科目；数据列中的“—”是指当年决算中本项级科目支出数为 0；0.00% 是指当年决算中本项级科目支出数不为 0，但同级比较，占比近似为 0。

通过对比表 3 – 4 和表 3 – 5 可知，虽然财政科技决算中项级科目的具体分类和名称与《改革方案》中的内容有所差异，但整体来看，我国中央与地方政府履行科技支出责任的现状与《改革方案》中的划分一致。为了便于直观理解，下面将具体介绍部分与国办发〔2019〕26 号文对应十分明显的项级科目支出责任实际履行情况。基础研究方面，自然科学基金项级科目反映的是中央政府和地方政府设立的自然科学基金支出，而自然科学基金主要用来支持自由探索类基础研究①，按照规定，自由探索类基础研究的支出责任主要由中央政府财政承担，与实际中的支出责任履行情况一致；专项技术基础项级科目反映的是用于专项技术基础方面的支出，该支出在实际中完全由地方政府财政承担，表明该项支出反映的应该是地方政府自主设立的专项。科技人才队伍建设方面，该科目反映的是政府用于高端科技人才、科研机构人才培养等方面的支出，按照规定，该项内容属于中央或地方财政事权，2021 年该科目的支出完全由地方政府财政负责，具有一致性。应用研究方面，高技术研究项级科目反映的是为解决事关国民经济长远发展和国家安全等重大战略性、前瞻性高技术问题而开展的研究支出，按照规定，该事项应由中央政府承担主要支出责任，与实际履行情况一致。

## 3.2 财政科技投入体系中的上级政府和下级政府互动

上述表 3 – 5 中的数据仅包含了中央政府本级支出，并未包含中央政府对地方政府的转移支付支出，基于表 3 – 4 中的内容可知，中央政府在履行自由探索类基础研究、科技创新基地建设、科技成果转移转化等五个方面的共同财政事权时，中央财政是通过对地方政府的转移支付统筹给予支持。根据国发〔2016〕49 号文可知，中央财政事权若委托至地方，则通过给予

① 《中央引导地方科技发展资金管理办法》。

地方中央专项转移支付进行支出，而对于地方政府在履行本级财政事权、承担对应支出责任过程中形成的收支缺口，主要是由中央政府的一般性转移支付进行弥补。此外，伴随着各个领域央地财政事权与支出责任划分改革的进行，为了更好地服务于改革方案，2019 年，财政部将我国财政转移支付体系进行了调整，单设共同财政事权转移支付，暂列于一般性转移支付下进行管理（马海涛，2022）。该类转移支付资金体现的是中央政府对共同财政事权支出责任的承担，同时原一般性转移支付和专项转移支付中明确具有共同财政事权性质的资金项目也被归并在此类转移支付下。由此可见，理论上来讲，科技领域，中央政府对地方政府的转移支付也分为一般性转移支付、共同财政事权转移支付、专项转移支付三类。

从 2012—2021 年中央对地方转移支付决算报表中的项目数据可知，一般性转移支付方面，由于该类转移支付资金的使用并不限定详细用途，而是根据地方政府的实际情况整体统筹使用，所以难以通过公开的项目数据判断出科技领域的一般性转移支付支出；共同财政事权转移支付方面，2019—2021 年的中央对地方转移支付决算报表显示，共同财政事权转移支付下陈列了“中央引导地方科技发展（专项）资金”一项，代表科技领域中的共同财政事权转移支付支出，2019—2021 年中央引导地方科技发展资金数分别为 19.85 亿元、19.85 亿元和 25.85 亿元；专项转移支付方面，2012—2015 年专项转移支付支出下列示了“科学技术支出”总项，分别为 81.05 亿元、91.47 亿元、105.15 亿元和 64.07 亿元，2015 年后则仅列示分项，包括中央财政引导地方科技发展资金、国家科技创新基地（体系）能力建设专项资金、科技基建支出、基层科普行动计划专项资金等，2021 年，科技创新中央基建投资专项转移支付为 227.10 亿元。这表明，从数据证据来看，在科技领域，中央政府对地方政府存在共同财政事权转移支付和专项转移支付。

关于科技领域中央转移支付资金的管理，为进一步规范中央引导地方科技发展资金的管理，2021 年 12 月，财政部和科技部发布了关于印发《中央引导地方科技发展资金管理办法》（以下简称《资金管理办法》）的通知（财教〔2021〕204 号），重新修订了《资金管理办法》，科技领域中央对地方专项转移支付资金的管理则参照《中央对地方专项转移支付管理办法》（财预〔2015〕230 号）进行。为体现分析对象为科技领域的针对性，本文仅具体分析《资金管理办法》，根据图 3－4 可知，在中央对地方科技共同财政事权转移支付的过程中，主要涉及财政部、科技部、省级财政部门、省级科技部门、财政部地方监管局这 5 个部门。纵向来看，科技部对省级科技部门负有项目管理和资金使用管理的督促和指导责任，财政部对省级财政部门负有指导预算管理的责任，而省级财政部门和科技部门负有报送当年引导资金实施方案和具体分配等情况的责任；横向来看，中央政府层面，财政部的职责更多集中于对引导资金的管理和科学分配，科技部的职责更多侧重于项目管理和监督管理，财政部地方监管局的职责则是对引导资金进行全面监管。

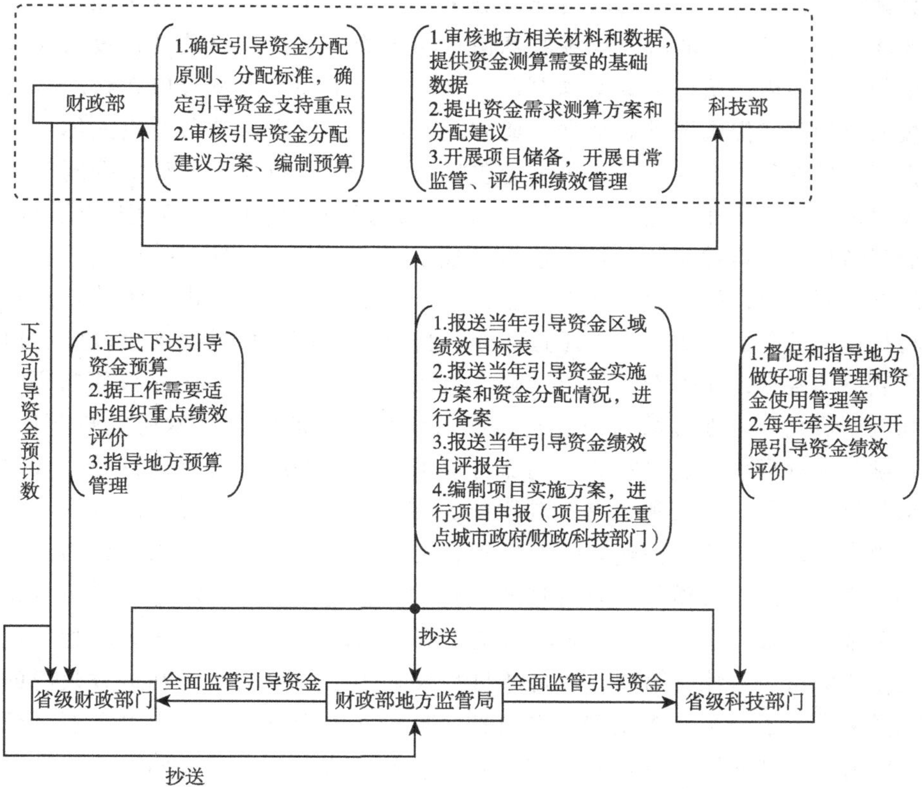


**图 3－4　科技领域中央对地方共同财政事权转移支付管理环节**

## 3.3　本章小结

本章节以条块关系中的“上级政府与下级政府”为切入点分析我国财政科技投入体系，探究我国财政科技投入在中央政府与地方政府上的分布事实与特征，以及中央政府和地方政府在财政科技投入体系中的互动关系。本章节选择的分析材料为预算报表和政策文本两类，前者包括 2012—2021 年中央政府和地方政府财政科技决算报表和中央对地方转移支付决算报表，后者包括《关于推进中央与地方财政事权和支出责任划分改革的指导意见》

《改革方案》《政府收支分类科目》《资金管理办法》等。本文基于以上材料，主要完成了以下四个方面的研究（具体总结如表3-6所示）：第一，对我国中央和地方政府在科技领域的决算公开情况有了基本了解。研究发现，我国政府在科技领域的财政决算信息公开并不完全，地方政府的未公开程度最大，这一现象可能源于我国目前对政府预决算公开的要求还没有具体到科目的完整度，同时可能部分未公开的支出明细是涉密事项，但需要注意到，不完整的财政科技决算信息会影响到对我国财政科技投入体系全貌、体系内部结构的理解与刻画。第二，为中央和地方政府在财政科技投入上的差异提供了基础证据。地方政府逐渐在国家财政科技投入体系中占据主导地位，这背后的原因可能包括中央财政科技支出的增加受制于中央财政收入的增加、地方政府的支出责任逐渐与科技事权相匹配、地方政府逐渐意识到科技创新对地方经济发展的重要性三点。同时，中央政府和地方政府的投入结构存在显著性差异，无论是从投入项目占本级政府财政科技投入总量的比例来看，还是从同一科技项目投入总量中中央政府和地方政府的各自占比来看，与中央政府财政科技投入联系密切的是基础研究和应用研究，与地方政府财政科技投入联系密切的则是技术研究与开发、科学技术管理事务、科技条件与服务。第三，对引起央地财政科技投入结构差异性的我国科技领域央地财政事权与支出责任划分的现状以及支出责任承担的现状进行了阐述。研究发现，我国共同财政事权支出责任的承担具有多种模式，与项级科目的性质相挂钩，长远来看，不利于财政科技投入资金的统筹使用，同时央地承担支出责任的现状与《改革方案》相关规定基本保持一致性。第四，对财政科技投入体系中中央政府和地方政府的互动关系有了一个基本认知。在科技领域，决算数据表明，中央政府对地方政府存在共同财政事权转移支付和专项转移支付，在此基础上衍生出了中央政府部门与地方政府对应部门的互动，例如科技部与省级科技部门之间的业务指导和项目申报关系。

**表3-6　本章节的研究发现总结**

| 研究材料 | 研究方式 | 研究发现 |
| --- | --- | --- |
| 2012—2021年中央政府和地方政府财政科技决算报表 | 中央和地方“206科学技术支出”类级支出数与款级、项级科目支出数对比 | 1. 中央和地方所有公开的项级科目支出总数等于款级科目支出数<br>2. 中央和地方公开的款级科目支出总数与科学技术支出数不相等<br>3. 中央政府财政科技决算未公开部分占比为13%—30%，地方政府则在40%上下<br>4. 部分年份未公开“应用研究”和“其他科学技术支出”2个款级科目下具体项级科目数据 |

续表

| 研究材料 | 研究方式 | 研究发现 |
| --- | --- | --- |
| 2012—2021 年中央政府和地方政府财政科技决算报表 | 中央和地方的投入总量对比 | 1. 地方政府的财政科技投入增速相较于中央更快<br>2. 财政科技投入在中央政府和地方政府之间的分布由“五五开”逐步接近“三七开” |
| | 中央和地方的投入结构对比（款级科目对比和同一款级科目下的项级科目投入分布对比） | 1. 财政科技投入范围完全相同，但体量结构有所区别<br>2. 中央政府 70% 左右的财政科技投入分布在应用研究和基础研究<br>3. 地方政府科技支出集中在技术研究与开发、科技条件与服务、应用研究、科学技术管理事务上，年支出比例超过 40%<br>4. 中央和地方的财政科技投入侧重点在项级科目上也具有差异性 |
| | 中央和地方的投入主导项目对比 | 1. 基础研究和应用研究的投入中，中央政府一直位于主体地位<br>2. 科学技术管理事务、技术研究与开发、科技条件与服务、科学技术普及的投入中，地方政府一直占据主导地位 |
| 2019—2021 年中央政府和地方政府财政科技决算报表《改革方案》 | 分项级科目对比实际支出责任履行与规定支出责任履行 | 1. 共同财政事权支出责任的具体承担与项级科目的挂钩程度较高<br>2. 整体看，央地政府履行科技支出责任的现状与《改革方案》中的划分一致 |
| 2012—2021 年中央对地方转移支付决算报表《资金管理办法》 | 分项目分类别探究科技领域中央对地方的转移支付 | 1. 数据证明，在科技领域，中央政府对地方政府存在共同财政事权转移支付和专项转移支付<br>2. 中央政府部门和地方政府部门之间存在互动关系 |

# 4. 横向维度下的财政科技投入体系

## 4.1 本章数据集情况

我国共有34个省级行政区，但我国省级预决算公开的信息并不包括台湾省、香港特别行政区和澳门特别行政区的信息，同时考虑到数据的代表性以及数据量工作的大小，本文仅收集了2021年中央和31个省级行政区的财政决算信息，具体包括政府和政府部门决算。其中，中央政府和中央部门的财政决算信息来自“中央预决算公开平台”[①]，31个省级政府及政府部门的财政决算信息来自各省预决算公开平台或各省财政部门的信息公开专栏[②]，最终形成了包含2021年中央和30个[③]省级政府及其对应职能部门的财政决算报表数据集，共囊括31张政府财政决算报表和5487张部门决算报表。为获得具有科学技术支出的部门数，本文以部门决算表中一般公共预算财政拨款支出决算表是否存在“206科学技术支出”为筛选依据，经过整理，中央和30个省级政府包含科学技术支出的部门数如表4－1所示。

表4－1　财政决算报表数据集概括

| 序号 | 政府/省级行政区 | 总部门数 | 科技支出部门数 | 总省直部门数 | 注：省级以下法检决算情况 |
|---|---|---|---|---|---|
| 1 | 中央 | 102 | 49 | 102 | |
| 2 | 西藏自治区 | 114 | 4 | 107 | 省以下法检（7） |
| 3 | 陕西省 | 118 | 7 | 118 | 不包含省以下法检 |

① 网址链接为：http：//www. mof. gov. cn/zyyjsgkpt/。

② 省级预决算公开地图：http：//yss. mof. gov. cn/zhuantilanmu/sjyjsgkzl/。

③ 省级行政区数据集不包括重庆市，由于重庆市科学技术局未公开2021年决算报表，只有总数，考虑到后续分析中的可比性问题，予以剔除。

续表

| 序号 | 政府/省级行政区 | 总部门数 | 科技支出部门数 | 总省直部门数 | 注：省级以下法检决算情况 |
|---|---|---|---|---|---|
| 4 | 广西壮族自治区 | 105 | 16 | 105 | 不包含省以下法检 |
| 5 | 贵州省 | 104 | 17 | 104 | 不包含省以下法检 |
| 6 | 青海省 | 202 | 18 | 93 | 省以下法检（109） |
| 7 | 辽宁省 | 303 | 19 | 110 | 省以下法检（193） |
| 8 | 海南省 | 160 | 19 | 107 | 省以下法检（53） |
| 9 | 黑龙江省 | 243 | 21 | 95 | 省以下法检（148） |
| 10 | 山西省 | 351 | 21 | 95 | 省以下法检（256） |
| 11 | 安徽省 | 141 | 22 | 108 | 省以下法检（33） |
| 12 | 吉林省 | 241 | 22 | 103 | 省以下法检（138） |
| 13 | 新疆维吾尔自治区 | 98 | 23 | 98 | 不包含省以下法检 |
| 14 | 山东省 | 112 | 24 | 112 | 不包含省以下法检 |
| 15 | 福建省 | 267 | 25 | 100 | 省以下法检（167） |
| 16 | 上海市 | 157 | 26 | 115 | 市以下法检（42） |
| 17 | 天津市 | 149 | 26 | 108 | 市以下法检（41） |
| 18 | 云南省 | 158 | 26 | 126 | 省以下法检（32） |
| 19 | 浙江省 | 91 | 30 | 91 | 不包含省以下法检 |
| 20 | 内蒙古自治区 | 107 | 31 | 107 | 不包含省以下法检 |
| 21 | 北京市 | 208 | 32 | 164 | 市以下法检（44） |
| 22 | 江西省 | 112 | 33 | 100 | 省以下法检（12） |
| 23 | 江苏省 | 103 | 34 | 103 | 不包含省以下法检 |
| 24 | 广东省 | 369 | 34 | 105 | 省以下法检（264） |
| 25 | 河北省 | 112 | 37 | 112 | 不包含省以下法检 |
| 26 | 湖南省 | 101 | 37 | 101 | 不包含省以下法检 |
| 27 | 湖北省 | 126 | 38 | 126 | 不包含省以下法检 |
| 28 | 甘肃省 | 293 | 42 | 107 | 省以下法检（186） |
| 29 | 河南省 | 464 | 66 | 102 | 省以下法检（362） |
| 30 | 四川省 | 113 | 50 | 113 | 不包含省以下法检 |
| 31 | 宁夏回族自治区 | 163 | 77 | 105 | 省以下法检（58） |
| 合计 | | 5487 | 926 | 3342 | |

横向对比30个省级行政区公开的部门决算数可知，省级部门的公开总数差异很大，部门数最少为91，最多可达到464，对比发现，差异主要来自

部分省份在预决算公开平台公开的省级部门决算并未包含省级（省、自治区、直辖市）以下地方各级法院和检察院的部门决算①，仅为省直部门的预决算②。由于部门预决算是指与同级财政部门直接发生缴款和领款关系的一级预算单位的预决算，而我国在党的十八届三中全会中明确提出要推动省以下地方法院检察院人财物统一管理，即省级（省、自治区、直辖市）以下各级法院和检察院作为省级财政的一级预算单位，纳入省级财政预算统一管理；2015 年 2 月，最高人民法院和最高人民检察院分别发布了《关于全面深化人民法院改革的意见》和《关于深化检察改革的意见》，人财物省级统管改革正式展开，31 个省级行政区均进行了改革试点和推广，因此省级（省、自治区、直辖市）以下地方各级法院和检察院的部门决算理论上来讲属于省级部门决算的范畴，未公开的 12 个省份应该将其纳入预决算公开平台的公开范围。同时，根据表 4－1 的“省级以下法检决算情况”列可知，公开了省级以下法院和检察院部门决算的 18 个省份所公布的省以下法检部门总数也并不相近，所以为了突出部门数横向的可比性，在表 4－1 中单独展示了各省所公布的省直部门决算个数。省级行政区省直部门决算的公开数分布在 100 个上下，北京市公开的部门数最多，为 164 个市级部门，浙江省公开的部门数最少，为 91 个省直部门。

## 4.2　财政科技投入体系中政府与本级条条的资金关系

一级政府的财政科技投入分布在本级政府部门中，但是本级政府部门的财政科技投入可能并不能反映本级政府的财政科技投入全貌。从政府预算的构成来看，一级政府预算是在汇总本级政府部门预算的基础上，加上难以分解到具体部门的专项支出或用于宏观调控的专项预留资金，从而形成完整的政府预算，所以，针对一般公共预算中的“科学技术支出”这一类支出，部门预算中的支出总和可能与本级政府预算中的科技支出并不相等，决算方面亦同。本文对 2021 年中央和 30 个省级行政区中含有科技支出的部门决算数据进行了统计和整理，从表 4－2 中的内容可知，各级政府的

---

① 此处的“未公开”是指未在预决算公开平台或者财政部门的预决算公开处进行统一公开，但是不排除在市县法检部门自身网站进行了公开，考虑到数据搜集整理的便利性，此情况不单独搜集纳入数据集。

② 山西省财政厅的预决算公开平台将部门预算分为省直部门、市县法院、市县检察院三个部分，省直部门指直属省政府领导和管理的部门，包括省直机关、省直属单位等。

财政科技投入数与通过汇总各政府部门财政科技投入所得到的总数并不完全相等。

**表 4－2　2021 年政府本级财政科技投入及部门科技投入总数**　单位：亿元

| 序号 | 中央/省级行政区 | 部门科技支出合计数 | 本级政府科技支出数① | 部门科技总支出占比 |
|---|---|---|---|---|
| 1 | 中央 | 1579.83 | 3205.53 | 49.28% |
| 2 | 内蒙古自治区 | 7.32 | 6.53 | 112.10% |
| 3 | 吉林省 | 13.59 | 12.47 | 108.93% |
| 4 | 云南省 | 26.76 | 25.08 | 106.69% |
| 5 | 宁夏回族自治区 | 12.82 | 12.39 | 103.51% |
| 6 | 湖南省 | 13.59 | 13.24 | 102.62% |
| 7 | 新疆维吾尔自治区 | 13.68 | 13.54 | 100.99% |
| 8 | 天津市 | 28.02 | 27.87 | 100.52% |
| 9 | 陕西省 | 16.36 | 16.29 | 100.46% |
| 10 | 西藏自治区 | 4.48 | 4.50 | 99.70% |
| 11 | 贵州省 | 14.69 | 15.12 | 97.19% |
| 12 | 山东省 | 125.94 | 131.61 | 95.69% |
| 13 | 浙江省 | 49.25 | 51.62 | 95.40% |
| 14 | 北京市 | 325.97 | 347.11 | 93.91% |
| 15 | 辽宁省 | 23.52 | 25.31 | 92.94% |
| 16 | 河北省 | 28.20 | 30.63 | 92.06% |
| 17 | 湖北省 | 16.67 | 18.35 | 90.86% |
| 18 | 广西壮族自治区 | 30.19 | 35.25 | 85.65% |
| 19 | 福建省 | 12.59 | 14.91 | 84.43% |
| 20 | 甘肃省 | 11.18 | 13.30 | 84.06% |
| 21 | 青海省 | 6.58 | 8.23 | 79.95% |
| 22 | 黑龙江省 | 14.16 | 19.75 | 71.71% |
| 23 | 山西省 | 21.71 | 30.58 | 70.99% |

① 本表及后文中所指的政府财政科技支出数为政府一般公共预算支出决算表中政府“本级支出”下的“科学技术支出”类级科目数。

续表

| 序号 | 中央/省级行政区 | 部门科技支出合计数 | 本级政府科技支出数 | 部门科技总支出占比 |
|---|---|---|---|---|
| 24 | 广东省 | 70.01 | 102.05 | 68.60% |
| 25 | 江苏省 | 28.34 | 42.18 | 67.19% |
| 26 | 海南省 | 8.40 | 12.55 | 66.90% |
| 27 | 四川省 | 14.49 | 23.28 | 62.23% |
| 28 | 安徽省 | 21.35 | 41.07 | 51.98% |
| 29 | 江西省 | 10.92 | 21.94 | 49.75% |
| 30 | 河南省 | 27.83 | 61.26 | 45.43% |
| 31 | 上海市 | 92.53 | 225.00 | 41.12% |

对于内蒙古自治区、吉林省、云南省、宁夏回族自治区、湖南省、新疆维吾尔自治区、天津市和陕西省此 8 个省级行政区而言，其所公开的部门财政科技支出总数略高于本级政府的财政科技支出数，这样的差异可能来自本级政府财政决算中科技支出存在负数项或者计算时的四舍五入。一方面，根据《财政总会计制度》（财库〔2022〕41 号）的规定，收回以前年度已列支出的款项时，对当年预算支出予以冲销，可能出现负数项；另一方面，省级行政区的部门决算一般是以“元”或者“万元”为金额单位进行支出反映，但是省级政府的政府决算则一般是以“万元”和“亿元”为金额单位，当政府财政决算报表以“亿元”为单位时，是在各项级、各款级等科目的以元为金额单位的数据上直接四舍五入得出，当保留两位小数也无法反映该科目支出数据时，则选择不再反映，所以可能会导致政府决算报表的科技支出数略小于按照“元”和“万元”进行支出反映的部门支出总和。

对于西藏自治区、贵州省、山东省、浙江省、北京市、辽宁省、河北省和湖北省此 8 个省级行政区而言，其所公开的部门财政科技支出总数与本级政府财政科技支出数相近程度较高。部门财政科技支出总数占本级政府财政科技支出数的比重均在 90% 以上，其中西藏自治区更是达到了 99.70%，表明政府部门的科技支出总和对本级政府财政科技投入的解释程度较高。

对于中央政府和剩余 14 个省级行政区而言，所公开的政府部门财政科技支出总数对本级政府财政科技投入的解释程度则相对较低。以部门科技总支出占比来看，广西壮族自治区、福建省、甘肃省、青海省此 4 个省级行政区在80%上下，黑龙江省、山西省、广东省、江苏省、海南省和四川省此6个省级行政区在60%—75%，中央政府和安徽省、江西省、河南省和上海市此4个省级行政区在50%上下。出现这种较低的占比情况主要存在以下三种原因：其一，政府本身还存在其他可能的未分解到具体部门的专项支出；其二，中央政府和省级政府所公开的部门数不全，例如一些按照法律规定可以不予公开的政府涉密部门可能也存在财政科学技术支出；其三，本文所构建的数据集不全，一方面，部分省份未统一公开纳入省级政府财政决算的省以下法检部门的决算报表，出于对数据搜集整理便利性的考虑，本文并未单独搜集将其纳入数据集，另一方面，部分省份的决算公开存在网址和文件无法打开的情形，例如黑龙江省商务厅、黑龙江省社会科学院、山西省市场监督管理局等，这些未纳入本文数据集的部门也可能存在科学技术支出。

## 4.3 财政科技投入体系中条条的分布与投入情况

### 4.3.1 财政科技投入体系中的同级条条分布

（1）同级科技条条情况

①科技条条整体情况

现有文献中的学者在谈及中央财政科技投入在部门间十分分散时，一般是以含有科技支出的部门数为标准（张明喜和朱云欢，2016），但涉及省际比较时，各省级政府下设的部门数是不同的，所以为了存在可比性，本文将各省级政府中含有科技支出的部门数占总公开部门数的比重作为分散或者集中的衡量标准。根据表4-3中省级以下法检科技支出情况可知，大部分的省级以下法检部门都不具有财政科技投入，所以为了体现含有科技支出部门数的真实占比情况，在表4-3中还单独展示了各省省直部门中含有科技支出的部门个数。2021年，中央财政公开了102个中央部门的决算报表，共49个部门的财政支出中含有科学技术支出，含科技支出部门的占比为48.04%，近乎一半。在30个省级行政区中，关于含有科技支出的省直部门数，只有西藏自治区和陕西省的部门数为个位数，分别为4和7，接近三分之二的省级行政区含有科技支出的部门数在20—40，最高值为宁夏回族自治区，有77个部门存在科技投入，超过了其公开省直部门数的一半，表明省级行政区的财政科技投入在部门间的分布存在集中和分散等多种情况。

表 4 - 3　　中央与 30 个省级行政区的科技支出部门情况

| 序号 | 政府/省级行政区 | 含有科技支出部门（个） | 占比（%） | 含科技支出省直部门（个） | 占比（%） | 注：省级以下法检支出情况 |
|---|---|---|---|---|---|---|
| 1 | 中央 | 49 | 48.04 | 49 | 48.04 | — |
| 2 | 西藏自治区 | 4 | 3.51 | 4 | 3.74 | 无科技支出 |
| 3 | 陕西省 | 7 | 5.93 | 7 | 5.93 | — |
| 4 | 广西壮族自治区 | 16 | 15.24 | 16 | 15.24 | — |
| 5 | 贵州省 | 17 | 16.35 | 17 | 16.35 | — |
| 6 | 青海省 | 18 | 8.91 | 18 | 19.35 | 无科技支出 |
| 7 | 辽宁省 | 19 | 6.27 | 19 | 17.27 | 无科技支出 |
| 8 | 海南省 | 19 | 11.88 | 19 | 17.76 | 无科技支出 |
| 9 | 黑龙江省 | 21 | 8.64 | 21 | 22.11 | 无科技支出 |
| 10 | 山西省 | 21 | 5.98 | 21 | 22.11 | 无科技支出 |
| 11 | 安徽省 | 22 | 15.60 | 21 | 19.44 | 1 个部门有科技支出 |
| 12 | 吉林省 | 22 | 9.13 | 22 | 21.36 | 无科技支出 |
| 13 | 新疆维吾尔自治区 | 23 | 23.47 | 23 | 23.47 | — |
| 14 | 山东省 | 24 | 21.43 | 24 | 21.43 | — |
| 15 | 福建省 | 25 | 9.36 | 25 | 25.00 | 无科技支出 |
| 16 | 上海市 | 26 | 16.56 | 26 | 22.61 | 无科技支出 |
| 17 | 天津市 | 26 | 17.45 | 26 | 24.07 | 无科技支出 |
| 18 | 云南省 | 26 | 16.46 | 26 | 20.63 | 无科技支出 |
| 19 | 浙江省 | 30 | 32.97 | 30 | 32.97 | — |
| 20 | 内蒙古自治区 | 31 | 28.97 | 31 | 28.97 | — |
| 21 | 北京市 | 32 | 15.38 | 32 | 19.51 | 无科技支出 |
| 22 | 江西省 | 33 | 29.46 | 33 | 33.00 | 无科技支出 |
| 23 | 江苏省 | 34 | 33.01 | 34 | 33.01 | — |
| 24 | 广东省 | 34 | 9.21 | 34 | 32.38 | 无科技支出 |
| 25 | 河北省 | 37 | 33.04 | 37 | 33.04 | — |
| 26 | 湖南省 | 37 | 36.63 | 37 | 36.63 | — |
| 27 | 湖北省 | 38 | 30.16 | 38 | 30.16 | — |
| 28 | 甘肃省 | 42 | 14.33 | 42 | 39.25 | 无科技支出 |
| 29 | 河南省 | 66 | 14.22 | 46 | 45.10 | 20 个部门有科技支出 |
| 30 | 四川省 | 50 | 44.25 | 50 | 44.25 | — |
| 31 | 宁夏回族自治区 | 77 | 47.24 | 77 | 73.33 | 无科技支出 |
| 合计 | | 926 | | 905 | | |

②科技条条对比情况

本文的数据集表明中央政府和省级政府的科技条条并不存在高度相似性。为了突出可比性，进行比较的部门并不涉及中央和省级各自特有的部门，例如中央级和省级企业、省级所属学校，只对中央和省级同时设置的职能相似的部门进行比较，即狭义的条条。其中，大部分的中央和省级部门可以直接通过名字进行对应，例如中华人民共和国商务部—省商务厅，小部分的地方部门需要通过预决算表中的“部门标识代码”进行对应，例如省农业科学院—农业农村部、省社会科学界联合会—中国社会科学院。在30个省级行政区的科技支出部门中，只有陕西省和西藏自治区的科技支出部门完全对应包含在中央科技支出部门中，其余28个省级行政区的科技支出部门均存在中央科技支出部门未覆盖的部分，具体如表4-4所示。在中央公布的102个部门决算中，中央党校、中央广播电视总台等27个中央部门决算中不含有科技支出，但部分省级行政区的对口部门含有科技支出，除此之外，还存在中共中央宣传部、中央党史和文献研究院等12个中央未统一公布的中央部门，部分省级行政区的对口部门也含有科技支出。同样地，中央政府中存在科技支出的部门，在30个省级行政区中也未能实现一一对应，因此，中央和30个省级行政区的科技支出部门关系图如图4-1所示。

表4-4　　中央和30个省级行政区科技支出部门对比表

| 序号 | 中央部门 | 地方情况 |
|---|---|---|
| 中央公开的部门决算支出中无科学技术支出 | | |
| 1 | 中央党校 | 吉林、宁夏、湖南、新疆、浙江、辽宁、河北、福建、甘肃、河南、江苏、江西、山西、四川 |
| 2 | 中央广播电视总台 | 云南、河北、广东、河南、黑龙江、江苏、四川 |
| 3 | 中华人民共和国审计署 | 云南、宁夏、甘肃、河南、江苏、四川 |
| 4 | 中华人民共和国商务部 | 宁夏、天津、山东、浙江、江西、四川 |
| 5 | 中华人民共和国国家民族事务委员会 | 内蒙古、宁夏、贵州、广东、四川 |
| 6 | 国务院发展研究中心 | 吉林、宁夏、湖南、辽宁、广东 |
| 7 | 共青团中央 | 宁夏、湖南、新疆、广东、上海 |
| 8 | 国务院办公厅 | 宁夏、甘肃、广东、河南 |
| 9 | 国家机关事务管理局 | 宁夏、天津、甘肃、山西 |
| 10 | 中央机构编制委员会办公室 | 宁夏、河北、甘肃 |
| 11 | 中华人民共和国退役军人事务部 | 宁夏、浙江、甘肃 |
| 12 | 中国国际贸易促进委员会 | 宁夏、湖南、北京 |

续表

| 序号 | 中央部门 | 地方情况 |
| --- | --- | --- |
| 中央公开的部门决算支出中无科学技术支出 | | |
| 13 | 中国文学艺术界联合会 | 宁夏、广东、河南 |
| 14 | 中国人民政治协商会议全国委员会办公厅 | 宁夏、江苏 |
| 15 | 中华全国总工会 | 宁夏、甘肃 |
| 16 | 中央社会主义学院 | 宁夏、湖南 |
| 17 | 国务院参事室 | 宁夏、河北 |
| 18 | 中华全国工商业联合会 | 宁夏、湖南 |
| 19 | 国家知识产权局 | 北京、湖北 |
| 20 | 全国人大常委会办公厅 | 宁夏 |
| 21 | 最高人民法院 | 宁夏 |
| 22 | 国家信访局 | 宁夏 |
| 23 | 全国妇联 | 宁夏 |
| 24 | 中国法学会 | 宁夏 |
| 25 | 中国红十字会总会 | 甘肃 |
| 26 | 中国作家协会 | 广东 |
| 27 | 国家医疗保障局 | 广东 |
| 中央未公开部门决算 | | |
| 1 | 中共中央宣传部 | 内蒙古、吉林、宁夏、山东、辽宁、湖北、安徽、甘肃、河南、江苏、青海、上海 |
| 2 | 中央党史和文献研究院 | 吉林、宁夏、湖南、山东、浙江、湖北、广东、广西、黑龙江、江苏、四川 |
| 3 | 中共中央组织部 | 宁夏、湖南、河北、甘肃、河南、江苏、山西 |
| 4 | 中共中央纪律检查委员会 | 内蒙古、宁夏、甘肃、河南 |
| 5 | 中央网络安全和信息化委员会办公室 | 宁夏、湖南、天津、甘肃 |
| 6 | 中央军民融合发展委员会办公室 | 云南、安徽、江西 |
| 7 | 中共中央办公厅 | 宁夏、河南、四川 |
| 8 | 中共中央政策研究室（中央全面深化改革委员会办公室） | 宁夏、湖南、河南 |
| 9 | 中共中央政法委员会 | 宁夏、海南 |
| 10 | 中共中央统一战线工作部 | 宁夏、河南 |
| 11 | 国家金融监督管理总局 | 宁夏 |
| 12 | 中央外事工作委员会办公室 | 宁夏 |

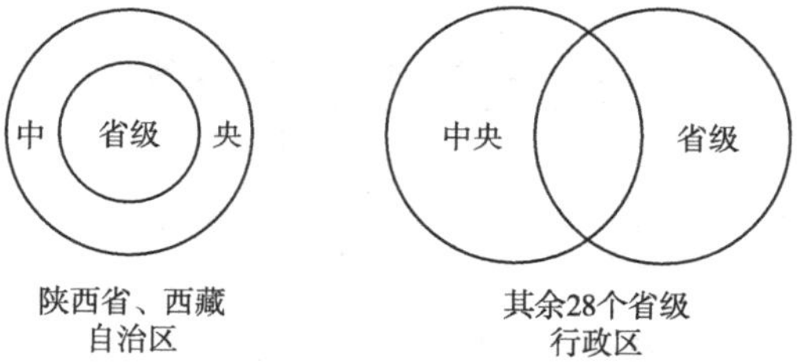


**图4－1 中央和30个省级行政区的科技支出部门关系图**

（2）中央政府层面的分布

从公开的中央涉及财政科技投入的49个部门的属性来看，为国务院组成部门18个、国务院部委管理的国家局7个、国务院直属机构4个、国务院其他直属机构1个、国务院直属特设机构1个、国务院直属事业单位4个、国务院办事机构1个、国务院部委所属单位5个、党中央直属机关下属单位2个、中央编办管理机构编制的群众团体机关3个、中央级企业2个和检察院系统1个，具体详见附录。

科技事权一般通过“三定（定职能、定机构、定编制）”方案的形式具体细化至部门职能中（李欣等，2015），经核实，“三定”方案中的职能内容与部门决算中所公开的“部门职责”内容一致，故本文均基于各部门决算中的“部门职责”进行分析。对49个中央部门的科技事权进行梳理可知（具体详见附录），49个部门中的科技事权整体可分为三类，如表4－5所示：第一类部门，职能规定几乎全部围绕科技事权，共7个部门，可以将其看作是履行科技事权的专业部门。其中，科学技术部侧重于科技政策、计划与规划的制定和创新体系建设、科技体制改革的统筹推进，中国科学技术协会侧重于学术交流和科学知识普及，中国科学院侧重于科研与学术研究，中国社会科学院侧重于哲学社会科学研究，自然科学基金委员会侧重于基础研究，中国工程院侧重于工程和技术，全国哲社科工作办公室侧重于哲社科创新工程和国家社会科学基金的管理。第二类部门，科技事权仅为职能规定中的一部分，即科技事权限制为具体某行业或者某领域，共29个部门。科技创新活动的跨领域属性让各行业主管部门在职责范围内负责相应科技工作合理化，例如农业农村部仅具体负责农业领域的科技工作，卫生健康委仅具体负责卫生健康领域的科技工作，具体科技事权包括行业科技成果转化、行业科研规划与政策制定等，且关于科技事权的描述相较于第一类部门更为简略。第三类部门，部门本级无明显科技事权，但是其内部的机构以及下属科研单位的设置反映了相应的科技职能，共13个部门，例如财政部、民政部等。由此可见，同级条条之间的科技事权并不相似，各类条条分别独立行使某一方面的权力，共同履行科技事权。

表 4－5　　中央 49 个科技支出部门的分类情况

| | 部门详情 |
|---|---|
| 第一类部门（7） | 科学技术部、中国科学技术协会、中国科学院、中国社会科学院、自然科学基金委员会、中国工程院、全国哲社科工作办公室 |
| 第二类部门（29） | 农业农村部、工业和信息化部、教育部、卫生健康委、自然资源部、水利部、林业和草原局、中国地质调查局、中医药管理局、市场监督管理总局、公安部、生态环境部、中国地震局、应急管理部、中国气象局、文化和旅游部、应急管理部消防救援局、中国民用航空局、国家发展改革委、住房和城乡建设部、国家广播电视总局、司法部、体育总局、文物局、中国宋庆龄基金会、能源局、最高人民检察院、国家档案局、港澳事务办公室 |
| 第三类部门（13） | 交通运输部、人力资源和社会保障部、国有资产监督管理委员会、财政部、民政部、中华全国供销合作总社、国家粮食和物资储备局、中国残联、药品监督管理局、统计局、中国老龄协会、北大荒农垦集团有限公司、中国国家铁路集团有限公司 |

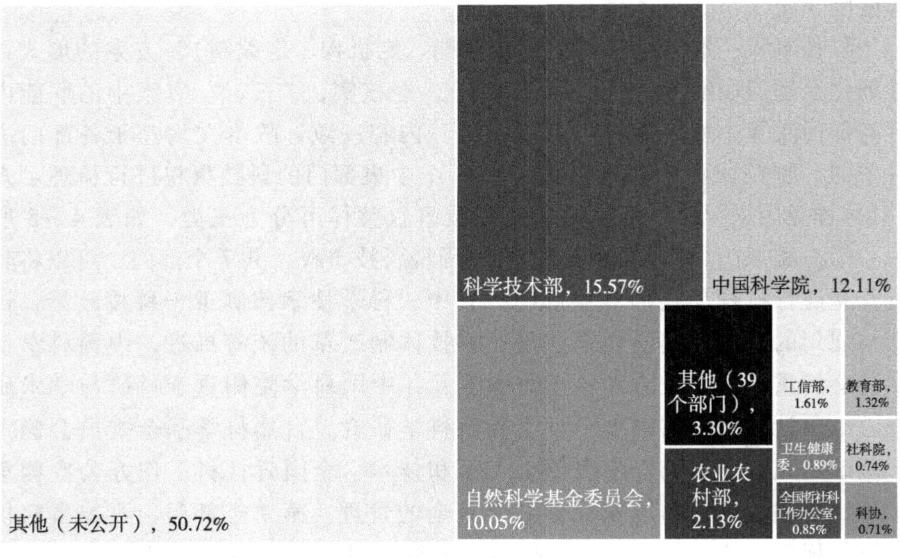


图 4－2　2021 年中央政府财政科技投入部门分布情况

在 49 个中央科技支出部门中，财政科技投入主要分布在科学技术部、中国科学院、自然科学基金委员会、农业农村部、工业和信息化部、教育部、国家卫生健康委、全国哲社科工作办公室、中国社会科学院、中国科学技术协会此 10 个部门中，这 10 个部门的财政科技投入总和占中央政府 49 个部门科技支出总和的 93.30%，占中央政府本级财政科技投入的 45.98%，其余 39 个部门的财政科技投入占中央政府本级财政科技投入的比重均低于0.5%，具体各部门占比如图4-2所示。同时，科学技术部等7个第一类部门科技支出总和占49个部门科技支出总和的81.63%，占中央财政科技投入的比例为40.23%，由此可见，中央政府的财政科技投入集中在科技专业部门的程度并不算高。

（3）省级政府层面的分布

前文将49个含有科技支出的中央部门分为了三大类，同样地，可以借助这样的分类方式对30个省级行政区的财政科技投入模式进行归类总结。第一类部门是履行科技事权的专业部门，所以当省级财政科技投入都集中在第一类部门上时，整体的投入是集中的，相反，当省级财政科技投入较为均匀分布在第一类部门之外的部门时，整体的投入是分散的。因此本文以第一类部门支出占本级政府财政科技投入的比例为划分标准，将30个省级行政区的财政科技投入模式划分为高度集中型（占比高于99%）、相对集中型（占比位于80%—99%）、相对分散型（占比位于50%—80%）和高度分散型（占比低于50%）四类。同时，在本文的数据集中，所公布的部门科技支出总数对本级政府财政科技投入的解释度在90%以上的省级行政区共有16个，剩余14个省级行政区所公布的部门科技支出总数的解释度较低，而较低的解释度可能会影响财政科技投入部门分布事实特征的可信度，故在下文的投入模式举例中，省级行政区将分为两个梯队进行介绍，详细阐述部门支出解释度高于90%的第一梯队。

①高度集中型

高度集中型财政科技投入模式的代表是西藏自治区和陕西省此2个省级行政区。西藏自治区政府的财政科技投入集中分布在科学技术厅、社会科学院、科学技术协会、农牧科学院这4个第一类部门上，2021年这4个部门管理和配置的财政科技资金决算数为44823.32万元，占本级政府财政科技投入总量的99.70%；陕西省政府的财政科技投入也集中分布在科学技术厅、社会科学院、科学技术协会、科学院、科学技术馆、社会科学界联合会这6个第一类部门上，2021年这6个部门管理和配置的财政科技资金决算数为162447.04万元，占本级政府财政科技投入总量的99.27%[①]。根据图4-3可知，在高度集中型的财政科技投入模式中，超过80%的财政科技投入是由科学技术厅这个科技行政主管部门进行负责的，其次是科学院、社会科学院这一类科研活动执行部门，再次是科学技术协会这个联系科学技术工作者的部门。

---

① 由于陕西省公布的7个部门的科技支出总数大于陕西省本级政府科技支出数，计算占比时以部门科技支出总数代替相对较小的原政府科技支出数。下文中若存在类似情况，采取相同计算方式。

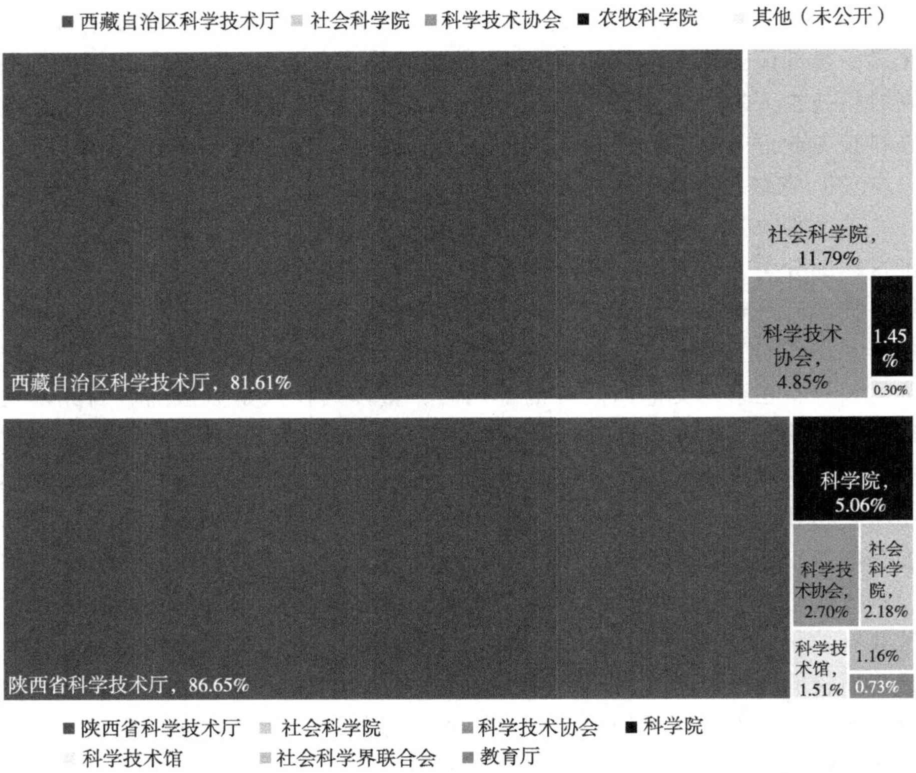


**图4－3　西藏自治区和陕西省的财政科技投入部门分布图**

②相对集中型

相对集中型财政科技投入模式的代表是贵州省、新疆维吾尔自治区、山东省、吉林省、湖北省和辽宁省此6个省级行政区，第一类科技专业部门财政科技支出总和占本级政府财政科技支出总数的80%以上，分别为93.51%、92.51%、90.36%、84.59%、83.74%和80.08%。根据表4－6可知，在第一类部门内部，6个省级行政区的财政科技投入也呈现不同的特征，山东省财政科技投入表现出来的特征与高度集中型的2个省份相似，即超过80%的资金由科学技术厅管理和配置，其次是科学院、社会科学院、农业科学院等科研活动执行部门，再次是科学技术协会等部门；在贵州省、新疆维吾尔自治区、吉林省和辽宁省的财政科技投入中，虽然科学技术厅仍占据主导地位，但是农业科学院的科技支出大幅度超过其余第一类部门，一定程度上体现了这些省份对农业领域科研活动的重视；在湖北省的财政科技投入中，科学技术厅与农业科学院和科学技术协会之间管理的科技资金差距缩小，科学技术协会的科技支出占比为18.09%，显著高于其他省份，表明科学技术协会在湖北省财政科技投入中占据了相对更重要的位置。

表 4－6 贵州省等 6 个省级行政区第一类部门的科技支出占比情况 单位：%

| | 贵州省 | 新疆维吾尔自治区 | 山东省 | 吉林省 | 湖北省 | 辽宁省 |
|---|---|---|---|---|---|---|
| 科学技术厅 | 62.22 | 60.46 | 82.08 | 59.21 | 37.25 | 57.65 |
| 科学院 | 6.53 | / | 2.89 | / | / | / |
| 社会科学院 | 2.66 | 4.63 | 0.82 | 4.26 | 3.16 | 1.17 |
| 农业科学院 | 16.13 | 18.73 | 0.05 | 15.78 | 23.15 | 16.95 |
| 科学技术协会 | 5.05 | 6.60 | 3.40 | 5.34 | 18.09 | 3.75 |
| 社会科学界联合会 | 0.64 | 2.09 | 0.12 | / | 2.09 | 0.55 |
| 贵州产业技术发展研究院 | 0.28 | / | / | / | / | / |
| 山东省医学科学院 | / | / | 1.01 | / | / | / |
| 合计 | 93.51 | 92.51 | 90.36 | 84.59 | 83.74 | 80.08 |

注：表中的“/”具体解释为：吉林省社会科学院与吉林省社会科学界联合会为同一单位，中国科学院在新疆维吾尔自治区、吉林省、湖北省和辽宁省存在派出机构，省级无对应的单独部门。

③相对分散型

相对分散型财政科技投入模式的第一梯队代表是天津市、内蒙古自治区、云南省、河北省和浙江省此 5 个省级行政区，第一类科技专业部门财政科技支出总和占本级政府财政科技支出总数的比例在 50%—80%，分别为 54.92%、57.11%、66.39%、69.31%和 71.24%，整体分布在科学技术厅（局）、农（牧/林）业科学院、科学院、科学技术研究院、社会科学院、科学技术协会、社会科学界联合会、科学技术馆此 8 个部门中。

基于图 4－4，分省级行政区来看财政科技投入在第一类部门之外的分布情况，内蒙古自治区的财政科技投入主要分布在高校上，内蒙古农业大学的科技支出位列第三，与内蒙古大学、内蒙古工业大学、内蒙古科技大学、内蒙古医科大学、内蒙古民族大学、内蒙古师范大学此 6 所高校共同支配和管理的科技资金总数占本级政府科技投入的 30.32%，卫生健康委员会、林业和草原局等行业主管部门的科技支出相对较低；天津市的财政科技投入主要分布在财政局和行业主管部门上，天津市财政局 2021 年的科技支出决算数为 60265.97 万元，在部门科技支出中位列第二，主要用于海河产业引导基金、滨海产业发展基金项目和天津市会计领军人才培养工程资助经费项目，行业主管部门中科技投入比较高的是工信局、卫生健康委员会、农业农村委员会、人力资源和社会保障局和教育委员会；云南省和浙江省的财政科技投入则集中在教育厅、卫生健康委员会等行业主管部门上，其中，教育厅的科技支出数仅次于科学技术厅，显著高于其他行业主管部门；河北省的财政科技投入则相对集中在教育厅、农业农村厅、财政厅、人力资源和社会保障厅上。

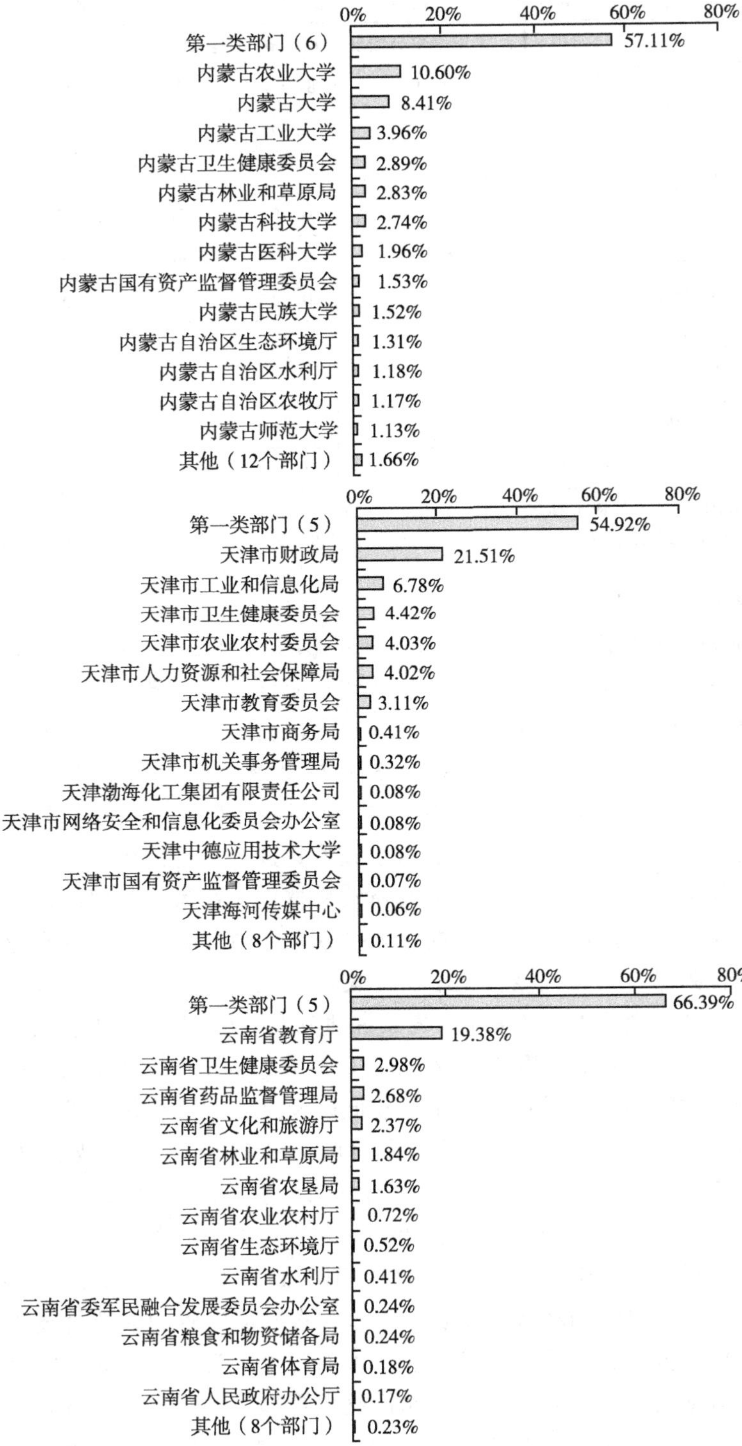
0%
20%
40%
60%
80%
第一类部门（6）
57.11%
内蒙古农业大学
10.60%
内蒙古大学
8.41%
内蒙古工业大学
3.96%
内蒙古卫生健康委员会
2.89%
内蒙古林业和草原局
2.83%
内蒙古科技大学
2.74%
内蒙古医科大学
1.96%
内蒙古国有资产监督管理委员会
1.53%
内蒙古民族大学
1.52%
内蒙古自治区生态环境厅
1.31%
内蒙古自治区水利厅
1.18%
内蒙古自治区农牧厅
1.17%
内蒙古师范大学
1.13%
其他（12个部门）
1.66%
0%
20%
40%
60%
80%
第一类部门（5）
54.92%
天津市财政局
21.51%
天津市工业和信息化局
6.78%
天津市卫生健康委员会
4.42%
天津市农业农村委员会
4.03%
天津市人力资源和社会保障局
4.02%
天津市教育委员会
3.11%
天津市商务局
0.41%
天津市机关事务管理局
0.32%
天津渤海化工集团有限责任公司
0.08%
天津市网络安全和信息化委员会办公室
0.08%
天津中德应用技术大学
0.08%
天津市国有资产监督管理委员会
0.07%
天津海河传媒中心
0.06%
其他（8个部门）
0.11%
0%
20%
40%
60%
80%
第一类部门（5）
66.39%
云南省教育厅
19.38%
云南省卫生健康委员会
2.98%
云南省药品监督管理局
2.68%
云南省文化和旅游厅
2.37%
云南省林业和草原局
1.84%
云南省农垦局
1.63%
云南省农业农村厅
0.72%
云南省生态环境厅
0.52%
云南省水利厅
0.41%
云南省委军民融合发展委员会办公室
0.24%
云南省粮食和物资储备局
0.24%
云南省体育局
0.18%
云南省人民政府办公厅
0.17%
其他（8个部门）
0.23%

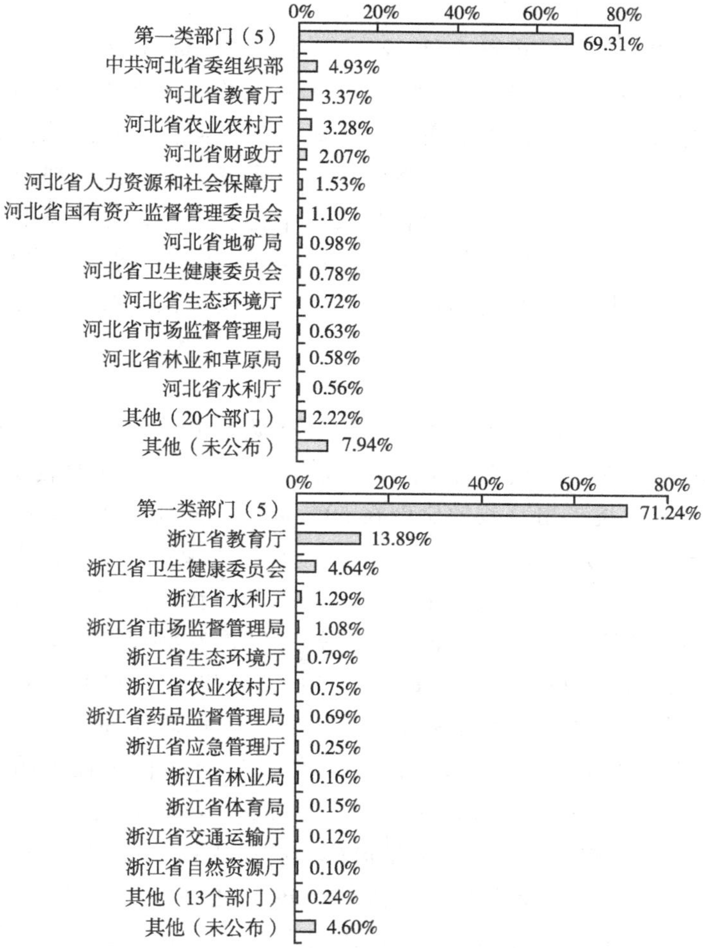


第一类部门情况

内蒙古自治区（6）

科学技术厅（22.65%）、农牧业科学院（13.99%）、科学技术协会（10.15%）、社会科学院（5.46%）、社会科学界联合会（2.71%）、科学技术研究院（2.15%）

天津市（5）

科学技术局（46.93%）、科学技术协会（3.38%）、社会科学院（2.89%）、科学技术馆（1.67%）、社会科学界联合会（0.05%）

云南省（5）

科学技术厅（42.29%）、农业科学院（17.56%）、科学技术协会（3.05%）、社会科学院（2.28%）、社会科学界联合会（1.22%）

河北省（5）

科学技术厅（49.87%）、农林科学院（10.35%）、科学院（3.77%）、社会科学院（3.22%）、科学技术协会（2.10%）

浙江省（5）

科技厅（57.89%）农业科学院（8.84%）、科学技术协会（2.06%）、社会科学院（1.45%）、社会科学界联合会（1.01%）

**图 4－4　天津市等 5 个省级行政区财政科技投入部门分布情况**

相对分散型财政科技投入模式的第二梯队代表是青海省（55.70%）、黑龙江省（56.90%）、广东省（58.32%）、甘肃省（60.72%）和广西壮族自治区（75.89%）此5个省级行政区。青海省与内蒙古自治区相似，第一类部门之外的财政科技投入主要集中在青海大学等高校上；黑龙江省与广东省的财政科技投入则主要分布于教育厅和卫生健康委，两个部门的科技支出占比在第一类部门之外的部门科技支出中排名前二；甘肃省财政科技投入分散在教育厅、住房和城乡建设厅、文物局、工信厅等行业主管部门中；广西壮族自治区则与云南省相似，教育厅科技支出位于第三，明显高于其他行业主管部门。

④高度分散型

高度分散型财政科技投入模式的第一梯队代表是湖南省、宁夏回族自治区和北京市此3个省级行政区，第一类科技专业部门财政科技支出总和占本级政府财政科技支出总数的比例在50%以下，分别为44.78%、32.21%和19.29%。高度分散型投入模式与其他三种投入模式的最大区别在于科学技术厅所管理和支配的科技资金不再是最多的。在湖南省中，科技支出决算数最高的是教育厅，2021年该部门科技支出数为66455.29万元，占本级政府财政科技投入的48.91%，是科技厅科技支出的1.52倍；在宁夏回族自治区中，科技支出决算数最高的则是自治区人民政府办公厅，2021年该部门科技支出数为21936.10万元，占本级政府财政科技投入的17.11%，是科技厅支出的1.39倍；在北京市中，科技支出决算数最高的则是北京经济技术开发区财政审计局，2021年该部门科技支出数为2214665.99万元，占本级政府财政科技投入的比重高达63.80%。上述三个省级行政区财政科技投入的部门分布情况如图4-5所示，观察图4-5可以发现，虽然北京市、宁夏回族自治区和湖南省的财政科技投入均高度分散于第一类部门之外的部门中，但是在第一类部门之外的部门中，湖南省则主要集中在教育厅这一个部门上，剩余31个部门的科技支出总数占比较小，仅为6.31%，但是宁夏回族自治区却没有这么集中，分散于人民政府办公厅、宁夏大学、卫生健康委员会、教育厅等众多部门中，北京市的分散程度位于二者之间。

高度分散型财政科技投入模式的第二梯队代表是山西省（15.97%）、江西省（28.54%）、河南省（29.61%）、四川省（32.19%）、上海市（32.71%）、江苏省（42.66%）、海南省（47.61%）、福建省（47.64%）和安徽省（47.77%）此9个省级行政区。

综上，本文在论及省级政府财政科技投入在部门的分散或者集中情况时，共存在两种衡量标准，第一种是各省级政府中含有科技支出的部门数占总公开（省直）部门数的比重，第二种是科技专业部门支出占本级政府

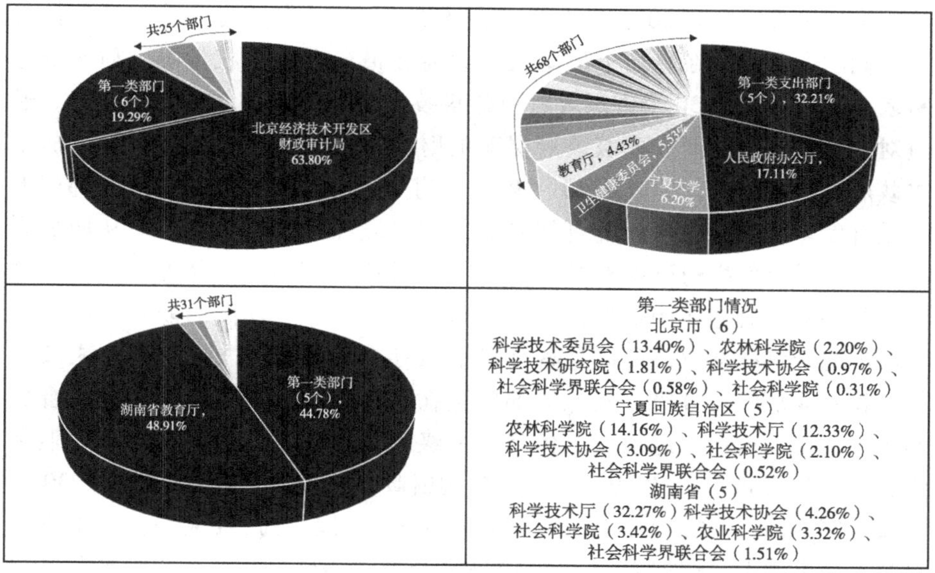


**图 4－5　北京市等 3 个省级行政区财政科技投入部门分布情况**

财政科技投入的比重，但基于这两种衡量标准所得出来的分类结果只有部分是一致的。根据图 4－6 中的内容可知，陕西省和西藏自治区在两种衡量标准下都是高度集中型的科技投入模式，宁夏回族自治区、河南省和四川省在两种衡量标准下都是高度分散型的科技投入模式，但在第一种标准下的 10%—20%、20%—30%、30%—40% 三个区间中，每一个区间中都存在用第 2 种标准衡量的 3 种模式，这表明存在财政科技投入分布在较多部门中，但超过 80% 的资金仍是由科技专业部门所支配的情形。

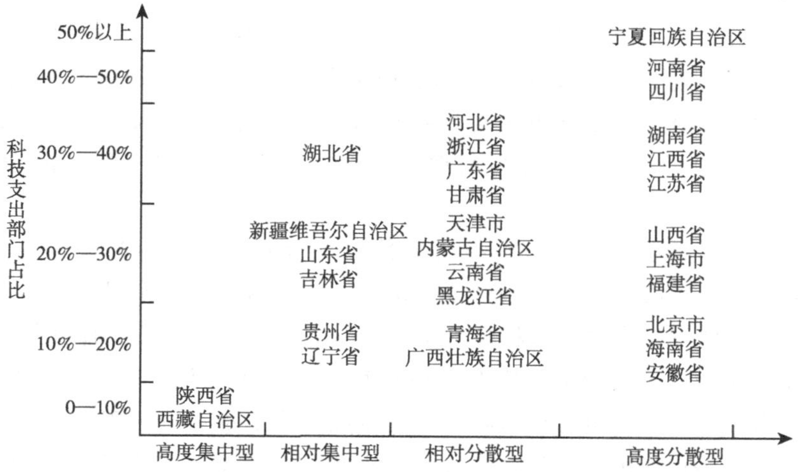


**图 4－6　两种衡量标准下的 30 个省级行政区财政科技投入模式**

上述中央政府和30个省级政府的财政科技投入部门分布情况背后体现了不同的中央条条在纵向上的集权和政府在横向上的集权情况。前文的分析表明中央政府和30个省级政府中的科技支出部门范围并不完全重合，通过对比中央政府层面和省级政府层面的财政科技投入分布情况可知，从中央政府到省级政府，抑或是30个省级政府之间，在第一类科技专业部门上的重合度均较高，即第一类科技专业部门均存在财政科技支出。从职责同构、上下对口的机构设置来看，30个省级政府在第一类科技专业部门上的设置与中央政府存在相似性，又因为第一类科技专业部门的职责内容几乎全部围绕着科技事权，所以这些部门必然存在财政科技支出，且中央政府的科技专业部门对省级科技专业部门存在项目管理、资金使用管理的督促和指导责任，这在一定程度上体现了上级科技条条在纵向上的集权。但是结合中央政府和30个省级行政区政府的财政科技投入模式可以发现，30个省级政府中的第一类专业部门所管理和支配的财政科技资金特征与中央政府并不完全相似，例如2021年，中央政府第一类科技专业部门管理和支配了中央政府40.23%的财政科技资金，但是在30个省级政府间，这个比例可以高达99.70%，也可以低至15.97%，这表明政府对本级条条存在制约，例如在科技预算上的约束，本级科技条条并不能完全仿照上级中央科技条条行事，这在一定程度上体现了政府在横向上的集权。同理，在其他非科技专业类部门的部门中，由于科技事权仅是部门职责内容中的一部分，所以上级条条在科技事项纵向上的集权相较于政府在横向上的集权更弱，且不同的省级政府对本级这类部门上的科技支出安排是不一样的，所以中央与省级政府、30个省级政府间的财政科技投入在这类部门上的重合度较低。

（4）款级科目维度上的分布

在财政部每年印发的《政府收支分类科目》中，“206 科学技术支出”类级科目下共设10个款级科目，本文选用中央政府和第一梯队的16个省级行政区为研究对象，以款级科目为基础简单对政府财政科技投入在部门间的分布进行分析，更具体体现财政科技分类投入在部门上的分散和集中情况。

从款级科目看中央政府科技支出部门反映政府本级科技支出的情况，根据表4－7可知，中央49个科技支出部门在基础研究、科技条件与服务、社会科学、科学技术普及、科技交流与合作此5个款级科目方面的支出总数可以较为完全地反映中央政府在对应科目上的支出全貌，科技支出部门在科学技术管理事务方面的支出对中央政府此类支出的解释程度则相对较低，为68.04%，在应用研究方面的支出对中央政府此类支出的解释程度非常低，仅为18.48%。此外，中央政府在技术研究与开发方面的支出为负数，且2021年中央政府的财政科技决算并未公布在“科技重大项目”、“其他科学技术支出”此两个款级科目上的支出数，所以难以确定这三类款级科目中部门总支出占本级政府支出的比例。

表4－7　　2021年中央政府款级科技支出的部门分布情况

| | 科技支出部门数（个） | 部门数占比（%） | 主要部门支出占比情况 | 部门总支出占比（%） |
|---|---|---|---|---|
| 科学技术管理事务 | 3 | 6.12 | 科技部（47.02%）、中国工程院（14.99%）、中国科协（6.02%） | 68.04 |
| 基础研究 | 16 | 32.65 | 自然科学基金委（44.70%）、中国科学院（34.26%）、科技部（8.48%）、教育部（4.72%） | 94.45 |
| 应用研究 | 40 | 81.63 | 中国科学院（7.06%）、农业农村部（3.07%）、工信部（1.45%） | 18.48 |
| 技术研究与开发 | 5 | 10.20 | 科技部（95.98%*）、中国科学院（2.10%*） | — |
| 科技条件与服务 | 35 | 71.43 | 科技部（32.48%）、中国科学院（30.50%）、农业农村部（7.42%） | 98.08 |
| 社会科学 | 5 | 10.20 | 哲社科（45.77%）、中国社科院（39.29%）、财政部（1.51%） | 87.19 |
| 科学技术普及 | 3 | 6.12 | 中国科协（91.77%）、中国宋庆龄基金会（1.14%）、科技部（0.48%） | 93.40 |
| 科技交流与合作 | 3 | 6.12 | 科技部（57.45%*）、中国科学院（42.01%*）、中国社科院（0.54%*） | 108.01 |
| 科技重大项目 | 15 | 30.61 | 农业农村部（45.59%*）、卫生健康委（25.80%*）、中国科学院（15.65%*） | — |
| 其他科学技术支出 | 16 | 32.65 | 中国科学院（59.00%*）、中国国家铁路集团（18.25%*） | — |

注：表中“部门数占比”为含有某一类科技支出的部门数占中央政府科技支出部门总数的比重；“主要部门支出占比”和“部门总支出占比”指部门支出占中央政府本级此类支出的比重，当科技支出部门支出总数高于政府本级支出数或者政府本级未公开此类支出数据时，展示为各部门支出占科技支出部门此类支出总数的比重，用（*）表示。

本文以含有某一类科技支出的部门数占本级政府科技支出部门总数的比重作为10类财政科技投入在部门上分布分散或者集中的衡量标准。科学技术管理事务方面的支出仅由科学技术部、中国工程院和中国科学技术协会三个部门进行，占科技支出部门总数的6.12%，分布非常集中；基础研究方面的支出由16个部门进行，占科技支出部门总数的32.65%，但支出主要集中在自然科学基金委员会、中国科学院、科学技术部和教育部上；

应用研究方面的支出由40个部门进行，整体分布非常分散，在该类支出上位列第一的部门是中国科学院，该部门此类支出仅占本级政府该类支出的7.06%；技术研究与开发方面的支出由5个部门进行，占科技支出部门总数的10.20%，分布较为集中；科技条件与服务方面的支出由35个部门进行，占科技支出部门总数的71.23%，分散程度较高；社会科学、科学技术普及、科技交流与合作此3个方面的支出仅分别涉及5个、3个和3个部门，分布非常集中；科技重大项目和其他科学技术支出方面的支出则分别涉及15个和16个部门，超过科技支出部门总数的30%，分布较为分散。同时，观察表4-7中的主要部门支出占比情况可知，在部门数占比低于20%的5个款级科目中，中央政府的财政科技投入几乎只存在第一类科技专业部门中，例如中央政府在科技交流与合作方面的支出全部分布在科技部、中国科学院和中国社科院此3个第一类科技专业部门中。

表4-8中展示了16个省级行政区款级科技支出的部门分布情况。科学技术管理事务支出方面，除了在新疆维吾尔自治区和西藏自治区中存在于超过一半的部门，13个省级行政区部门分布个数占总科技支出部门数的比重均低于20%，分散程度较低，且大部分省级政府的科学技术管理事务支出都只存在于第一类专业科技部门中，在内蒙古自治区、陕西省、西藏自治区、贵州省、浙江省、辽宁省和湖北省此7个省级政府中，仅科学技术厅存在科学技术管理事务支出，在云南省、宁夏回族自治区、湖南省、天津市和山东省此5个省级行政区中，也仅第一类科技专业部门存在此类支出。

**表4-8　　16个省级行政区款级科技支出的部门分布数**　　单位：个

| 16个省级行政区 | 科学技术管理事务 | 基础研究 | 应用研究 | 技术研究与开发 | 科技条件与服务 | 社会科学 | 科学技术普及 | 科技交流与合作 | 科技重大项目 | 其他科学技术支出 | 部门总数 |
|---|---|---|---|---|---|---|---|---|---|---|---|
| 内蒙古自治区 | 1 | 19 | 27 | 21 | 14 | 2 | 1 | 0 | 16 | 2 | 31 |
| 吉林省 | 3 | 9 | 6 | 5 | 6 | 5 | 2 | 3 | 7 | 14 | 22 |
| 云南省 | 3 | 9 | 9 | 16 | 6 | 5 | 10 | 6 | 13 | 12 | 26 |
| 宁夏回族自治区 | 3 | 15 | 2 | 19 | 9 | 2 | 9 | 8 | 3 | 71 | 77 |
| 湖南省 | 3 | 13 | 13 | 8 | 10 | 24 | 15 | 1 | 14 | 19 | 37 |
| 新疆维吾尔自治区 | 13 | 17 | 2 | 3 | 6 | 2 | 7 | 7 | 6 | 6 | 23 |
| 天津市 | 2 | 6 | 5 | 12 | 2 | 2 | 3 | 7 | 3 | 12 | 26 |
| 陕西省 | 1 | 3 | 2 | 1 | 2 | 2 | 2 | 0 | 1 | 2 | 7 |
| 西藏自治区 | 1 | 1 | 1 | 2 | 2 | 2 | 2 | 1 | 0 | 2 | 4 |
| 贵州省 | 1 | 7 | 4 | 6 | 4 | 5 | 3 | 0 | 1 | 7 | 17 |

续表

| 16个省级行政区 | 科学技术管理事务 | 基础研究 | 应用研究 | 技术研究与开发 | 科技条件与服务 | 社会科学 | 科学技术普及 | 科技交流与合作 | 科技重大项目 | 其他科学技术支出 | 部门总数 |
|---|---|---|---|---|---|---|---|---|---|---|---|
| 山东省 | 2 | 12 | 7 | 1 | 6 | 5 | 1 | 1 | 12 | 9 | 24 |
| 浙江省 | 1 | 15 | 18 | 17 | 19 | 18 | 3 | 0 | 14 | 7 | 30 |
| 北京市 | 5 | 2 | 18 | 9 | 2 | 4 | 3 | 2 | 1 | 9 | 32 |
| 辽宁省 | 1 | 9 | 12 | 4 | 4 | 3 | 3 | 0 | 10 | 9 | 19 |
| 河北省 | 19 | 5 | 10 | 10 | 7 | 11 | 7 | 6 | 2 | 26 | 37 |
| 湖北省 | 1 | 20 | 2 | 28 | 18 | 9 | 1 | 2 | 15 | 22 | 38 |

注：表中“部门总数”是指省级政府含有科技支出的部门总数。

基础研究方面，从部门分布个数占总科技支出部门个数的比重来看，只有北京市、河北省和宁夏回族自治区的比重低于20%，分散程度较高；但从各部门基础研究支出占本级政府基础研究支出的比重来看，吉林省、新疆维吾尔自治区、天津市、陕西省、西藏自治区、山东省、浙江省、辽宁省、河北省、湖北省此10个省的基础研究支出超过50%的部分都集中于科学技术厅（局）上，内蒙古自治区政府超过80%的基础研究支出分布在高校，贵州省超过50%的基础研究支出集中在贵州科学院上，湖南省和云南省超过50%的基础研究支出集中于教育厅上，北京市政府则全部集中在北京市科学技术委员会和北京怀柔科学城管理委员会上。

应用研究、技术研究与开发、科技条件与服务方面，从部门分布个数占总科技支出部门个数的比重来看，分别只有4个、3个、4个省级行政区的比重低于20%，整体分散程度相对较高；社会科学、科学技术普及、科技交流与合作、科技重大项目方面，从部门分布个数占总科技支出部门个数的比重来看，分别有7个、11个、12个、7个省级行政区的比重低于20%，分别有3个、1个、0个、4个省级行政区的比重不低于50%，整体分散程度相对较低。

其他科学技术支出方面，从部门分布个数占总科技支出部门个数的比重来看，只有内蒙古自治区的比重低于20%，分散程度非常高。最突出的省级行政区是宁夏回族自治区，在77个含有科技支出的部门中，涉及其他科学技术支出的部门高达71个，具体到“其他科学技术支出”款级科目下的项级科目，68个部门的项级科目支出全部为“其他科学技术支出（项）”，经查验部门决算报告中的文字内容发现，并不是所有的部门在决算公开中都有阐明“其他科学技术支出（项）”资金的具体用途，例如自治区人民政府办公厅和信访局有阐明这部分资金用于信息化建设项目、自治区宣传部有阐明是用于设备购置项目，但科学技术厅、财政厅、审计局、自治区公共资源交易管理局等部门并没有进行阐述，且 2021 年宁夏回族自治区 77 个部门“其他科学技术支出（项）”支出的总和占本级政府财政科技投入总数的 33.53%，所以当这部分资金的具体用途没有被揭露公开出来时，很难反映出政府科技投入资金的具体流向。

综上，以含有某一类科技支出的部门数占政府科技支出部门总数的比重作为衡量 10 类财政科技投入部门分布情况的标准，基于中央政府和 30 个省级行政区的分布情况，整体来看，政府在基础研究、应用研究、科技条件与服务、其他科学技术支出方面的科技投入较为分散，在科学技术管理事务、社会科学、科学技术普及、科技交流与合作方面的科技投入较为集中。与各款级支出科目具体反映的科技事项结合来看，政府在各类款级科目上的投入分散或集中状态体现了政府对科技事项的不同分工情况，基础研究、应用研究、科技条件与服务此三个方面的科技事项开展时，除了需要科技专业部门进行专业的支持和引导，还需要不同领域和不同行业的主管部门结合本行业或者本领域的具体情况进行开展，但在科学技术管理事务、社会科学、科学技术普及、科技交流与合作此四个方面的科技事项开展时，政府则侧重于让少数部门发挥专业作用。

### 4.3.2 同级条条的财政科技投入结构

本文选用中央政府层面的科技条条为研究对象，分析同级条条的财政科技投入结构。根据前文分析可知，中央政府 49 个科技支出部门的科技事权并不相同，体现在财政科技投入结构上应也有所区别，本文以部门决算表中“206 科学技术支出”下的 10 个款级科目为基础进行投入结构分析。

在中央政府的 7 个第一类部门中，各部门的科技投入方向具有差异性，具体详见图 4-7。其中，科学技术部所公开的款级科目支出总数与部门科技支出数并不相等，仅占部门科技支出数的 23.34%，在其公开的款级科目支出中，基础研究方面的投入位居首位，科技条件与服务、技术研究与开发次之；中国科学技术协会和中国社科院超过 98% 的投入分别集中在科学技术普及和社会科学上；中国工程院超过 85% 的科技投入集中在应用研究上；中国科学院的科技投入集中在基础研究和应用研究上；全国哲社科工作办公室和自然科学基金委员会的科技资金则分别全部投入在社会科学和基础研究上。

在中央政府 42 个第二类和第三类部门的财政科技投入中，均不涉及科学技术管理事务、科技交流与合作这两项属于科技专业部门的事项，应用研究和科技条件与服务两项均有不低于 80% 的部门涉及，技术研究与开发、

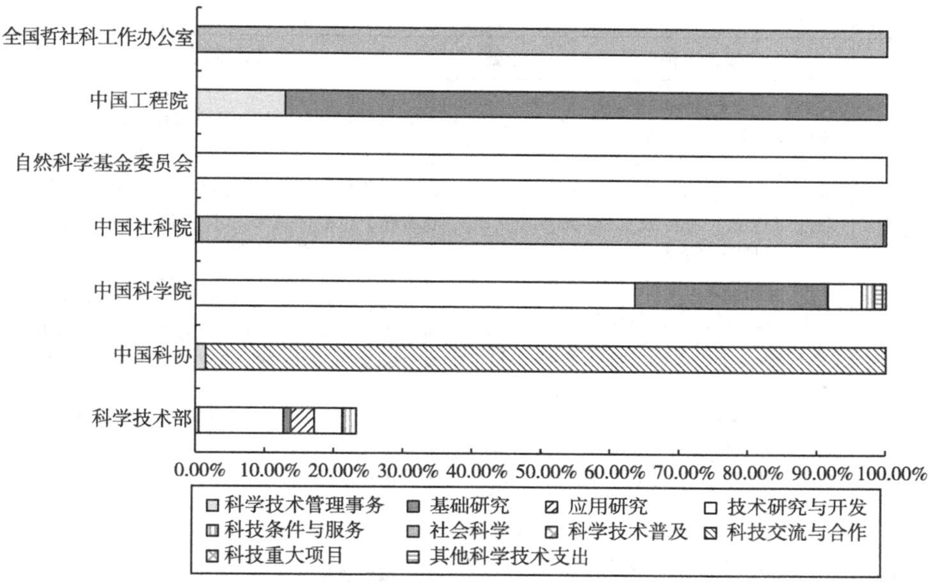


**图 4－7　2021 年中央政府第一类部门的科技支出结构图**

社会科学、科学技术普及三个方面的科技投入则分别只有 3 个、3 个和 1 个部门涉及，基础研究、科技重大项目和其他科学技术支出此三项则均有 30% 左右的部门涉及，具体包含 13 种投入结构。根据表 4－9 可知，超过一半的中央政府第二类和第三类科技支出部门的科技投入集中在应用研究上，第Ⅷ种和第Ⅹ种投入结构出现的次数最多。基于图 4－8 具体来看第Ⅹ种投入结构下的 9 个部门，除了在教育部中，基础研究的投入位于首位外，在其余 8 个部门中，均是应用研究方面的投入位于首位。

**表 4－9　　中央政府第二类和第三类部门科技支出结构**

| | 投入结构 | | 个数 | 具体部门 |
|---|---|---|---|---|
| Ⅰ | 基础研究 | | 1 | 北大荒农垦集团有限公司 |
| Ⅱ | 社会科学 | | 2 | 港澳事务办公室、财政部 |
| Ⅲ | 科学技术普及 | | 1 | 中国宋庆龄基金会 |
| Ⅳ | 科技重大项目 | | 1 | 能源局 |
| Ⅴ | 应用研究（占比超过 60%） | / | 1 | 国家档案局 |
| Ⅵ | | 科技重大项目 | 1 | 统计局 |
| Ⅶ | | 基础研究 | 1 | 国家粮食和物资储备局 |
| Ⅷ | | 科技条件与服务 | 13 | 国家发展改革委、国家广播电视总局、国家体育总局、文物局、司法部、文化和旅游部、应急管理部、最高人民检察院、交通运输部、民政部、中国残联、药品监督管理局、中国老龄协会 |

续表

| | 投入结构 | 个数 | 具体部门 |
|---|---|---|---|
| Ⅸ | 基础研究 + 应用研究 + 科技条件与服务/社会科学 | 2 | 工信部（不全）、人力资源和社会保障部 |
| Ⅹ | 基础研究 + 应用研究 + 科技条件与服务 +（科技重大项目）+其他科学技术支出 | 9 | 林业和草原局、卫生健康委、教育部、农业农村部、生态环境部、水利部、中国地震局、中国气象局、自然资源部 |
| Ⅺ | 应用研究 +科技条件与服务 +（科技重大项目）+ 其他科学技术支出 | 7 | 公安部、市场监督管理总局、中医药管理局、应急管理部消防救援局、中国地质调查局、住房和城乡建设部、国有资产监督管理委员会 |
| Ⅻ | 应用研究 +科技条件与服务 + 技术研究与开发 +（科技重大项目） | 2 | 中国民用航空局、中华全国供销社 |
| XⅢ | 应用研究 +技术研究与开发 + 其他科学技术支出 | 1 | 中国国家铁路集团 |

注：在第Ⅺ种投入结构中，除了市场监督管理总局的应用研究支出占比低于50%以外，其余6个部门的应用研究支出均位于首位且占比超过80%。

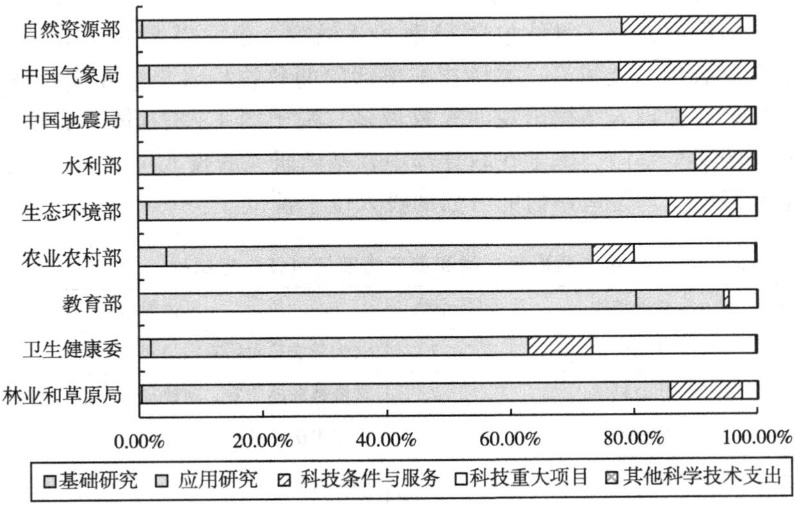


图4-8 第Ⅹ种投入结构下的9个部门科技投入分布

## 4.4 本章小结

本章节以“政府与本级条条”和“同级条条与同级条条”两种条块关

系为切入点分析我国财政科技投入体系，具体包括中央政府和省级政府两个层面。本章节选用的分析材料为作者构建的财政决算报表数据集和对应的财政决算报告，前者包括 31 张政府财政决算报表和 5487 张部门决算报表。基于以上分析材料，本章节主要完成了以下六个方面的研究：第一，验证了政府与本级条条在财政科技投入上的资金关系。研究发现，本级条条科技投入是否能够近似或者完全反映本级政府财政科技投入全貌在不同政府中存在不同情况，在内蒙古自治区、吉林省、云南省、宁夏回族自治区、湖南省、新疆维吾尔自治区、天津市和陕西省此 8 个省级行政区中可以完全反映，在西藏自治区、贵州省、山东省、浙江省、北京市、辽宁省、河北省和湖北省此 8 个省级行政区中近似反映，但在中央政府和剩余 14 个省级行政区中，条条的解释程度较低。第二，对中央政府财政科技投入在同级条条之间的分布现状和特征进行了阐述和总结。中央政府的财政科技投入集中在科技专业部门的程度并不算高，且同级条条之间的科技事权并不相似，表明同级条条之间在科技事权上的关系是并行的权力关系，即在政府的领导下，各类条条分别独立行使某一方面的权力，共同履行科技事权。第三，基于同级条条的支出情况，对省级政府财政科技投入的模式进行了总结。本章节列举了两类划分标准，且基于两种衡量标准所得出来的分类结果存在不一致性。以科技专业部门投入占本级政府财政科技投入的比例为标准，将 30 个省级行政区的财政科技投入模式划分为高度集中型（2 个）、相对集中型（6 个）、相对分散性（10 个）、高度分散型（12 个）四类。第四，从科学技术支出的款级科目看中央和省级政府财政科技投入在部门上的集中和分散情况，基础研究、应用研究、科技条件与服务等款级科目支出较为分散，科学技术管理事务、社会科学、科学技术普及、科技交流与合作款级科目支出较为集中，体现了政府对科技事项的不同分工情况。同时研究发现，其他科学技术支出（项）资金的具体用途并没有被所有部门都披露出来，会影响对政府科技投入资金流向的具体判断。第五，为判断省级政府的财政科技投入行为是否一味效仿中央政府提供了基础证据，中央政府和省级政府的财政科技投入在部门间的分布并不存在高度相似性，科技条条并不完全重合。第六，以中央政府为研究对象，探究同级条条的财政科技投入结构，研究发现，在除了科技专业部门之外的部门中，超过一半的部门是将应用研究方面的支出放居首位。

# 5.

# 纵横交错的财政科技投入体系

中国国家治理体制中条块结构的形成，是建立在科层制的背景下，一方面将行政区域通过纵向的层级化划分成不同的块块，另一方面基于职能的分工将横向的政府部门划分成不同的条条，纵横相结合、相交错从而构成了条块结构（周振超和黄洪凯，2023）。虽然我国财政科技投入体系中的条块结构建立在我国国家治理体制中条块结构的基础之上，但也与其有所不同，从本文的分析可以看出，我国财政科技投入体系中的条块结构本质上是政府进行纵向分工和横向分工的结果。一方面，由于科技事项的公共性层次、科技成果受益范围具有多样性，例如并非所有的科技事项都是全国性的，很多科技事项属于地方性事务或者中央性事务，所以在纵向层面上需要中央政府和地方政府共同参与进来，通过对中央政府和地方政府的科技事权进行合理分工，有效率地处理各个层次的科技事项。另一方面，由于科技事项存在不同的类别，例如制定科技政策与规划、科学知识普及、科研与学术研究、学术交流等，所以在横向层面上需要不同的职能部门参与进来，专门负责处理不同种类的科技事项，进行专业化分工。在条块结构基础上所产生的不同政府组织之间的交互关系为条块关系，综合前文分析，本文刻画出了条块关系视角下我国财政科技投入体系内部纵横交错的运作图，如图 5 – 1 所示。

根据图 5 – 1 可知，我国财政科技投入体系在纵向上包含中央政府和地方政府两个主体，中央政府和地方政府的财政科技投入侧重点依据《改革方案》确定，中央政府侧重支持基础研究等具备全局性、基础性和长远性特征的科技工作，地方政府侧重支持新技术开发与科技成果转化应用、区域特色创新体系建设等，同时在中央将中央财政事权委托至地方和中央履行共同财政事权的情况下，中央政府会存在对地方的专项转移支付和共同财政事权转移支付，转移支付资金具体通过财政部下达给地方财政部门。以 2021 年中央政府与地方政府的财政科技决算数据为例，表 5 – 1 中展示了我国财政科技投入体系中，我国中央政府与地方政府在财政科技支出总量、

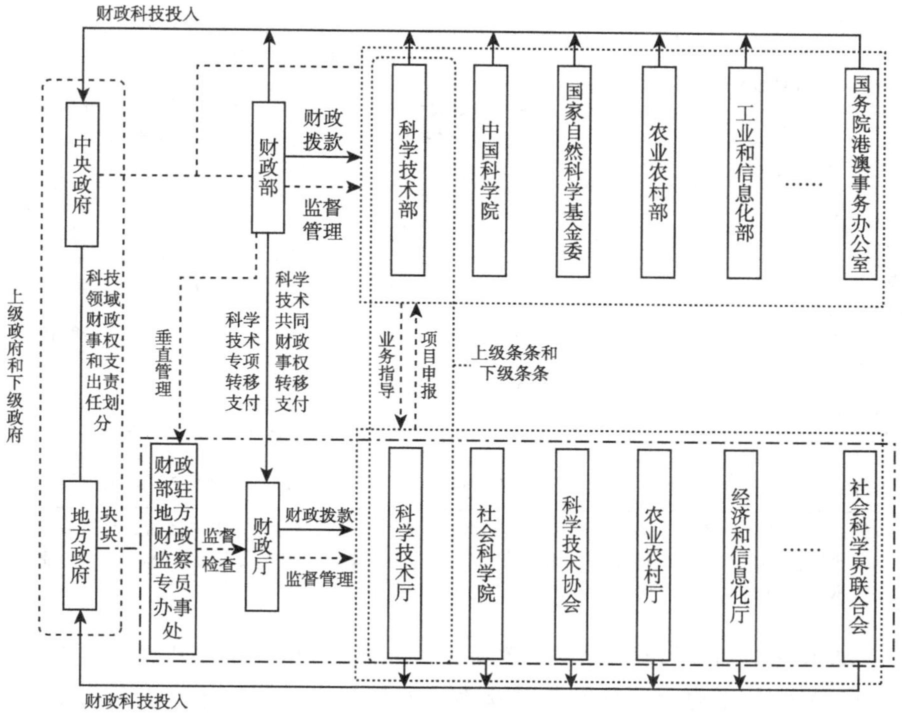


**图 5－1　条块关系视角下的我国财政科技投入体系**

结构上的对比情况以及中央对地方的科技转移支付情况。从表 5－1 可以看出，地方政府在我国财政科技投入体系中已经占据主导地位，中央政府财政科技投入的主要项目和主导项目均是应用研究和基础研究，地方政府科技投入的主要项目与主导项目相重复的是科学技术管理事务、技术研究与开发、科技条件与服务，与《改革方案》中的投入侧重点相符。

**表 5－1　2021 年我国财政科技投入体系中中央与地方投入情况**　单位：%

| 财政科技预决算款级科目 | | 全国财政科技投入 | | | |
|---|---|---|---|---|---|
| | | 中央本级财政科技投入（33.15%） | | 地方本级财政科技投入（66.85%） | |
| 全国财政科技投入 | 科学技术管理事务 | 0.17 | 1.78 | 4.62 | 98.22 |
| | 基础研究 | 22.49 | 63.36 | 6.45 | 36.64 |
| | 应用研究 | 47.90 | 81.85 | 5.27 | 18.15 |
| | 技术研究与开发 | 0.00 | 0.00 | 29.49 | 100.00 |
| | 科技条件与服务 | 1.93 | 13.84 | 5.95 | 86.16 |

续表

| 财政科技预决算款级科目 | | 全国财政科技投入 | | | |
|---|---|---|---|---|---|
| | | 中央本级财政科技投入（33.15%） | | 地方本级财政科技投入（66.85%） | |
| 全国财政科技投入 | 社会科学 | 1.86 | 54.86 | 0.76 | 45.14 |
| | 科学技术普及 | 0.76 | 14.58 | 2.22 | 85.42 |
| | 科技交流与合作 | 0.51 | 33.57 | 0.50 | 66.43 |
| | 未公开流向部分 | 24.38 | 21.54 | 44.74 | 78.46 |
| 科技领域中央对地方转移支付 | | | | | |
| 1 | 共同财政事权转移支付 | 中央引导地方科技发展资金25.85亿元 | | | |
| 2 | 专项转移支付 | 科技创新中央基建投资专项转移支付227.10亿元等 | | | |

注：表中“灰色底纹”格子中展示的是全国每一类款级科技支出中，中央政府和地方政府分别占据的比例，“无底纹”格子展示的是每个款级科目支出占政府总科技支出的比例，“（）”括号内数字展示的是中央或地方财政科技支出总量占全国财政科技支出总量的比例。

基于图5-1可知，我国财政科技投入体系在横向上包含科学技术部（厅）、科学技术协会、科学院等众多职能部门主体，整体可以分为专门履行科技事权的第一类专业部门和其他类部门。其中，这些部门所负责处理的科技事项是不尽相同的，各有侧重，例如以中央政府为例，第一类专业部门中的科学技术部侧重于科技政策、计划与规划的制定和创新体系建设、科技体制改革的统筹推进，中国科学技术协会侧重于学术交流和科学知识普及，中国科学院侧重于科研与学术研究，中国社会科学院侧重于哲学社会科学研究，自然科学基金委员会侧重于基础研究；其他类部门中的农业农村部仅具体负责农业领域的科技成果转化、行业科研规划与政策制定等工作，卫生健康委仅具体负责卫生健康领域的科技工作。从中央政府到省级政府，虽然在职责同构、上下对口的机构设置背景下，中央政府和省级政府在政府部门的设置上会存在一定相似性，且科技部和省级科技部门之间也存在业务指导、资金使用管理的督促关系，但是在政府对本级政府部门存在预算约束的情况下，中央和省级政府的部门科技支出情况并不尽然具有相同特征。表5-2展示了2021年中央政府和4类省级行政区政府的财政科技投入部门分布情况，以第一类部门支出占本级政府财政科技投入的比例为划分标准，中央政府属于高度分散型，但30个省级行政区中，仅有12个省级行政区与中央政府相似，且30个省级行政区政府财政科技投入的具体部门分布各具特色。

表 5－2　2021 年中央政府与 4 类省级行政区政府的财政科技投入部门分布

| | 高度分散型<br>中央 | 高度集中型（2）<br>陕西 | 相对集中型（6）<br>新疆 | 相对分散型（10）<br>云南省 | 高度分散型（12）<br>宁夏 |
|---|---|---|---|---|---|
| 部门总支出/政府支出 | 49.28%<br>（49） | 100.46%<br>（7） | 100.99%<br>（23） | 106.69%<br>（26） | 103.51%<br>（77） |
| 第一类部门合计 | 40.23%<br>（7） | 99.27%<br>（6） | 92.51%<br>（5） | 66.39%<br>（5） | 32.21%<br>（5） |
| 科学技术部（厅） | 15.57% | 86.65% | 60.46% | 42.29% | 12.33% |
| （中国）科学技术协会 | 0.71% | 2.70% | 6.60% | 3.05% | 3.09% |
| （中国）科学院 | 12.11% | 5.06% | / | / | / |
| （中国）社会科学院 | 0.74% | 2.18% | 4.63% | 2.28% | 2.10% |
| 自然科学基金委员会 | 10.05% | / | / | / | / |
| 中国工程院 | 0.20% | / | / | / | / |
| 全国哲社科工作办公室 | 0.85% | / | / | / | / |
| 农业（农林）科学院 | / | / | 18.73% | 17.56% | 14.16% |
| 社会科学界联合会 | / | 1.16% | 2.09% | 1.22% | 0.52% |
| 科学技术馆 | / | 1.51% | / | / | / |
| 其他类部门合计 | 9.05%<br>（42） | 0.73%<br>（1） | 7.49%<br>（18） | 33.61%<br>（21） | 67.79%<br>（72） |
| 农业农村部（厅） | 2.13% | / | 0.01% | 0.72% | 0.82% |
| 工业和信息化部（厅） | 1.61% | / | 0.00% | 0.00% | 1.00% |
| 教育部（厅） | 1.32% | 0.73% | 4.34% | 19.38% | 4.43% |
| 卫生健康委 | 0.89% | / | 2.73% | 2.98% | 5.53% |
| 人民政府办公厅 | / | / | / | 0.17% | 17.11% |
| 其他部门 | 3.10%<br>（38） | / | 0.41%<br>（14） | 10.36%<br>（16） | 38.90%<br>（67） |

注：表中“（）”括号内数字展示的是各类科技投入模式下包含的省级行政区个数或者含有科技支出的部门个数。

# 6. 结论和启示

## 6.1 本文主要结论

本文以中国政府治理体制中所存在的三种条块关系为分析视角，基于相关政策文本和预算数据，对我国财政科技投入体系展开了研究，试图系统性地总结出我国财政科技投入存在的基本特征事实和打开财政科技投入体系运行的“黑箱”。

一方面，本文从条块关系中的“上级政府与下级政府”视角，基于2012—2021年中央与地方政府财政预决算报表和相关政策文本，对我国财政科技投入体系进行了纵向的研究，包括财政科技投入在中央政府与地方政府上的分布事实与特征，以及中央政府和地方政府在财政科技投入体系中的互动关系。研究发现：第一，我国政府在科技领域的财政决算信息公开并不完全，具体表现为中央和地方政府公开的款级科目支出总数与科学技术支出数不相等、部分年份未公开“应用研究”和“其他科学技术支出”2个款级科目下具体项级科目数据。第二，地方政府的财政科技投入增速相较于中央更快，地方政府逐渐在国家财政科技投入体系中占据主导地位，这可能源于中央财政科技支出的增加受制于中央财政收入的增加、地方政府的支出责任逐渐与科技事权相匹配、地方政府逐渐意识到科技创新对地方经济发展的重要性等。第三，政府财政科技投入的主要项目与政府在央地投入体系中占据主导的项目具有一定相似性。中央政府科技投入的主要项目和主导项目均是应用研究和基础研究，地方政府科技投入的主要项目与主导项目相重复的是科学技术管理事务、技术研究与开发、科技条件与服务。第四，虽然基础研究方面的投入在总量上仍然与应用研究相差较多，但从投入年均增长率和投入占比变化来看，中央政府和地方政府层面均非常注重对基础研究的投入，与国家加大基础研究投入的呼吁相一致。第五，我国科技事权集中在央地共同财政事权上，且科技领域央地共同财政事权支出责任的具体承担与项级科目的挂钩程度较高，同时中央与地方政府履行科技支出责任的现状，从整体来看与《改革方案》中的划分一致。第六，在财政科技投入体系中，中央政府对地方政府存在共同财政事权转移支付和专项转移支付，且中央政府部门和地方政府部门之间存在业务指导和项目申报等互动关系。

另一方面，本文从条块关系中的“政府与本级条条”和“同级条条与同级条条”视角，基于作者自己构建的“横截面”数据集，对我国财政科技投入体系进行了横向的研究。研究发现：第一，中央政府和省级政府财政科技投入横向分布的部门数各不相同，部门的分布也不存在高度相似性，且部分省级行政区的部门科技支出总数并不能完整反映本级政府财政科技投入的横向分布全貌。第二，我国部分省份的政府部门在科技领域公开的财政决算信息并不完全，具体包括未统一公开省以下法检部门决算、部门决算中未揭露关于“其他科学技术支出（项）”的具体资金用途等。第三，中央政府的财政科技投入在部门间呈现高度分散的状态，中央科技支出部门的科技事权可以划分为三类，但部门之间的科技事权并不相似，同级条条之间在科技事权上是并行的权力关系。第四，30 个省级行政区的财政科技投入模式可以分为高度集中型、相对集中型、相对分散型和高度分散型四类，但只有部分省级行政区的财政科技投入模式与中央相似，即高度分散型的 12 个省级行政区，体现了不同的中央条条在纵向上的集权和政府在横向上的集权情况。第五，政府对科技事项的横向分工具有差异性。在开展基础研究、应用研究、科技条件与服务此三个方面的科技事项时倾向于让众多部门一起参与，但在开展科学技术管理事务、社会科学、科学技术普及、科技交流与合作此四个方面的科技事项时则倾向于让少数部门发挥专业作用。

## 6.2 思考与启示

结合上述结论，对我国未来财政科技投入体系的完善与发展，本文有以下四点思考与启示：

首先，公开内容不完整、不细化是我国政府和政府部门在科技领域预决算信息公开中存在的问题，各个省级行政区公开的完整和细化程度也不一样，一方面可能是因为部分支出明细涉及国家战略安全，属于涉密信息，依法不予公开，但另一方面也可能是因为我国财政科技预决算信息公开制度的不完善。从本文的数据统计可以发现，陕西省、广西壮族自治区等 12

个省份未在“财政预决算公开平台”统一公开省级以下地方各级法院和检察院的部门决算，只公布了省直部门的决算，但省以下法检部门也有可能存在科学技术支出，这种现象的出现是因为各省对财政预决算公开的“部门”并未形成统一认知，例如四川省在省级部门决算公开页指明了四川省只公开了省直部门决算的原因，即按照《中华人民共和国预算法》和《中华人民共和国政府信息公开条例》有关规定，预算信息公开的主体是省直各部门，但其他公开了省以下法检部门决算的省级行政区则是以一级预算单位作为筛选公开部门的标准，所以为了达成省际的统一，我国应该在《财政预决算领域基层政务公开标准指引》等相关标准指引中，指明公开部门决算的部门是与同级财政部门直接发生缴款和领款关系的一级预算单位。同时，在我国目前的《财政预决算领域基层政务公开标准目录》中，对部门决算中一般公共预算支出情况的公开要求只是“公开到功能分类项级科目”，并没有考虑到“其他科学技术支出（项）”这种其他支出项科目的特殊性，如果不注重和强调对这类科目资金用途的公布，在现实操作层面决算公开对部门的约束就会变小，也就很难确定该项级科目反映的资金是否真实流向科技领域，所以我国应在《财政预决算领域基层政务公开标准目录》中增添对“99”款级科目下“99”项级科目支出具体用途的公开要求。

然后，在我国目前的财政科技投入体系中，中央政府和地方政府在投入结构上存在显著差异性，导致这种现象发生的体制原因是我国央地在科技领域承担不同的事权和支出责任。虽然整体来看，我国中央与地方政府履行科技支出责任的现状与《改革方案》具有一致性，但我国科技事权大部分都集中在央地共同财政事权上，且科技领域央地共同财政事权支出责任的承担在改革文件中大多以“中央财政承担主要支出责任”、“地方财政承担主要支出责任”这种描述出现。然而，在教育、医疗卫生和公共文化领域中，我国央地共同财政事权支出责任划分的方式存在“分档按比例分担”的形式，例如基本公共卫生服务作为央地共同财政事权，其中央支出责任的承担是将省级行政区和计划单列市划分为五档，中央分担的比例从80%逐级降低，最低档为10%。相较于此种形式，科技领域的划分不确定性更强，央地间支出责任的界限模糊，这样会影响中央和地方在科技责任承担中的整体性和协调性。因此，在未来科技领域央地财政事权与支出责任划分改革的进程中，可以适当参考医疗卫生、教育等领域的改革方案，充分运用比例原则，严格界定央地共同事权的支出责任。

其次，基础研究是全社会进行科技创新的不竭动力和源泉，也是制约我国原始创新能力可持续提升的重要因素，因而在当前百年未有之大变局的国际形势和存在“卡脖子”技术短板的国内背景下，我国未来对基础研究的需求将会出现大幅度的提升。同时，2021 年我国基础研究的投入强度[①]为6.50%，与“十四五”规划中所设定的8%最低目标值仍存在一定差距，这表明我国需要进一步夯实基础研究投入力度。目前，我国政府仍在全国基础研究经费投入中位于主导地位，2021 年政府在基础研究方面的财政投入占全国基础研究投入的比重超过60%。进一步地，本文的研究发现这部分财政投入主要来源于中央政府，且中央财政对基础研究的投入稳定在科技投入总量的20%上下，地方财政科技投入中基础研究的占比相较于中央政府而言则低得多，2021 年仅为6.45%，虽然从2012—2021 年基础研究财政投入中地方政府的占比变化和地方政府财政科技投入中基础研究的占比变化来看，近年来地方政府确实在一定程度上增加了对基础研究的重视程度，但是在地方政府财政科技投入总量已经赶超中央政府财政科技投入总量的情形下，地方财政在基础研究方面的投入仍是相对不足的。基于《改革方案》可知，基础研究属于央地共同财政事权，地方政府需要承担由其结合本地区发展实际、基础研究区域布局等因素所设立的科技计划的支出责任，且地方财政应当侧重于支持新技术开发和科技成果转化应用，所以为了提高基础研究财政投入力度，除了中央政府层面持续增加对应投入以外，地方政府层面也应当优化财政科技投入结构，在保持对部分事项重点支持的同时，适当增加基础研究投入的占比，并鼓励有条件的地方政府积极响应国家整体基础研究布局，出台与基础研究相关的中央联动配套举措。此外，本文的研究表明，虽然我国政府内部涉及基础研究支出的部门数较多，但从各部门基础研究支出占本级政府基础研究支出的比重来看，我国政府基础研究财政经费的管理和支配是比较集中的，故为了确保基础研究的财政投入力度，我国政府可以尝试在预算管理中结合预算程序对政府内部相关经费主管部门的基础研究投入比重进行约束和协调。

最后，现有许多研究财政科技投入的文献都曾指出我国中央政府层面的财政科技投入存在高度碎片化的特征，财政科技投入分散在政府众多职能部门中，导致资金使用效率低下。在我国“上下对口，左右对齐”的机构设置下，很难不认为省级政府的财政科技投入与中央政府存在相同的特征，但从本文的研究可以看出，30 个省级行政区中，仅湖南省、宁夏回族自治区、北京市等12 个省级行政区的财政科技投入高度碎片化，天津市、内蒙古自治区、云南省等10 个省级行政区的财政科技投入相对碎片化，在西藏自治区、陕西省、贵州省等剩下的8 个省级行政区中，科学技术厅、科学技术协会、社会科学院等科技专业部门管理和支配了省本级政府80%以

① 基础研究的投入强度 = 基础研究经费投入/研究与试验发展（R&D）经费。

上的科技资金，财政科技投入十分集中，这表明中央和省级政府的部门科技投入情况并不尽然具有相同特征。科技创新涉及全社会中的各个行业和各个领域，所以教育部（厅）、农业农村部（厅）等部门存在一定科技支出是合理且无法避免的，但考虑到财政科技资金管理的效率和科技投入的整体效果，政府大部分的财政科技投入还是应该由科技专业部门支配和管理，因而高度集中型和相对集中型的财政科技投入模式比较理想，相对分散型次之。本文的研究则表明我国部分省级政府在财政科技投入资金的横向部门间分配上仍存在一定进步的空间，但我国 30 个省级行政区共四种财政科技投入模式的出现可能源自各省政府对科技支出的不同安排和对财政科技资金支出效率的不同考量，同时各个省份的部门设置也存在一定的区域特色，例如北京市设置的北京经济技术开发区财政审计局，所以省际之间进行财政科技投入模式的参考会存在一定困难性。那么为了避免投入碎片化所带来的科技投入重复、浪费、无效率、难以形成合力等问题，中央和相关省级行政区应该提升财政科技资金的统筹管理力度，建立和完善部门间的综合协调与衔接机制，例如设置科技领导小组办公室此类协调部门、探索构建部门间研究类项目和应用类项目的对接合作机制等。

# 附录

附表 1　　中央涉及财政科技投入的部门

| 部门属性 | | 具体部门 |
|---|---|---|
| 国务院机构（41） | 国务院组成部门（18） | 科学技术部、农业农村部、工业和信息化部、教育部、国家卫生健康委、人力资源和社会保障部、自然资源部、水利部、公安部、生态环境部、交通运输部、应急管理部、文化和旅游部、国家发改委、财政部、民政部、住房和城乡建设部、司法部 |
| | 国务院部委管理的国家局（7） | 国家林业和草原局（自然资源部）、国家中医药管理局（国家卫生健康委员会）、中国民用航空局（交通运输部）、国家粮食和物资储备局（国家发改委）、国家文物局（文化和旅游部）、国家能源局（国家发改委）、国家药品监督管理局（国家市场监督管理总局） |
| | 国务院直属机构（4） | 国家市场监督管理总局、国家广播电视总局、国家体育总局、国家统计局 |
| | 国务院其他直属机构（1） | 中华全国供销社合作总社 |
| | 国务院直属特设机构（1） | 国务院国有资产监督管理委员会 |
| | 国务院直属事业单位（4） | 中国科学院、中国社会科学院、中国工程院、中国气象局 |
| | 国务院办事机构（1） | 国务院港澳事务办公室 |
| | 国务院部委所属单位（5） | 自然科学基金委员会（科技部）、中国地质调查局（自然资源部）、中国地震局（应急管理部）、应急部消防救援局（应急管理部）、中国老龄协会（国家卫生健康委） |
| 党中央机构（2） | 党中央直属机关下属单位（2） | 全国哲社科工作办公室（中共中央宣传部）、国家档案局（中央办公厅） |
| 群众团体机关（3） | 中央编办管理机构编制的群众团体机关（3） | 中国科学技术协会、中国宋庆龄基金会、中国残疾人联合会 |
| 中央级企业（2） | | 中国国家铁路集团、北大荒农垦集团有限公司 |
| 检察院系统（1） | | 最高人民检察院 |

注：根据财政部网站的“中央预决算公开平台”上公开的 2021 年度决算、中国机构编制网等相关网站公开资料整理而成。

附表2　49个中央政府科技支出部门有关科技事权的部门职能规定

| 部门 | 有关科技事权的职能规定 |
|---|---|
| 科学技术部 | 科技行政主管部门<br>1. （组织）拟定科技发展规划、国家基础研究规划等相关科技规划和政策并监督实施，牵头建立国家科技管理平台<br>2. 统筹推进国家和区域创新体系建设，承担推进科技军民融合发展相关工作<br>3. 组织协调国家重大基础研究和应用基础研究<br>4. 推动科研条件保障建设<br>5. 牵头组织重大技术攻关和成果应用示范，组织协调国际大科学计划和大科学工程<br>6. 组织国际科技合作与科技人才交流<br>7. 牵头国家技术转移体系建设，促进科技成果转移转化和产学研结合<br>8. 引进国外智力 |
| 中国科学技术协会 | 1. 科技工作者之家，组织和管理科技工作者；2. 学术交流；3. 科学知识普及，先进技术推广等；4. 建设中国特色高端科技创新智库；5. 民间国家科学技术交流活动 |
| 中国科学院 | 1. 主要从事基础研究、战略高技术研究和经济社会可持续发展相关研究；2. 建设国家高水平科技智库和国家创新人才高地；3. 开展国内外科技合作与交流 |
| 中国社会科学院 | 1. 中国哲学社会科学研究；2. 承担国家重点科研项目；3. 根据社会科学发展需要和对外方针，组织国际学术交流 |
| 自然科学基金委员会 | 1. 协同科技部拟定国家基础研究方面的政策规划等；2. 资助自然科学基础研究和科学前沿探索；3. 开展科技方面的国际合作；4. 接受国家高科技、应用研究方面的任务委托 |
| 中国工程院 | 中国工程科学技术界的最高咨询性学术机构<br>1. 组织研究工程科学技术领域重大关键问题；2. 针对国家重要工程科学技术问题进行战略性研究；3. 工程科学技术领域学术交流与合作；4. 普及科学知识 |
| 全国哲社科工作办公室 | 1. 组织实施哲社科创新工程；2. 管理国家社会科学基金（资金项目评审和成果转化应用） |
| 具体行业/领域的科技事权 | |
| 农业农村部 | 1. 推动农业科技体制改革和农业科技创新体系建设；2. 组织开展农业领域的高新技术和应用技术研究、科技成果转化和技术推广；3. 指导农业科技人才培养 |
| 工业和信息化部 | 1. 武器装备科研生产体系建设，重大技术装备的引进、消化创新；2. 部分高技术产业的规划和政策拟定，指导行业技术创新和技术进步；组织实施相关国家科技重大专项以及推进科研成果产业化；3. 能源节约、资源综合利用等方面的新技术推广应用 |

续表

| 部门 | 有关科技事权的职能规定 |
| --- | --- |
| 教育部 | 1. 规划指导高校自然科学和哲学社会科学研究；2. 协调指导高校参与国家创新体系建设、承担国家科技重大专项；3. 指导高校科技创新平台的发展建设；4. 协调我国相关部门与联合国教科文组织在科技等领域的国际合作 |
| 卫生健康委 | 推进卫生健康科技创新发展 |
| 自然资源部 | 1. 自然资源领域科技发展；2. 自然资源领域科技创新发展规划的制定与实施；3. 组织实施重大科技工程及创新能力建设 |
| 水利部 | 开展水利科技工作 |
| 林业和草原局 | 负责林业和草原科技工作 |
| 中国地质调查局 | 1. 开展前沿性、基础性地质研究；与地质调查和矿产勘查相关的应用研究；2. 开展地质调查和矿产勘查新技术、新方法的研究、引进与推广；3. 拟定地质调查和矿产勘查技术规程、规范等；4. 建立信息网络系统 |
| 中医药管理局 | 1. 制定和组织实施中医药科学研究、技术开发规划；2. 中医药科研条件和能力建设；3. 管理国家重点中医药科研项目；4. 中医药科技成果的转化、应用与推广 |
| 市场监督管理总局 | 负责市场监督管理科技建设 |
| 公安部 | 组织实施公安科学技术工作，规划公安机关的指挥系统、大数据技术、刑事技术建设 |
| 生态环境部 | 开展生态环境科技工作，组织生态环境重大科学研究和技术工程示范，推动生态环境技术管理体系建设 |
| 中国地震局 | 1. 地震科技体制改革；2. 拟定地震科技发展规划和政策；3. 地震科技研究与国家重点地震科技项目攻关；4. 地震科技成果的开发与应用；5. 地震科技方面的对外交流与合作 |
| 应急管理部 | 应急管理、安全生产的科学技术研究、推广应用和信息化建设 |
| 中国气象局 | 1. 科技体制改革；2. 气象领域重大科研攻关和成果的推广应用；3. 气象科技开发、技术合作和技术推广；4. 气象科学知识宣传与普及 |
| 文化和旅游部 | 指导推进文化和旅游科技创新发展，以及信息化和标准化建设 |
| 应急管理部消防救援局 | 1. 战术研究；2. 指导消防救援信息化和应急通信建设 |
| 中国民用航空局 | 1. 组织民航重大科技项目开发与应用，推进信息化建设；2. 指导民航行业科技工作 |
| 国家发展改革委 | 1. 会同相关部门拟定推进创新创业的规划和政策，提出创新发展和培育经济发展新动能的政策；2. 会同相关部门规划布局国家重大科技基础设施；3. 组织拟订并推动实施高技术产业和战略性新兴产业发展规划政策，协调产业升级、重大技术装备推广应用等方面的重大问题 |

续表

| 部门 | 有关科技事权的职能规定 |
|---|---|
| 住房和城乡建设部 | 1. 拟订住房和城乡建设的科技发展规划；2. 所属科学事业单位 |
| 国家广播电视总局 | 组织制定广播电视科技发展规划、政策和行业技术标准并组织实施和监督检查 |
| 司法部 | 1. 承担全面依法治国重大问题的政策研究；2. 下属科研院 |
| 体育总局 | 组织开展体育领域重大科技研究、技术攻关和成果推广 |
| 文物局 | 编制文物和博物馆科技、信息化、标准化的规划并推动落实，组织开展重大文物保护科技创新工程，促进文物保护科技成果的转化和推广 |
| 中国宋庆龄基金会 | 1. 兴办少儿科技等公益服务设施，开展有益于少年儿童健康成长、全面发展的各类活动，开展有关的学术交流和研讨活动；2. 中国宋庆龄青少年科技文化交流中心 |
| 能源局 | 组织推进能源重大设备研发及其相关重大科研项目，指导能源科技进步、成套设备的引进消化创新，组织协调相关重大示范工程和推广应用新产品、新技术、新设备 |
| 最高人民检察院 | 1. 指导全国检察机关的理论研究工作；2. 最高人民检察院所属科学事业单位 |
| 国家档案局 | 1. 加强档案信息化建设和档案科技的规划管理，保障档案网络与信息安全，推进档案数字资源共享利用；<br>2. 下属科研事业单位 |
| 港澳事务办公室 | 1. 协同有关部门和地方推动与香港、澳门在科技等领域的交流与合作；2. 港澳研究所 |
| 部门本级无明显科技事权，但存在下属科研单位/内设科研机构 | |
| 交通运输部 | 1. 本级无明显科技事权；2. 下属预算单位包括交运部水运科学研究所、公路科学研究所、科学研究院、天津水运工程科学研究所等 |
| 人力资源和社会保障部 | 1. 本级无明显科技事权；2. 下属单位包括中国劳动和社会保障研究院、中国人事科学研究院、中国博士后科学基金会 |
| 国有资产监督管理委员会 | 1. 本级无明显科技事权；2. 下属包含科学事业单位 |
| 财政部 | 1. 本级无明显科技事权；2. 下属中国财政科学研究院 |
| 民政部 | 1. 本级无明显科技事权；2. 下属包含研究所（民政部社会福利与社会进步研究所） |
| 中华全国供销社 | 1. 本级无明显科技事权；2. 下属科研单位 |
| 国家粮食和物资储备局 | 1. 本级无明显科技事权；2. 下属科学研究院 |

续表

| 部门 | 有关科技事权的职能规定 |
|---|---|
| 中国残联 | 1. 本级无明显科技事权；2. 直属科研类事业单位 |
| 药品监督管理局 | 1. 本级无明显科技事权；2. 下属科研事业单位 |
| 统计局 | 1. 本级无明显科技事权；2. 下属科研事业单位 |
| 中国老龄协会 | 1. 本级无明显科技事权；2. 下属科研单位 |
| 北大荒农垦集团有限公司 | 1. 本级无明显科技事权；2. 下属科研单位 |
| 中国国家铁路集团有限公司 | 1. 本级无明显科技事权；2. 下属科研单位 |

# 参考文献

[1] 白俊红，戴玮．财政分权对地方政府科技投入的影响 [J]．统计研究，2017，34 (03)：97－106.

[2] 包健，尉喆雅．财政分权对地方财政科技投入的影响研究 [J]．科学管理研究，2019，37 (04)：151－157.

[3] 薄一波．若干重大决策与事件的回顾 [M]．北京：中共中央党校出版社，1991：483.

[4] 陈文文．财政科技投入对高技术产业创新效率的影响研究 [D]．北京：中国财政科学研究院，2022.

[5] 樊轶侠，余贞利．中央地方科技事权与支出责任划分——基于江苏省的调研 [J]．经济研究参考，2016 (03)：46－65.

[6] 傅勇，张晏．中国式分权与财政支出结构偏向：为增长而竞争的代价 [J]．管理世界，2007 (03)：4－12，22.

[7] 顾元媛，沈坤荣．地方政府行为与企业研发投入——基于中国省际面板数据的实证分析 [J]．中国工业经济，2012 (10)：77－88.

[8] 黄可嘉，滕雅琼．协同政府视角下当前我国科技计划项目资金管理改革分析 [J]．科技管理研究，2019，39 (07)：44－48.

[9] 洪小东．事权与支出责任：概念及关系辨析——一个语境化的视角 [J]．时代法学，2018，16 (05)：42－49.

[10] 赖静萍．领导小组制度的建构、延续与变迁——以中央防治血吸虫病工作领导小组为个案 [J]．理论与改革，2012 (01)：62－66.

[11] 李成威，赵伟．中央地方科技事权与支出责任划分——基于云南省的调研 [J]．经济研究参考，2016 (03)：65－75.

[12] 李欣，余贞利，刘尚希等．中央地方科技事权与支出责任的划分研究 [J]．经济研究参考，2015 (22)：3－31.

[13] 李振．推动政策的执行：中国政治运作中的工作组模式研究 [J]．政治学研究，2014 (02)：116－125.

[14] 李振国，温珂，方新．中央与地方科技事权和支出责任划分研究——基于分级制试验与控制权分配的视角 [J]．管理世界，2018，34 (07)：26－31.

[15] 林尚立．国内政府间关系 [M]．杭州：浙江人民出版社，1998：308－312.

[16] 吕鑫．北京市财政科技投入现状及对策 [J]．合作经济与科技，2022 (16)：164－166.

[17] 马力宏．论政府管理中的条块关系 [J]．政治学研究，1998 (04)：71－77.

[18] 马力宏．条块关系：从结构角度看政府管理［J］．中国国情国力，1999（08）：8－9.

[19] 马海涛．构建实现国家长治久安的财政事权与支出责任［J］．中国财政，2019（23）：1.

[20] 马海涛．改革完善转移支付制度的对策建议［J］．审计观察，2022（01）：4－9.

[21] 聂常虹，冀朝旭．中央与地方科技事权与支出责任划分问题研究［J］．财政研究，2017（11）：47－59.

[22] 聂亚利．中国财政科技投入现状与绩效评价指标体系研究［J］．当代经济，2017（35）：156－157.

[23] 潘修中．财政分权、财政透明度与地方财政科技投入［J］．科学管理研究，2017，35（01）：95－98，111.

[24] 潘镇，金中坤，徐伟．财政分权背景下地方政府科技支出行为研究［J］．上海经济研究，2013，25（01）：34－45.

[25] 曲京山，张晓晴，李玉松．财政体制中的"条""块"矛盾及其协调思路［J］．现代营销（经营版），2020（02）：215－216.

[26] 盛铎，王芳．条块融合的城市管理创新：郑州市网格化社会管理案例分析［J］．电子政务，2013（06）：52－59.

[27] 史普原，李晨行．从碎片到统合：项目制治理中的条块关系［J］．社会科学，2021（07）：85－95.

[28] 史普原．科层为体、项目为用：一个中央项目运作的组织探讨［J］．社会，2015，35（05）：25－59.

[29] 孙发锋．从条块分割走向协同治理——垂直管理部门与地方政府关系的调整取向探析［J］．广西社会科学，2011（04）：109－112.

[30] 陶振．基层治理中的条块冲突及其优化路径［J］．理论月刊，2015（01）：100－106.

[31] 武小龙，孙金华．"条块关系"的变革：问题、困境与路径选择［J］．内蒙古农业大学学报（社会科学版），2011，13（05）：264－266.

[32] 谢庆奎．中国政府体制分析［M］．北京：中国广播电视出版社，1995：91.

[33] 谢庆奎．中国地方政府体制概论［M］．北京：中国广播电视出版社，1998：14－16.

[34] 杨雪冬．条块关系问题的产生及其协调［J］．探索与争鸣，2020（11）：40－42.

[35] 杨志安，胡博，张帆．财政分权与地方政府科技投入效率［J］．会计之友，2022（02）：99－106.

[36] 叶敏．城市基层治理的条块协调：正式政治与非正式政治——来自上海的城市管理经验［J］．公共管理学报，2016，13（02）：128－140，159.

[37]［美］尤金·巴达赫．跨部门合作：管理"巧匠"的理论与实践［M］．北京：北京大学出版社，2011：8.

［38］余锋．基层治理中的条块关系及其行动逻辑——基于云南省 M 县财政涉农资金整合的案例分析［J］．云南行政学院学报，2020，22（04）：54－60.

［39］张彩云，夏勇．“条块关系”变化能够改善环境质量吗——基于“环保垂改”的讨论［J］．山西财经大学学报，2021，43（10）：29－42.

［40］张洁．江苏省科技创新财政政策研究［J］．科技和产业，2021，21（08）：199－202.

［41］张明喜，朱云欢．中央与地方科技事权与支出责任划分的考虑——基于对科技综合管理部门的调研［J］．科学学研究，2016，34（07）：985－992，1004.

［42］折晓叶，陈婴婴．项目制的分级运作机制和治理逻辑——对“项目进村”案例的社会学分析［J］．中国社会科学，2011（04）：126－148，223.

［43］周克清，刘海二，吴碧英．财政分权对地方科技投入的影响研究［J］．财贸经济，2011（10）：31－37.

［44］周振超，黄洪凯．中国条块体制的内涵意蕴与独特功能［J］．学术界，2023（01）：56－64.

［45］周振超．打破职责同构：条块关系变革的路径选择［J］．中国行政管理，2005（09）：103－106.

［46］周振超．当代中国政府“条块关系”研究［M］．天津：天津人民出版社，2009：2，32－59.

［47］周振超．构建简约高效的基层管理体制：条块关系的视角［J］．江苏社会科学，2019（03）：143－149.

［48］周振超．条块关系：政府间关系的一种分析视角［J］．齐鲁学刊，2006（03）：144－147.

［49］周振超．条块关系的变迁及影响机制——基于政府职责的视角［J］．学术界，2020（05）：24－31.

［50］周忠民．论我国科技事权划分与科技支出管理［J］．湖南财政经济学院学报，2015，31（05）：70－75.

［51］朱光磊，张志红．“职责同构”批判［J］．北京大学学报（哲学社会科学版），2005（01）：101－112.

［52］朱俊庆．基层治理创新对条块关系的影响研究——以天津“吹哨报到”为例［J］．四川行政学院学报，2022（05）：81－90.

［53］竺乾威．公共服务的流程再造：从“无缝隙政府”到“网格化管理”［J］．公共行政评论，2012，5（02）：1－21，178.

［54］Andrew C M. China's "Soft" Centralization：Shifting Tiao/Kuai Authority Relations［J］. China Quarterly，2005，184：791－810.

［55］Caldeira E. Yardstick Competition in a Federation：Theory and Evidence from China［J］. China Economic Review，2012，23（4）：878－897.

［56］Cullmann A，Zloczysti P. R&D Efficiency and Heterogeneity－a Latent Class Application for the OECD［J］. Applied Economics，2014，46（30）：3750－3762.

# 致　谢

行文至此，落笔为终。我和中央财经大学的故事，始于2020年初秋，终于2023年盛夏，硕士研究生生涯即将落幕，站在这一段旅程的终点，回首观望来时路，感慨万千。

桃李不言，下自成蹊。感谢我的导师姚东旻教授，老师学识渊博，教学态度严谨，认真负责，在这篇论文的撰写过程中，从最初的论文选题，到论文框架确定，再到初稿和定稿修改，他都给予我耐心的指导和帮助，并提出了众多宝贵的修改意见，让我的论文得以顺利完成。感谢三年求学期间为我传道授业解惑的各位授课老师，老师们深厚的专业素养和积极向上的生活态度让学生受益匪浅。愿恩师们今后万事胜意，桃李芬芳。

父母之爱子，则为之计深远。感谢我的父母，求学之路二十载，父母始终是我最坚固的后盾，他们都是普普通通的工薪阶层，但他们总是尽他们所能给我最好的生活，从未施加给我任何压力，尊重并支持我的任何决定，在我失意时给予我肯定，在我徘徊时给予我鼓励，在我任性时给予我告诫，在我疲惫时给予我关怀，于此深谢父母恩。父亲爱女，是每次回家时的悉心接送，是注意安全的细致叮嘱，是我着急无助时的沉稳安抚；母亲爱女，是美食的烹饪和投喂，是天气转凉时的电话提醒，是遇到烦恼时的促膝长谈，常感慨岁月如梭，随着我的长大和成熟，父母鬓边也渐有白发，幸而我已完成学业，可报父母恩。愿我的父母和家人永远健康、平安和快乐。

因缘相聚，喜乐相伴。感谢研究生期间遇见的室友和同学，我们彼此相伴，一起上课，一起做课题，一起畅想未来，一起克服困难，相互鼓励，相互扶持。现在我们又一次走到了人生新阶段的分岔路口，有人继续求学，有人工作，愿我们大家都能在各自选择的路上熠熠生辉。特别要感谢我的室友以及好朋友朱文雅，在枯燥烦闷甚至困难的求职季，很多时候都是你坚持不懈地提醒我投简历，分享合适的公司岗位给我，安慰面试败北丧气的我，开导纠结迷茫的我，很开心也很幸运能够在求职季与你相伴，衷心祝愿我们在未来的工作生涯中一帆风顺，步步高升。

愿岁并谢，与长友兮。感谢我的闺蜜刘娜一直以来的悉心陪伴，即使我们的人生节奏和步骤早已相异，但你却一直和我保持着喜怒哀乐的分享，你的存在时常让我觉得暖心与贴心。感谢我的挚友邢慧晶，从本科相伴至今，一起经历了很多事情，很遗憾未来的学习生涯不能够再陪伴你一起走下去，但纵然山高水远，未来我们总会再次相逢。感谢我的老友罗佳佳，来自云的南方的信任和惦念让我有了更多坚持走下去的勇气。感谢我的老友苟超，同款研究生感受让我能够在有压力的日子里寻找到一些独特的乐趣。

最后，感谢这三年认真、热烈、勇敢、不放弃的自己，毕业快乐，来日方长！

# 论文短评

点评人：王斐然

张丹同学的硕士学位论文《条块关系视角下的财政科技投入体系研究——基于政策文本和预算数据的事实分析》是一项针对我国财政科技投入体系的深入研究。论文从条块关系的角度出发，通过政策文本和预算数据的分析，揭示了我国财政科技投入的现状、特征及其运作机制，并对未来的发展方向提出了富有洞见的建议。

张丹同学的论文选题紧跟国家创新驱动发展战略，聚焦于财政科技投入这一关键领域。科技创新作为国家发展的核心动力，其投入机制的优化对于提升国家的科技竞争力和实现经济高质量发展具有至关重要的作用。论文的选题不仅具有鲜明的时代特色，也体现了作者对国家战略需求的深刻理解和积极响应。

论文在文献综述部分展示了作者扎实的学术功底和广泛的知识视野。作者不仅回顾了财政科技投入的现有研究，还对条块关系的相关理论进行了系统的梳理。这一部分为理解财政科技投入的复杂性和多维性提供了坚实的理论基础，同时也为后续的数据分析奠定了坚实的基础。

在研究视角方面，作者采用了纵向和横向两个维度，结合政策文本和预算数据，对财政科技投入体系进行了全面的事实分析。

纵向方面，论文聚焦于条块关系中的“上级政府与下级政府”视角，通过分析预算报表和政策文本，揭示了我国财政科技投入体系的关键特征。研究发现，第一，中央与地方政府在科技领域的财政决算信息公开不完全，特别是地方政府的透明度有待提高；第二，地方政府在财政科技投入中的主导地位日益凸显，这可能与中央财政收入的限制、地方政府支出责任的匹配以及对科技创新重要性认识的提升有关；第三，中央和地方政府在科技投入结构上的差异显著，中央偏重基础与应用研究，而地方更关注技术开发和科技服务；第四，科技领域中央与地方财政事权与支出责任现状与《科技领域中央与地方财政事权和支出责任划分改革方案》基本一致。第五，中央与地方政府间的互动关系不仅体现在转移支付资金方面，还表现在中央科技部门与地方科技部门间业务指导和项目申报等方面。

横向方面，论文基于详尽的财政决算报表数据集，深入剖析了我国财政科技投入在不同政府部门间的横向分布情况。研究发现，第一，中央政府的财政科技投入在部门间高度分散，而省级政府的投入模式则呈现多样化，从高度集中到高度分散不等。这种差异反映了不同政府层级和部门间在科技事权上的分工与协调。特别地，基础研究、应用研究和科技条件与服务等关键科技领域的投入在多个部门间较为分散，而科技管理事务等则相对集中。第二，部分省级行政区的财政科技投入模式与中央政府存在明显差异，表明省级政府在科技投入上具有一定自主性和适应性。第三，财政科技投入信息公开的不足，如部分部门的科技支出具体用途未被充分披露，这影响了对资金流向和使用效率的准确评估。

论文的创新主要体现在两个方面：一方面，研究采用了中国政府治理体系中的基础条块结构关系，以此作为分析财政科技投入体系的新视角，构建了一个逻辑严密、系统性强的分析框架，更深入地揭示了我国财政科技投入体系的实际运作情况。另一方面，与以往研究仅依赖中央和地方政府的预算数据不同，本文扩展了数据范围，包括了中央各政府部门以及30个省级行政区的政府及其部门的预算数据，全面展现了中央和省级政府在科技投入方面的横向分布特征。

论文的结论部分深刻总结了研究发现，并提出了具有现实指导意义的建议。作者针对财政科技投入体系的现状和问题，提出了加强信息公开、优化央地财政事权与支出责任划分、夯实基础研究投入等建议。这些建议不仅具有理论深度，也具有实践价值，为政府和相关部门的决策提供了重要参考。

论文整体结构严谨，遵循“理论框架—事实分析—问题分析—对策建议”的研究思路，层层深入，体现了作者严谨的学术态度，也使论文的论证更加有力和有说服力。尽管论文在多个方面表现出色，但仍有一些可以改进的地方。例如，论文以条块关系作为系统性框架，但在理论框架的构建方面着墨有限；又如，论文在国际比较分析方面可以进一步拓展，增加对其他国家财政科技投入体系的比较研究，以提供更广阔的视角。此外，论文在提出政策建议时，可以进一步细化，增强建议的可操作性。

总体来说，张丹同学的硕士学位论文是一项对我国财政科技投入体系的深入研究，论文在选题、研究方法、数据分析等方面均具有较高的学术标准，展现了作者扎实的研究能力和一定的学术洞察力。论文文字通顺流畅，引用文献符合学术规范，体现出作为学术型硕士研究生的研究素养。综上所述，本论文作为硕士研究生毕业论文在各方面都达到标准，为我国财政科技投入体系的调整和优化提供了重要参考，具有较为突出的应用价值。

# 全球碳定价机制的减排效应及协同效应：来自跨国数据的证据

**Emission Reduction Effects and Synergies of a Global Carbon Pricing Scheme: Evidence from Cross - Country Data**

邢慧晶

# 摘 要

碳定价制度是应对人类活动导致的气候变化的重要政策工具，本文主要围绕碳税制度与碳交易制度展开探讨。由于环境污染的负外部性与污染治理的正外部性，在市场机制调节作用下很难实现私人自发的减排降碳。环境问题的产生源于外部性和产权不明晰，因此相对应的解决办法为价格激励和产权激励，分别对应碳税制度与碳交易制度。

碳税的理论基础是“庇古税”，对碳价格以税率的形式进行确定。政府通过规定排放者的排放价格的形式给市场主体增加私人成本，以影响其行为成本干预其行为选择，从而达到降低二氧化碳排放的目的。但是学者对于碳税制度是否有利于节能减排的结论不一，这是因为征收碳税后私人可能出于未来碳税税率增加的预期而短期增加开采量。碳交易制度的理论基础是科斯定理，通过数量规制确保了总污染水平的下降，即对减排数量进行确定。碳交易制度指对碳排放权这种“商品”进行交易，各国政府确定碳排放总量后将初始排污权分给各主体，各主体可以在碳排放权交易市场中通过出售和购买的方式实现排污权的二次分配，从而提升社会整体效率。目前叠加实施碳税制度与碳交易制度已成为趋势，目前已有加拿大、墨西哥、瑞士、英国等15个国家和地区同时实施碳税制度与碳交易制度两种政策工具。叠加实施碳交易制度和碳税制度已成为趋势，如加拿大、墨西哥、瑞士、英国等15个国家和地区。且叠加实施碳税制度与碳交易制度的国家往往是宣布确立碳中和目标的国家。基于市场的碳定价机制被认为是实现将全球变暖限制在1.5℃目标的关键，然而有关碳税制度和碳交易制度的减排效应差异以及协调效应的研究依然不足。

对此，本文基于161个国家（地区）的面板数据，采用双重差分模型评估和比较两类碳定价机制的减排效应及差异，我们特别关注了两者之间是否会产生协同效应。本文第一个创新点是基础数据最大限度包含国家数目。结果说明碳税制度与碳交易制度均有利于降低人均二氧化碳排放量和单位GDP二氧化碳排放量（碳强度）。同时两种碳定价制度亦在降低人均温室气体总排放量、单位GDP总温室气体总排放量方面具有显著作用。在减排降碳方面，单独实施碳交易制度的作用效果优于单独实施碳税制度，碳税制度与碳交易制度存在一定的协同作用，且碳交易制度对于碳税制度的加成作用更显著。另外，结果表明碳税制度更能有效为政府增加收入，各国通用经验是会将政府部分增收收入用于节能减排投资，这有利于在良性循环中发挥碳税制度对于抑制二氧化碳的积极作用。碳交易制度可以通过提升清洁能源的使用比例以及提高国家创新水平以降低碳排放水平。

在本文的稳健性检验中，我们不仅采用了更换被解释变量、考虑产业转移碳排放的方法，另外，我们创新性地运用 Bartik 工具变量法：选取国家邻国中实施碳税制度或者碳交易制度的国家作为国家是否实施碳定价工具的组成单元，然后计算出国家个数占据邻国总个数的比例作为单元份额。选取已实施碳定价工具年份为替代对象，得到其增长率后乘以单元份额得到 Bartik 的工具变量。选定 Bartik 工具变量后进行的回归结果所估计的系数绝对值明显增大，即碳定价工具降碳效果可能被低估。这表明可能存在着反向因果问题：一方面，一些对碳排放具有更严苛要求、积极培育绿色发展模式的国家往往更有可能实施碳价制度，另一方面，这些国家中已经积极开展限制碳排放工作，这使碳税制度和碳交易制度在降低碳排放量方面的边际效益降低。结果均说明基础回归结果具有稳健性。

异质性分析中我们继续以碳税制度和碳交易制度为分析对象，探究其减排效应与所在国家（地区）的发展水平、国家治理特征、自然因素、财政压力和国际环境责任方面是否有关。本文第三个创新点是对于碳税制度与碳交易制度的降碳作用进行了异质性对比分析。在国家经济发展水平方面，国家发达程度对碳税产生异质性影响，而对于碳交易制度的影响不显著；金融市场发达水平对二者均产生显著性影响。国家治理特征方面显示出碳税制度降低碳排放的效果随着民主程度的提升而降低，碳交易制度降低碳排放的效果随着民主程度的提升而增强。在国家自然因素方面，碳税制度与碳交易制度在燃料出口占商品出口的百分比较高、海岸线长度和国家面积比较低的国家有着更好的降碳效果。在签订国际条约方面，以《京都议定书》为例，国际条约的签订确定对两种政策制度的降碳作用产生加成影响。在国家债务水平方面，政府净债务水平只对碳税制度产生异质性影响，短期外债水平只对碳交易制度产生异质性影响，但是结果一致说明两种碳定价工具在债务压力更大的国家往往有着更好的目标效果。

**关键词：**碳定价机制；碳减排；跨国数据；协同效应

# Abstract

Carbon pricing system is an important policy tool to deal with climate change caused by human activities. This paper mainly discusses carbon tax system and carbon trading system. Due to the negative externalities of environmental pollution and the positive externalities of pollution control, it is difficult to achieve spontaneous carbon reduction under the regulation of market mechanism. Environmental problems arise from externalities and unclear property rights, so the corresponding solutions can be price incentives and property rights incentives, corresponding to carbon tax system and carbon trading system respectively.

The theoretical basis of carbon tax is Pigovian Tax, which determines the carbon price in the form of tax rate. The government increases the private cost to market players in the form of setting the emission price of emitters, so as to influence their behavioral costs and interfere with their behavioral choices, so as to achieve the purpose of reducing carbon dioxide emissions. However, scholars have different conclusions on whether the carbon tax system is conducive to energy conservation and emission reduction. This is because after the carbon tax is imposed, the private sector may increase the mining volume in the short term in anticipation of the carbon tax rate increase in the future. The theoretical basis of carbon trading system is Coase theorem, which ensures the reduction of total pollution level through quantitative regulation, that is, the amount of emission reduction is determined. Carbon trading system refers to the trading of carbon emission rights as a "commodity". After each government determines the total amount of carbon emission, the initial emission rights will be allocated to each subject. Each subject can realize the secondary allocation of emission rights by selling or purchasing in the carbon emission rights trading market, so as to improve the overall efficiency of the society. At present, it has become a trend to implement carbon tax system and carbon trading system together. At present, 15 countries and regions, including Canada, Mexico, Switzerland and the United Kingdom, have implemented carbon tax system and carbon trading system at the same time. It has become a trend to implement carbon trading system and carbon tax system together, such as Canada, Mexico, Switzerland, the United Kingdom and 15 other countries and regions. And countries that impose carbon tax systems and carbon trading systems on top of each other tend to be the ones that have announced the goal of carbon neutrality. Market - based carbon pricing is considered to be the key to achieving the goal of limiting global warming to 1.5℃. However, there are still insufficient studies on the differences and coordination effects of carbon tax and carbon trading.

In this regard, based on panel data from 161 countries (regions), this paper evaluates and compares the emission reduction effects and differences of the two carbon pricing mechanisms using a differential model. We pay special attention to whether there will be synergistic effects between the two mechanisms. The first innovation of this paper is that the basic data contains the maximum number of countries. The results show that carbon tax system and carbon trading system are beneficial to reduce carbon dioxide emissions per capita and carbon dioxide emissions per unit of GDP (carbon intensity). At the same time, the two carbon pricing systems also play a significant role in reducing the total greenhouse gas emissions per capita and the total greenhouse gas emissions per unit of GDP. In terms of carbon reduction and reduction, the effect of implementing the carbon trading system alone is better than that of implementing the carbon tax system alone. The carbon tax system and the carbon trading system have a certain synergistic effect, and the carbon trading system has a more significant effect on the addition of the carbon tax system. In addition, the results show that the carbon tax system is more effective in increasing government revenue. The common experience of various countries is that part of the government's increased revenue will be used for investment in energy conservation and emission reduction, which is conducive to playing a positive role of the carbon tax system in curbing carbon dioxide in a virtuous cycle. Carbon trading can reduce carbon emissions by increasing the proportion of clean energy used and by increasing national innovation.

In the robustness test of this paper, we not only adopted the method of replacing explained variables and considering industrial transfer carbon emissions, but also innovatively used the Bartik instrumental variable method: The neighboring countries that implement carbon tax system or carbon trading system are selected as the component unit of whether the country implements carbon pricing tool. Then, the proportion of the number of countries in the total number of neighboring countries is calculated as the unit share. The year when the carbon pricing tool has been implemented is selected as the alternative object, the growth rate is obtained, and then multiplied by the unit share to obtain Bartik's instrumental variable. The absolute value of the coefficient estimated by the regression results after the selection of Bartik instrumental variables increases significantly, that is, the carbon reduction effect of carbon pricing tool may be underestimated. This suggests that there may be a reverse causality problem: on the one hand, some countries that have more stringent requirements on carbon emissions and actively cultivate green development models are more likely to implement a carbon price system; on the other hand, these countries are already actively limiting carbon emissions, making the marginal benefit of carbon tax and carbon trading systems in reducing carbon emissions less. All the results show that the basic regression results are robust.

In the heterogeneity analysis, we continue to take the carbon tax system and the carbon trading system as the analysis objects to explore whether the emission reduction effect is related to the development level of the country (region), the characteristics of national governance, natural factors, financial pressure and international environmental responsibility. The third innovation point of this paper is to compare and analyze the heterogeneity of carbon reduction effects of carbon tax system and carbon trading system. In terms of the level of national economic development, the degree of national development has a heterogeneous effect on the carbon tax, but has no significant effect on the carbon trading system. The level of financial market development has significant influence on both of them. The characteristics of national governance show that the effect of carbon tax system on reducing carbon emissions decreases with the improvement of the degree of democracy, while the effect of carbon trading system on reducing carbon emissions increases with the improvement of the degree of democracy. In terms of national natural factors, carbon tax system and carbon trading system have better carbon reduction effect in countries with higher percentage of fuel export to commodity export and lower coastline length and national area. In the aspect of signing international treaties, taking the Kyoto Protocol as an example, the signing of international treaties will definitely have a plus effect on the carbon reduction effect of the two policy systems. In terms of national debt level, net government debt only has a heterogeneous impact on the carbon tax system, while short - term foreign debt only has a heterogeneous impact on the carbon trading system. However, the results consistently show that the two carbon pricing tools often have better target effects in countries with greater debt pressure.

**Keywords**: Carbon pricing mechanism; Carbon reduction; Transnational data; Synergistic effect

# 1.

# 绪 论

## 1.1 研究背景

联合国政府间气候变化专门委员会（IPCC）在2022年发布的《气候变化2022：减缓气候变化》报告中对当下严峻的全球变暖与碳排放形势予以警示：为了实现将全球变暖限制在《巴黎协定》1.5℃以内的目标，需要在2025年前全球温室气体排放量达到峰值，并在2030年之前减少43%。目前来看，全球的气体排放量情况不容乐观，并且各国际组织都对此给予高度重视且采取相应的干预限制措施，如签订气候协议，且越来越多的国家选择实施碳定价政策来激励减排。2020年的《碳定价机制发展现状及未来趋势》报告指出截至2020年，目前有58项碳定价举措正在实施中，覆盖约占全球温室气体排放量的15.1%。较之2020年的数据情况，2021年多增加了6项正在实施的碳定价举措，有3项正在计划实施中，所覆盖的全球气体排放量显著提高了6.4%，这主要是得益于中国碳交易制度系统的正式启动。碳定价制度实际是一种衡量温室气体（GHG）排放的外部成本的工具，通过建立排放单位的供求关系，排放交易制度确立了温室气体排放的市场价格。碳定价主要包括碳税制度和碳交易制度，碳税以化石燃料消耗量折算的二氧化碳排放量或者二氧化碳实际排放量为计税依据，制定税率直接为碳定价。碳交易制度是指企业根据自身需要与实际情况对二氧化碳排放额度的交易，且实施的具体内容具有一定的国别差异。全球范围内实施碳税和碳市场政策对碳减排产生了多大的效应，受到研究者和政策制定者的持续关注，因为这决定着政策的选择和改革方向。

大量的研究以各国所实施的碳税或碳市场政策为例，系统研究了碳定价机制的减排效应（Chu et al.，2021；Dong et al.，2022；Edenhofer & Kalkuhl，2011；Han et al.，2015；Nordhaus，2006；Sadayuki & Arimura，2022；Saveyn & Regemorter，2007；Uri & Boyd；1997）、分配效应（Chen &

Nie，2016；Bureau，2011；Berry，2019；Elisa et al.，2020；Fankhauser et al.，2010；Goulder，1996；Goulder & Schein，2019；Li et al. 2015；Moz－Christofoletti & Pereda，2021；Jiang & Shao，2014）、创新激励效应（Barragán－Beaud et al.，2018；Chen et al.，2020；Hasan et al.，2021；Wang et al.，2019；Zhang et al.，2022）和经济增长效应（Hasan et al.，2021；Oueslati，2013；Peng et al.，2021；Chu et al.，2021；Wesseh et al.，2017）。其中，关注更多地聚焦于两类碳定价机制的减排效应及其与经济发展的协调程度，这是因为传统命令控制型的环境政策被认为既不利于经济发展，也会带来较大的福利损失，比如恶化收入分配和导致失业增加。同时一些研究也从理论上分析了碳税制度和碳交易制度各自所具有的比较优势。碳税制度属于价格激励策略，其本质是税收，故其通过强制性直接进行价格干预，即通过相对价格的改变来引导经济主体的行为，达到降低碳排放数量的目的。碳交易制度属于产权激励策略，通过数量规制确保了总污染水平的下降。碳交易制度需要制定建立一个排放交易市场，同时需要建立和完善相关法规制度，所以更为复杂，同时也受覆盖面和调控范围限制、碳市场价格形成机制构建难度大、市场失灵等因素影响。

叠加实施碳交易制度和碳税制度已成为趋势，如加拿大、墨西哥、瑞士、英国等 15 个国家和地区。Fankhauser et al.（2010）也指出政策制定者越来越多地结合多种政策工具来实现节能减排的目标。且叠加实施碳税制度与碳交易制度的国家往往是宣布确立碳中和目标的国家。此外，与本文直接相关的一些文献从理论和政策模拟的视角研究碳交易政策和碳税政策的协调效应。Fischer et al.（2011）在文中通过构建动态随机一般均衡（DSGE）模型对碳税制度、碳交易制度和排放强度目标这三种气候政策工具进行分析，以探究其对经济动态的影响。研究结论表明碳税制度与碳交易制度对经济的影响程度是基本类似的，然而碳交易制度会降低经济波动性，而碳税制度则呈现出相反的变化趋势。而较之碳税制度与碳交易制度，排放强度目标可以更好地促进经济增长，降低节能减排和经济转型过程中的福利损失。然而，碳税制度在经济转型动态中对福利的直接影响（消费）则是最低的。Zhang et al.（2022）利用动态 CGE 模型研究了碳交易制度和碳税共同作用的混合政策对中国经济、能源和环境的影响，与纯碳交易制度相比，混合减排政策有助于在 2030 年之前达到碳排放峰值，且经济成本较低。此外，碳税制度与碳交易制度的协调使用可以促进能源消费结构的优化，加速能源强度的下降；这有助于遏制能源消费总量和碳排放总量的增长。然而，有关碳税与碳交易政策协同效应的文献一直缺乏经验证据。

## 1.2 主要研究内容和拟解决的问题

总体上看，现有有关碳定价机制的研究主要基于特定国家或地区相关效应的评估，早期的如美国、欧盟，近期的如中国等，由于碳泄漏的存在，使得基于单一国家的分析很难从一般性角度评估碳定价机制的效应，而且基于单一国家的分析很难将结论外推至其他国家，其结论的适用性和解释力会受到质疑。更为重要的是，现有研究主要是从理论和政策模拟的角度来分析碳税制度和碳交易制度的协同效应，在距离实现巴黎协定目标越来越近的背景下，对同时实施碳税制度和碳交易制度两种政策工具的呼声也越来越大，这就需要我们进一步从实证的角度来评估两类政策各自对于碳排放的影响效应以及之间的作用关系，并提供相应的经验证据。

## 1.3 研究方法、贡献和研究思路

有鉴于此，本文主要基于 1990—2019 年全球 161 个国家（地区）的面板数据，采用多时点倍差方法来评估碳定价机制的减排效应及协同效应，具体说来，我们同时评估了碳税制度和碳交易制度的减排效应，以及两者的协同减排效应。我们采用 Bartik 工具变量法来缓解内生性问题的影响，并特别关注了两种碳定价机制减排效应的异质性特征。我们的研究不仅证实了两种碳定价机制各自所具有的独特减排效应，而且也表明两者之间具有一定的协同减排效应。相对而言，本文研究的贡献主要为：首先，本文从全球视角采用跨国（地区）面板数据从一般性的角度评估了碳税和碳交易政策的减排效应，并考虑两类政策之间的协同减排效应，这是对现有碳定价机制文献和碳定价协同效应评估文献的重要补充。其次，我们采用多时点的双重差分方法，并采用包括基于 Bartik 工具变量法在内的多种稳健性检验，证实了文章结论的可靠性。最后，我们的研究还分析两类碳定价机制的减排效应是如何受到所在国家（地区）制度特征、财政经济水平和自然环境的影响，这为进一步厘清碳定价机制作用发挥所依赖的条件提供了证据。

本文研究思路设计如下：第一部分为文章的制度背景，主要阐释碳税政策和碳市场政策及其在全球的应用情况；第二部分对碳税制度与碳交易制度的相关文献进行梳理，并对碳定价工具的地理分布与发展历程进行归纳总结，并且对国家层面同时实施碳税制度与碳交易制度的国家进行详细描述；第三部分对变量、数据来源和经验识别策略进行描述；第四部分主要介绍和讨论了基准回归结果、协同效应结果、机制分析；第五部分报告了各类稳健性结果与异质性分析；第六部分为结论与启示。

# 2.

# 文献综述与国别梳理

## 2.1 定价机制与运作方式

碳税是对化石燃料消耗量折算的二氧化碳排放量或者二氧化碳实际排放量按比例进行征收的税。“庇古税”方案强调通过税收和补贴可以使得外部效应内部化，环境税的概念便来源于此（Lint，2020）。英国著名经济学家庇古（Pigou，1920）于1920年在《福利经济学》中提出个人成本与社会成本不一致会导致市场自由分配失灵，可以采取对污染者征税或收费的办法来使企业成本等于社会成本。碳税制度通过征税使得个人成本等于社会成本，是庇古税的一种典型应用。碳税制度通过赋予碳价改变市场中替代能源和廉价燃料的相对价格，增强替代能源的价格竞争力以鼓励市场主体消费替代能源，以降低二氧化碳排放水平（Chiu et al.，2015），增加能源供应成本直接倒逼企业通过各种方式降低二氧化碳排放水平，同时碳税制度也可通过国内外贸易链条间接影响碳排放水平（Jia & Lin，2020）。

碳排放权被视为一种可衡量的商品，能够维护气候稳定。其可以依托于供需机制的“成本效益”的分配与再分配，从而实现社会资源的较优配置（Chen et al.，2018；Lohmann，2010）。价格激励策略可以分为总量控制策略和价格控制策略。碳排放制度是典型的总量控制型环境规制政策（Jia & Lin，2020），对碳排放总量进行限制，但允许企业主体进行交易（Chiu et al.，2015）。科斯定理核心是“通过明晰产权获得资源配置效率”（Coase，1960）。碳交易制度的概念则源自科思定理。碳交易制度通过激励生产商主动进行节能减排实现绿色发展（Chiu et al.，2015；Douglas et al.，1992）。Hong et al.（2022）以2003年至2016年中国的276个城市数据为样本发现碳交易制度可以通过促进创新和优化企业资源配置显著提高能源效率；同样基于中国城市数据，Dong et al.（2022）发现碳交易制度通过影响地方企业的创新能力和地方产业的区位选择来影响碳排放水平。

实施碳税制度或者碳交易制度通过将环境负外部性内部化的方式对碳排放予以“惩罚成本”，以此激励企业降低二氧化碳排放水平，同时碳定价制度可以促进企业创新水平（Anderson et al.，2018；Aldy et al.，2017）。

学者对于如何选择碳价政策提供了理论和实践方面的经验。理论方面，Weitzman（1974）最早对政策判断提供了理论定理支持，通过比较边际收益曲线和边际减排成本曲线的斜率大小来进行政策选择。若边际收益曲线斜率的绝对值小于边际减排成本的斜率绝对值，则价格政策（碳税政策）更有效，反之，则数量政策（碳交易政策）更有效。另外，需要将预设租金因素考虑在内（Mackenzie & Ohndorf，2012）。实践方面，需考虑国家本身的经济发展水平、国家治理特征等因素。碳税制度相对于碳交易制度在易于管理、确定价格、促进投资、增加大量收入以增加财政可持续性、排放源覆盖广泛等方面具有显著优势，且这种优势在发展中国家更为明显，而碳交易制度可能具有更为显著的政治经济优势（Parry et al.，2022）。再者，当一个国家在选择减排工具时候，需要审查能源市场的结构。在完全竞争市场下，两种政策工具在相同气体排放量的条件下对应相同的碳价；在不完全竞争市场下，相同气体排放量的限制条件下碳交易制度对应的汽油价格更高（Chiu et al.，2015）。

外部性和产权不明晰导致环境问题的产生，可以选择价格激励与产权激励对其进行解决，对应的碳定价工具分布为碳税制度与碳交易制度。碳税制度对价格进行确定，易于管理；碳交易制度对数量进行确定，实施相对复杂。这种价格确定性和数量确定性之间的权衡对节能减排政策工具的设计具有重要的环境、经济和政治经济意义。

## 2.2 影响效应

在减排效应方面，绝大多数研究人员认为，征收碳税最有利于发挥碳定价工具节能减排的影响作用（Nordhaus，2006；Saveyn & Regemorter，2007；Han et al.，2017；Jia & Lin，2020）。如在 GDP 效应不变的情况下，碳税制度的相对减排效率高于碳交易制度，且这种优势在更为长期的时间跨度内更为显著（Jia & Lin，2020）。Uri & Boyd（1997）基于墨西哥的具体数据得出碳定价工具通过赋予气体排放价格有助于实现经济和环境的共赢。但也有些研究结论与之矛盾。如“绿色悖论”——一些研究者认为碳税制度将会加速全球变暖的进程。这是因为资源所有者预期未来碳税增加，而选择短期内在资源使用成本较低的条件下加大当下的能源使用量。但也有研究证明，只有碳税增长率低于资源所有者有效利率的增长率时，绿色悖论才会出现（Edenhofer & Kalkuhl，2011）。在碳交易制度的减排分析方面，Dong et al.（2022）基于中国城市层面数据发现碳交易制度在降低碳排放总量和改善空气质量方面存在协同效应，但是没有显著改善碳排放强度。同时 Chu et al.（2021）指出适当地提高赋予的碳价可以增强碳交易制度降低二氧化碳水平的潜力。另外，Sadayuki & Arimura（2022）在构建差分模型得出碳交易制度能够显著降低碳排放水平的结论之外，指出在碳交易制度实施管制强度较低的地区，规模较大的实体更有能力减少二氧化碳的排放。

在分配效应方面，不考虑税收收入用以补贴公众，征收碳税制度会增加收入分配差距。这是因为碳税具有累退性（Bureau，2011；Jiang & Shao，2014；Berry，2019；Moz－Christofoletti & Pereda，2021）。如 Jiang & Shao（2014）基于中国上海数据构建投入产出模型和计算 Suits 指数发现碳税支出占总支出的比例在低收入群体中为 0.853%，而在高收入群体中为 0.712%。Chen & Nie（2016）经研究发现随着碳税税率的提高社会福利指数先上升后下降。Moz－Christofoletti & Pereda（2021）对此解释道：一方面，低收入家庭对大多数碳密集型产品的价格弹性较小，征收碳税后低收入家庭将面临着更大的负担；另一方面，由于产品价格相互作用的链条机制存在，食品等消费品价格的变动将会对低收入家庭产生更大的消极影响。因为低收入家庭的恩格尔系数更高。另外，可以通过缩小税基或者仅对碳含量高的产品实施可自由支配的碳税政策，通过将高收入家庭的关税收入补贴低收入家庭，可以降低碳税的递减性。而碳交易制度一般具有累进的特点，有利于缩小收入分配差距。这是因为低收入人群对应的碳排放气体更低（Li et al. 2014；Elisa et al.，2020）。但是 Goulder（1996）指出碳定价工具都对社会收入分配产生不利影响。Goulder & Schein（2019）发现外生排放定价可以比纯粹的限额交易政策工具减少价格波动与降低预判错误。

波特假说的核心思想是合理、严格的环境规制能够通过促进企业技术创新实现经济增长与环境减排。Wang et al.（2019）通过使用倾向得分匹配差异法得出中国“波特假说”于碳交易制度这项环境规制政策是事实存在以及碳交易制度有利于中国向低碳经济转变的结论。Hasan et al.（2021）发现在碳价制度的规制下，碳减排量与绿色技术投资成正比。将碳税制度和碳交易制度进行比较，Barragán－Beaud et al.（2018）指出同等目标水平下的两种制度，碳交易制度具有更高的成本效率和更低的扩大收入分配差距的效应。同时碳交易制度在利益相关主体中有更高的社会共识。Chen et al.（2020）指出相比较于碳税制度，碳交易制度更有利于促进清洁创新。

Zhang et al.（2022）基于2008—2017年中国30个省区市的面板数据探究碳排放制度于中国是否存在波特效应，他的研究结果却得出了相反的结论：碳交易制度于中国短期抑制了绿色技术创新。这是因为碳排放制度赋予碳排放以价格，增加了企业的资本压力，在企业层面短期内主要发挥资本挤出效应，不利于绿色技术创新资本的投入。且这种抑制作用与地区企业初始碳排放水平呈负相关。学者之间观点的矛盾和冲突是由于研究对象、时间跨度和实证模型选择的不同，本文受限于公开数据的完整度，在筛选方面尽量多地将全球国家包含在研究数据中，时间跨度选择1990—2019年，希望能够在相对完整数据水平的基础上在碳定价制度方面得到一些有意义的发现。

在经济效应方面，微观层次上，Hasan et al.（2021）发现碳税制度通过降低碳排放水平能够增加企业利润，而碳交易制度对企业总利润的影响不显著。宏观层次上，Oueslati（2013）发现环境税对于经济发展与社会福利的影响在不同的周期中呈现异质性：短期环境税不利于发展经济与促进社会福利水平，但是在长期内则整体表现为积极的促进影响。碳税制度不能降低失业率（Swedish Environmental Protection Agency，2004）。Peng et al.（2021）利用2008—2016年省份—行业面板数据发现碳交易制度对于就业和资本回报率影响不大。Chu et al.（2021）采用绩效评价的非参数方法发现碳交易制度能够改善投入产出的潜力，有利于促进经济的向好发展。

## 2.3 碳定价工具地理分布、发展历程

### 2.3.1 碳税制度地理分布及发展历程

根据Carbon Pricing Dashboard的数据统计，目前碳税制度主要分布在北美拉丁美洲、欧洲、东亚、撒哈拉以南非洲以及加勒比地区、太平洋地区。北美拉丁美洲和加勒比地区有阿根廷、智利、哥伦比亚、墨西哥；欧洲有芬兰、法国、波兰、挪威等20个国家；东亚和太平洋地区有印度尼西亚、日本和新加坡；撒哈拉以南非洲地区有南非。

芬兰是第一个实施碳税制度的国家，自1990年设立碳税制度后将其列入能源税范畴中。同年波兰亦设立碳税制度，并将其列入《环境保护法案》中将碳税制度法制化。1991年，瑞典引入了碳税：按燃料的平均化燃料碳含量计算。通过将碳税税率的设定依赖于化石能源中的含碳量，从而针对不同的化石能源制定了不同的税率。碳税制度作为对现有能源税体系的补充，引入当年瑞典按照排放每吨二氧化碳31美元的税率作为单独税目征收，

同时能源税税率降低 50%。且瑞典碳税税率水平仍处各国首位，为 $\$137/tco^{2}$。2010—2017 年引入碳税制度的国家数目快速增加，冰岛、爱尔兰等 11 个国家先后加入实施碳税制度的行列中。近两年中，奥地利、印尼、卢森堡、荷兰开始实施国家层面的碳税制度。

表 2-1 整理了 2021 年部分国家碳税税率情况：

**表 2-1　　各国碳税税率情况**

| 国家 | 碳税率 | 国家 | 碳税率 |
|---|---|---|---|
| 瑞典 | $\$137/tco^{2}$ | 爱德华王子岛 | $\$24/tco^{2}$ |
| 瑞士 | $\$101/tco^{2}$ | 斯洛文尼亚 | $\$20/tco^{2}$ |
| 列支敦士登 | $\$101/tco^{2}$ | 西班牙 | $\$18/tco^{2}$ |
| 芬兰 | 交通燃料 $\$72/tco^{2}$；其他化石燃料 $\$62/tco^{2}$ | 拉脱维亚 | $\$14/tco^{2}$ |
| 挪威 | 降低欧盟废气排放交易系统的天然气收费 $\$4/tco^{2}$；含氟气体 $\$4/tco^{2}$ | 塔毛利帕斯州 | $\$13/tco^{2}$ |
| 法国 | $\$52/tco^{2}$ | 萨卡特卡斯 | $\$12/tco^{2}$ |
| 卢森堡 | 所有化石燃料 $\$23/tco^{2}$；柴油 $\$40/tco^{2}$ | 南非 | $\$9/tco^{2}$ |
| 爱尔兰 | $\$39/tco^{2}$ | 下卡尔福尼亚 | $\$8/tco^{2}$ |
| 不列颠哥伦比亚省 | $\$36/tco^{2}$ | 阿根廷 | $\$6/tco^{2}$ |
| 荷兰 | $\$35/tco^{2}$ | 哥伦比亚 | $\$5/tco^{2}$ |
| 冰岛 | 液态和气态化石燃料 $\$35/tco^{2}$；含氟气体 $\$20/tco^{2}$ | 新加坡 | $\$4/tco^{2}$ |
| 新布伦瑞克 | $\$32/tco^{2}$ | 墨西哥 | 航空燃料 $\$3/tco^{2}$；石油焦炭 $< \$1/tco^{2}$ |
| 加拿大 | $\$32/tco^{2}$ | 日本 | $\$3/tco^{2}$ |
| 葡萄牙 | $\$28/tco^{2}$ | 爱沙尼亚 | $\$2/tco^{2}$ |
| 丹麦 | 所有化石燃料 $\$28/tco^{2}$；含氟气体 $\$24/tco^{2}$ | 波兰 | $< \$1/tco^{2}$ |
| 英国 | $\$25/tco^{2}$ | 乌克兰 | $< \$1/tco^{2}$ |

（注：根据世界银行报告 State and Trends of Carbon Pricing 2021 数据整理）

## 2.3.2 碳交易制度分布情况地理分布及发展历程

根据 Carbon Pricing Dashboard 的数据统计，目前碳交易制度主要在北美拉丁美洲、南美、欧洲、中亚、东亚和太平洋地区、加勒比地区。北拉丁美洲和加勒比地区仅有墨西哥；南美地区是仅有加拿大国家；欧洲和中亚地区有瑞士、英国、德国等 28 个国家；东亚和太平洋地区有澳大利亚、中国、朝鲜共和国、新西兰。

欧盟排放交易体系（EU ETS）是目前世界上最大的温室气体限额交易体系，也是最早开始实施的碳交易制度体系。欧盟排放交易制度体系于 2005 年建立，是《欧洲绿色协议》一揽子立法的一部分。其主要采用总量管制与交易的碳交易制度体系，致力于将温室气体排放圈定在目标范围之内。欧盟排放交易体系的发展经历了三个阶段：第一阶段免费对排放份额进行分配（2005—2007 年）；第二阶段是对排放份额进行依托于部分金融业务的自由分配（2008—2012 年）；第三阶段是以拍卖为主要方式对排放份额进行分配（2013—2020 年）。从 2023 年起欧盟碳交易制度体系新增海事部门，并对建筑物和道路运输实施单独的碳排放交易制度（WB，2022）。

在亚洲地区，韩国于 2015 年开始实施排放交易系统的国家，也是亚洲第一个开始正式实施国家层面的碳交易制度的国家（Saedaseul，2019）。在中国，排放权有偿使用和交易制度于 2002 年开始进入摸索阶段；2011 年，我国开始碳排放权交易体系设计，2012 年，提出构建中国核证自愿减排（CCER）交易机制。从 2013 起，北京、天津、上海、重庆、湖北、广东等省市相继开展碳交易试点。2014 年 8 月，国务院颁布《关于进一步推进排放权有偿使用和交易试点工作的指导意见》。2017 年，全国碳交易市场建设正式启动，中国于 2021 年 3 月发布《碳排放权交易管理暂行条例（草案修改稿）》，全国碳交易制度于 2021 年 7 月正式启动。

表 2－2 整理了部分国家 2021 年碳交易制度碳价情况：

**表 2－2　　各地碳交易制度碳价情况**

| 国家 | 碳税率 | 国家 | 碳税率 |
|---|---|---|---|
| 欧盟 | $ 50/$tco^2$ | 上海 | $ 6/$tco^2$ |
| 瑞士 | $ 46/$tco^2$ | 广东 | $ 6/$tco^2$ |
| 萨斯喀彻温省 | $ 32/$tco^2$ | 埼玉县 | $ 5/$tco^2$ |
| 加拿大 | $ 32/$tco^2$ | 东京 | $ 5/$tco^2$ |
| 阿尔伯塔省 | $ 32/$tco^2$ | 湖北 | $ 4/$tco^2$ |
| 德国 | $ 29/$tco^2$ | 北京 | $ 4/$tco^2$ |
| 新西兰 | $ 26/$tco^2$ | 天津 | $ 4/$tco^2$ |
| 不列颠哥伦比亚省 | $ 20/$tco^2$ | 重庆 | $ 4/$tco^2$ |
| 新斯科蒂亚尔 | $ 20/$tco^2$ | 福建 | $ 1/$tco^2$ |
| 加利福尼亚州 | $ 18/$tco^2$ | 深圳 | $ 1/$tco^2$ |
| 马萨诸塞州 | $ 7/$tco^2$ | 哈萨克斯坦 | $ 1/$tco^2$ |

（注：根据世界银行报告 State and Trends of Carbon Pricing 2021 数据整理）

### 2.3.3 同时实施碳税制度与碳交易制度的国家详述

（1）加拿大

加拿大于2019年同时开始实施国家层面的碳税制度和碳交易制度，制度设计方面碳税对应汽油和天然气等化石燃料的燃料费，碳交易制度对应基于工业绩效的定价体系，即基于产出的定价体系。加拿大的联邦碳定价系统的目的是：确保对工业排放者有价格激励，以减少温室气体排放和刺激创新，同时保持竞争力和防止“碳泄漏”（即工业设施从一个地区转移到另一个地区以避免承担碳污染成本的风险）。

对于加拿大而言，碳税制度和碳交易制度分别对应燃料费和OPBS系统，共同组成联邦碳定价系统：对汽油和天然气等化石燃料的监管收费，即燃料费，以及基于工业绩效的定价体系，即基于产出的定价体系。通过覆盖范围可以看到，加拿大碳税和ETS覆盖的范围应该是有重叠的。OBPS目的是将通过其产生的所有收益返还到收集这些收益的省或地区，以帮助进一步减少温室气体排放。具体而言，燃料费是对于转移、进口等环节对燃料量征收的碳税，而OBPS是对排放量进行限制的体系，并且强制性适用于重型企业；可能出现重叠的就是一个是针对转移量一个是针对排放量，所以同一个企业在购买燃料的时候缴纳碳税，在企业排放量超标后还需进行超过限额的超额排污费；企业OBPS中盈余信用可以储存或者出售。OBPS适用于每年排放50万吨或以上二氧化碳的工业设施，并在排放密集和受贸易影响的部门从事特定活动。每年二氧化碳排放量超过10千吨的工业设施，可申请自愿参与。通过只对超出设施排放限制的排放施加价格。碳税与碳交易均为碳价工具，为了降低碳排放，碳交易制度更像是对碳税制度的补充。OBPS基于产出的标准在很大程度上是根据加拿大所有生产类似产品的设施的生产加权平均排放强度制定的。OBPS为每个受OBPS（覆盖设施）约束的设施设定了排放限制。这一排放限值是根据某一产品或活动单位产出的温室气体排放的设定水平计算出来的。

$$\sum_{i=1}^{n}\sum_{j=1}^{m}(A_j \times B_j)_i$$

$A_j$为发电机的总数，$B_j$为对应的折算系数①。

联邦碳定价系统在加拿大地方实施时具有一定的灵活性。自2019年以来，加拿大的每个司法管辖区都对碳污染进行了定价。加拿大的做法很灵

---

① http：//laws－lois. justice. gc. ca.

活：任何省份或地区都可以根据当地需求设计自己的定价体系，也可以选择联邦定价体系。联邦政府制定了所有系统必须达到的最低国家严格标准，以确保它们具有可比性，并为减少温室气体排放贡献公平份额。如果一个省决定不给污染定价，或者提出了一个不符合这些标准的系统，联邦系统就会对此产生作用。这确保了对所有加拿大的一致性和公平性。如果一个省决定不给污染定价，或者提出了一个不符合这些标准的系统，联邦系统就会到该地区生效。

在地理的分布上，燃油费用适用于安大略省、马尼托巴省、育空省、阿尔伯塔省、萨斯喀彻温省和努纳武特省。基于产出的定价系统适用于安大略省、马尼托巴省、新不伦瑞克省、爱德华王子岛、育空、努纳武特和萨斯喀彻温省的部分地区。所有其他省份和地区都在实施自己的定价体系。碳污染定价在加拿大是有效的。它鼓励工业提高效率，使用更清洁的技术，并鼓励新的和创新的方法来减少污染，改变能源使用方式和节约能源。

（2）墨西哥

墨西哥的碳税制度适用于所有行业的二氧化碳排放，天然气采用的是征收零税以增加政治接受度。从碳交易制度产生过程中来看，碳交易制度在碳税存在下依据于体制逐渐从可抵扣应纳税额发展起来的，并且其针对的行业也是水泥、钢铁、炼油厂、食品饮料和化工，从产生过程或者覆盖范围以及针对的气体排放量都可以将碳交易制度看作是碳税制度的补充。墨西哥的碳税是生产和服务特别税下的一种消费税。化石燃料税适用于在全国范围内销售或进口化石燃料，天然气除外。它不是对燃料的全部碳含量征税，而是对与天然气相比额外的二氧化碳排放含量征税。纳税人可以选择通过碳信用的交付来支付这种税，如果这些碳信用来自在墨西哥开发的项目，并得到了《联合国气候变化框架公约》的认可。税收将用于能源效率、技术、改善和公共交通等方面。

除了碳税，在加州和魁北克地方政府的支持下，墨西哥于2019年开始实施碳排放交易计划（ETS）的试点项目。ETS的目的是通过设定排放上限和允许购买排放许可证来减少温室效应排放。该试点计划将运行3年，其中2年对应于试点阶段，1年用于向计划于2023年开始的全面运行的ETS过渡。为了促进墨西哥工业纳入这一新工具，并完成国会的授权，已确定试点项目期间的分配将基于历史排放量和国家的气候目标免费。分配给每个设施的津贴必须在试验计划开始前30天公布①。

① https://www.climatescorecard.org/2020/03/mexicos-well-established-carbon-tax-and-pilot-emissions-trading-system-with-california-and-quebec/.

墨西哥碳交易制度试点于2020年1月开始运行。它涵盖了每年至少产生10万吨二氧化碳的能源和工业部门的直接二氧化碳排放。

碳交易制度的免费排放配额分配在试验阶段（2020—2023年）。分配是基于每个装置的历史排放：2020年，免费分配等于2016—2018年最新核实的排放报告。在ETS开始实施之前，运营商的排放报告每三年才被核实一次。从2021年起，免费分配的依据是最新核实的排放报告。如有需要，将会有一个修正系数，按比例减少自由分配额，以确保自由分配额保持在上限内。新加入机构会根据其首年的排放量，从新加入机构储备中扣除100千兆二氧化碳排放量的最低门槛，获得自由分配额。如果储备用完，可以从总储备（包括新进入者准备金——上限金额的10%；拍卖准备金——上限金额的5%；一般准备金——上限金额的5%）中补充，即三种储备可以用于弥补超过免费排放配额的部分。墨西哥还没有公开的交易ETS额度的市场。目前所有的交易预计都将在柜台（OTC）进行。拍卖将于2021年开始，但尚不确定最初是否会有对补贴的需求：在试点阶段，运营商将免费获得所有补贴，并预留一笔特别储备，以弥补不足。墨西哥碳交易制度的覆盖范围为：在试点阶段，该交易计划涵盖来自固定来源的直接二氧化碳排放。在2016年至2019年至少一年内超过100千吨含碳能源超过最小阈值的装置部门都需要参与试点计划。在能源部门，它涵盖了石油和天然气的生产和分销以及发电。所涵盖的主要工业细分部门是水泥、钢铁、炼油厂、食品饮料和化工。但据估计，排放交易体系覆盖了全国温室气体排放总量的40%左右。

（3）瑞士

瑞士于2008年同时开始实施碳税制度和碳交易制度，明确提出碳税制度是碳交易制度的补充。瑞士碳税（官方名称：二氧化碳税）是根据《二氧化碳法案》制定的瑞士气候政策的核心工具。该税是对化石取暖和加工燃料征收的，是对瑞士排放交易制度和化石运输燃料补偿义务的一项补充政策措施。碳税是对所有化石热能燃料（如取暖油、天然气）征收的。购买热燃料的发票上标明了碳税。任何购买化石热能燃料的人都会自动缴纳二氧化碳税。尽管瑞士在2020年通过燃料燃烧产生的二氧化碳排放量比1990年减少了31%，但根据联邦环境办公室的统计数据，该国原本计划在2020年实现通过燃料燃烧产生的二氧化碳排放量比1990年减少33%，这是现行二氧化碳法令规定的。因此，二氧化碳税的自动增加被触发。自2008年以来，对化石燃料（包括燃料油和天然气）征收了二氧化碳税。如果没有达到二氧化碳法规定的中间目标，其水平将自动提高。对于瑞士依据碳税制度取得的税收收入①。无论能源消耗多少，税收收入的三分之二都会重新分配给民众和经济。三分之一（上限为4.5亿瑞士法郎）投资于建筑项目，以推广节能改造或可再生能源等有效减少二氧化碳排放的措施。另外2500万瑞士法郎将投入技术基金②。对于碳税的豁免可以总结成两种情况。首先是温室气体密集型设施的运营商如果承诺减少排放，就可以免征碳税：这里中小规模设施的运营商也可以通过承诺减少排放来免碳税；但是这并不是永久性的承诺，在2013—2020年减排并结束减排承诺的安装运营商不能在2022—2024年免征二氧化碳税。排放目标是从设施实际温室气体排放的起点计算，采用线性减少过程，直至终点。减排过程是基于经济上可行的减排潜力，而这一潜力是由拟议目标系统地推导出来的③；另外大型温室气体密集装置的运营商必须参与排放交易计划，并免征碳税。

瑞士排放交易体系是一个强制性的总量管制与交易体系。碳交易制度始于2008年，为期5年，在此期间，企业可以自愿加入，以替代瑞士碳税（对化石燃料征收二氧化碳税）。覆盖行业包括水泥、化工和制药、炼油厂、造纸、集中供热和钢铁。ETS参与者是指参与瑞士ETS的设施运营商和飞机运营商。从2013年开始，ETS要求大型能源密集型产业强制加入，中型产业可以自愿加入。2020年1月1日，瑞士与欧盟排放交易系统的连接生效。欧盟和瑞士于2019年12月12日宣布批准该协议，并在此之后进行了必要的立法修订，以使瑞士排放交易体系与欧盟排放交易体系兼容。这一联系经历了10年的谈判过程。随着衔接协议的生效，瑞士碳交易制度的相关实体将能够使用欧盟碳交易制度的额度来实现合规，反之亦然。然而，这两个系统分别运行拍卖。经修订的《减少二氧化碳排放条例》（$CO_2$条例）于2020年11月获得通过，将瑞士排放交易制度的新法律基础嵌入部分修订的《二氧化碳法》中，《二氧化碳法》是瑞士气候立法的核心框架，于2021年1月生效④。根据2012年11月30日生效的现行二氧化碳条例（截至2022年1月1日），总额定热输入超过20兆瓦或其他活动的装置的运营商通常有义务参与排放交易计划（ETS）（总额定热输入是指排放交易计划所考虑的安装运营商的固定装置的额定热输入的总和）。即参与排放交易计划

① https：//www. enerdata. net/publications/daily - energy - news/$co_2$ - tax - switzerland - will - increase - 25 - 2022. html.

② https：//www. bafu. admin. ch/bafu/en/home/topics/climate/info - specialists/reduction - measures/$co_2$ - levy. html.

③ https：//www. bafu. admin. ch/bafu/en/home/topics/climate/info - specialists/reduction - measures/$co_2$ - levy/exemption/step - by - step. html.

④ https：//pestalozzilaw. com/en/insights/news/legal - insights/swiss - green - taxation/.

温室气体排放较高的安装运营商必须参与碳交易制度（ETS 参与者）。二氧化碳条例列出了通常会导致高排放的活动。任何被认定为开展高水平二氧化碳排放活动的公司都必须参与瑞士排放交易计划，即开始存在强制性加入碳交易制度机制。另外碳交易系统的参与者继续免收二氧化碳税。

另外，限额的计算方式为：①总量：根据 2008—2012 年的历史数据，确定瑞士排放交易制度的绝对排放限额。②额度：每个 ETS 参与者都被分配了一定数量的排放限额，这一额度是通过基准来确定的，大多数基准被定义为每吨产品或使用的太焦耳热量的排放限额，并对应于温室气体高效生产设施的排放量。因此，ETS 参与者可根据其生产情况免费分配排放限额。FOEN 的计算还考虑了由于排放交易成本增加而将生产转移到国外的风险（“碳泄漏”）。限额的数量不依赖于能源或材料的实际使用，因此也不依赖于生产的温室气体效率。③如果计算出的免费分配额的总和超过这个数量，则分配给所有参加者的分配额将按相同的因素（跨部门校正因素）线性减少。

（4）英国

英国于 2013 年开始实施碳税制度。英国实施碳税制度赋予碳价格以支持税收旨在减少收入的不确定性的功能发挥，改善英国发电行业投资低碳发电的经济效益。之所以推出碳价格支持税，是因为欧盟补贴价格还不够稳定、确定或高到足以鼓励英国对低碳发电进行足够的投资。英国碳税制度通过税收激励脱碳的建议征求意见，对实际排放量低于其税收排放限额的设施引入奖励制度。与欧盟排放交易制度的免费津贴计划一样，这一奖励计划的目标将是激励脱碳。拥有许可证的设施超过税收排放限额才缴纳碳税。在 2021 年 1 月 1 日起实施的欧盟排放交易体系第四阶段中，创建了一个新的受监管装置类别：超小型排放者。从 2021 年 1 月 1 日起，符合超小型排放标准的设施将不受欧盟排放交易制度的主要要求的限制。这类装置在符合超小型排放者计划的期限内无须缴纳碳排放税，因为它们不持有上述相关许可证。但是，它们将被要求监测其排放量，以确认它们仍低于相关的排放阈值。对于主要计划装置和小型排放者，许可证持有人在每年 3 月 31 日将有责任就其超过上一个日历年度的税收排放限额的排放量支付碳排放税。例如，2022 年 3 月 31 日的许可证持有人将有责任为 2021 年 1 月 1 日至 12 月 31 日的排放纳税。即使在此期间或在此期间结束至 2022 年 3 月 31 日期间更改许可证持有人，也会出现这种情况。因此，那些获得许可证的企业可能需要考虑，在许可证转让给他们之前，他们将承担排放税的责任。交出许可证的过程不会影响缴税的责任。如有人交回或撤销许可证，许可证持有人须在该许可证的最迟有效日期缴交有关税款，并按有关日期收取费用。另外，英国政府也分析其引入碳税制度的弊端是：伦敦是全球商业中心，曼彻斯特、利兹和布里斯托尔等其他城市对公司和创新都很重要。引入碳税可能会阻碍投资和经济增长；公司可能会决定将生产转移到其他没有碳税的国家；可能很难准确衡量排放了多少二氧化碳，因此应该缴纳多少税，公司也可能试图绕过规则，从而在秘密污染的同时逃避纳税。

税收排放限额是一个特定的安装门槛，超过这个门槛，安装的碳排放将被征税。最初设定的排放税限额，会尽量与欧盟排放交易计划第四阶段主要排放国和小型排放国的免费排放限额和目标相一致，以保持连续性，并尽量减少行政负担。它规定，税收排放限额将根据设备的历史活动水平数据、欧盟排放交易体系基准和碳泄漏暴露因子计算。然后将对这一数字进行调整，以反映装置报告的任何合格活动水平的变化。税收排放额度将是针对每个装置的特定分配，不可交易，也不可能将未使用的税收排放额度从一年结转到下一年。

英国于 2021 年退出欧盟后开始实施本国的碳交易制度，实施碳税制度是为了维持欧盟碳交易制度的价格，激励目前在欧盟排放交易体系范围内的部门进行具有成本效益的温室气体减排，同时平衡这一行为与英国工业的竞争力。英国碳交易制度于 2021 年 1 月 1 日开始运行，英国正式退出欧盟，欧盟碳交易制度体系于 2020 年 12 月 31 日正式退出。英国政府表示，英国碳交易制度（UK ETS）采用了欧盟碳交易制度的最佳理念，但为企业提供了更大的灵活性。它还将每年减少 5% 的排放上限，这比欧盟计划的削减幅度更大，这将有助于英国实现到 2050 年实现零碳排放的目标。英国计划不迟于 2024 年修订其排放上限，以符合净零一致的目标轨迹。英国 ETS 的设计还有一个成本遏制机制（Cost Containment Mechanism），旨在缓解持续的极端价格飙升。这一机制基于设定的时间和补贴价格触发机制而生效。在之前两年，这些指标的设定低于欧盟排放交易制度。政府将进一步就供应调整机制（Supply Adjustment Mechanism）展开公众参与，这可能是应对波动的另一种机制。最低拍卖保留价 22 英镑/吨二氧化碳当量也将生效。ETS 将于 2023 年和 2028 年进行审查，英国政府也表示对未来与其他国际计划挂钩持开放态度。

# 3. 数据及模型

## 3.1 估计模型

本文应用多时点倍差方法，基于以下模型对碳税、碳交易制度对碳排放的影响进行探究。模型设定如下：

$$Y_{it} = \beta_0 + \beta_1 \times Treat_{it} + \beta \times \sum Z_{it} + \mu_i + \gamma_t + \epsilon_{it} \tag{1}$$

式（1）中，$\sum Z_{it}$ 为控制变量组合，$\mu_i$为个体固定效应，$\gamma_t$为时间固定效应，$\epsilon_{it}$为标准残差项，$i$ 表示国家，$i=1$，2，3，…，$N$；$t$ 表示年份，$t=1$，2，3，…，$T$。式中 $Treat_{it}$为核心解释变量，对国家是否实施国家层面的碳定价工具进行识别：实施碳税制度的国家赋值为 1，否则为 0；实施碳交易制度的国家赋值为 1，否则为 0。$\beta_1$表征碳定价工具对碳排放的影响，$CP_{it}$表征碳税制度或碳交易制度锁定的碳价。被解释变量是人均碳排放量、单位 GDP 二氧化碳排放量分别取对数；核心解释变量是是否实施碳税制度或者碳交易制度；控制变量是人均 GDP、商标申请总数、商品贸易在 GDP 占比、能源净进口在能源使用中占比、工业增加值占 GDP 的百分比/农业增加值占 GDP 的百分比。

对于碳定价工具如何发挥其作用机制这一问题，我们采用回归模型进行探究，具体如下：

$$M_k = \alpha_{1,k} + a_k \times Treat_{it} + \sum Z_{it} + \mu_{i,k} + \gamma_{tk} + \epsilon_{ikt} \tag{2}$$

其中，$M_k$ 代表中介变量指标，$\sum Z_{it}$ 为控制变量组合，$\mu_i$为个体固定效应，$\gamma_t$为时间固定效应，$\epsilon_{it}$为标准残差项。系数 $a$ 表示解释变量作用于中介变量的效应。

## 3.2 数据说明与指标选取

为研究实施碳定价工具对碳排放的影响，本文以全球 161 个国家

1990—2019 年的跨国面板数据作为样本。数据主要来源于世界银行中 World Development Indicators、Carbon Pricing Dashboard 数据库；欧洲委员会（European Commission）Emissions Database for Global Atmospheric Research 数据库；国际货币基金组织（International Monetary Fund）World Economic Databases 数据库；联合国气候变化（United Nations Climate Change）Process and Meetings；经济合作与发展组织（Organization for Economic Cooperation and Development）Patent Statistics 数据库。

被解释变量：我们选取人均碳排放量的对数、单位 GDP 二氧化碳排放量的对数作为被解释变量来衡量二氧化碳的排放水平。我们使用了 European Commission 的 Emissions Database for Global Atmospheric Research（EDGAR）中二氧化碳排放量的相关数据。这些数据是由 EDGAR 根据国际气候变化委员会（IPCC）最新活动与数据的稳健方法对每个国家的温室气体作出的独立估计数据。数据使用公制单位进行表示。

这两个指标是被广泛用于衡量国家碳排放的重要指标（Lin & Li, 2011；Javid & Sharif, 2016；De Lucas - Santos et al., 2021；Dong et al., 2022）。其中，人均碳排放量刻画的是碳排放量和一国人口数量的关系，单位 GDP 二氧化碳排放量刻画的是碳排放量和一国经济水平的关系（Javid & Sharif, 2016），如 De Lucas - Santos et al. （2021）选取人均碳排放量作为因变量以研究美国气候政策变化对碳排放的影响作用。单位 GDP 二氧化碳排放量即碳强度指标是衡量一国区域经济效率和技术水平的重要指标。如 Dong et al. （2022）以碳强度作为因变量探究碳交易制度对二氧化碳排放的影响作用。分别以人均二氧化碳排放量、单位 GDP 二氧化碳排放量为被解释变量，构建向量自回归模型探究二氧化碳排放量和各省经济要素的关系。两指标分别在碳排放的基础上将人口和经济状况、生产水平考虑在内，我们选取以人均碳排放量、碳排放强度的对数为被解释变量，能够更为全面地探究碳定价工具对碳排放量的影响。

核心解释变量：根据世界银行中 Carbon Pricing Dashboard 中列示的碳税制度和碳交易制度的实施数据，我们发现碳税实施可分为国家层面实施和次国家层面实施，碳交易制度实施可分为区域层面实施、国家层面实施和次国家层面实施，我们以实施国家层面与区域层面的碳定价制度为研究对象。为探究碳定价机制对二氧化碳的影响作用，我们选取使用双重差分模型，需要构建一个表征国家是否实施政策的时间虚拟变量。若国家实施国家层面的碳税或碳交易制度，在实施当年以及以后年度中取值为 1，否则为 0。对于碳交易制度而言，区域层面实施具体体现为地理区域范围内国家层面的实施，故区域层面实施碳交易制度的国家对应的核心解释变量也取值为1。截至2019年，全球共有29个国家实施了或开始实施国家层面的碳税制度，4个国家仍在商议征收国家层面碳税的具体细节；有44个国家实施了或开始实施国家层面的碳交易制度，有9个国家已完成建立排放交易计划的授权或仍商讨制度具体细节。同时实施碳税和碳交易制度的国家有22个。由于数据完整性的限制，我们选取的161个国家中，在1990—2019年的时间跨度范围内，实施碳税制度的有24个国家，实施碳交易制度的有32个国家，同时实施碳税制度和碳交易制度的国家有15个。

控制变量：为增强计量经济学规范，我们选取一系列变量对研究分析加以控制。我们选取世界银行中World Development Indicator数据库中人均实际GDP美元、能源净进口占能源使用的百分比、商标申请总数、工业增加值占GDP的百分比、农业增加值占GDP的百分比、商品贸易占GDP的百分比指标作为控制变量。其中，国家GDP是衡量国家宏观经济状况和生产水平的国民核算核心指标，人均实际GDP同时将生产和人口因素考虑在内，为国家之间进行经济水平的对比和计算分析提供了可能。跟随文献，我们发现碳税政策的异质性与国家经济发展水平密切相关。如在高收入水平的国家产生积极影响，而在低收入水平的国家中则相反（Wesseh et al.，2017）。能源净进口占能源使用的百分比表征国家的能源消费结构。商标申请总数表征国家科技水平，商标申请是指向国家或地区知识产权（IP）机构提交的商标注册申请。我们将工业增加值占GDP的百分比指标与农业增加值占GDP的百分比指标作比，来表征国家产业结构的具体情况。

## 3.3 描述性统计

表3-1展示了数据的描述性统计分析结果。因本文样本数据覆盖全球185个国家，故各变量指标的标准差均较小。其中，指标整体标准差较小；能源净进口占能源使用的取值范围为-194.2%—10%，该指标的跨国面板数据中有32.9%的表征国家处于能源净出口状态；工业增加值占GDP的百分比/农业增加值占GDP的百分比（千分之一）取值范围较大，为0.041—898。

**表3-1 变量描述性统计结果**

| 变量名 | 变量说明 | (1) 样本量 | (2) 均值 | (3) 标准差 | (4) 最小值 | (5) 最大值 |
|---|---|---|---|---|---|---|
| 被解释变量 | | | | | | |
| *lnpco2* | 人均碳排放量 | 4830 | 0.4695 | 1.712 | -3.9120 | 4037 |
| *lngco2* | 单位GDP碳排放量 | 4710 | -1.6848 | 0.786 | -3.9120 | 1.1537 |

续表

| 变量名 | 变量说明 | (1) | (2) | (3) | (4) | (5) |
|---|---|---|---|---|---|---|
| | | 样本量 | 均值 | 标准差 | 最小值 | 最大值 |
| 核心解释变量 | | | | | | |
| *xct* | 是否实施碳税 | 5550 | 0.0481 | 0.214 | 0.0000 | 1 |
| *xets* | 是否实施碳交易制度 | 5550 | 0.0831 | 0.276 | 0.0000 | 1 |
| 控制变量 | | | | | | |
| *lnpGDP* | 人均 GDP | 4007 | 0.065 | 0.0241 | -0.0293 | 0.1540 |
| *tp* | 商标申请总数 | 2656 | 0.0187 | 0.0785 | 0.0000 | 2 |
| *comt* | 商品贸易在 GDP 占比（万分之一） | 4555 | 0.0154 | 0.1963 | 0.0000 | 4.352 |
| *ne* | 能源净进口在能源使用中占比（十万分之一） | 2826 | -0.0456 | 0.1994 | -1.9420 | 0.1 |
| *ind* | 工业增加值占 GDP 的百分比/农业增加值占 GDP 的百分比 * 1000 | 4356 | 0.0127 | 0.0538 | 0.0000 | 0.8976 |

# 4. 效果评估

## 4.1 碳定价工具的直接效应

### 4.1.1 基准回归

表4-1和表4-2分别报告了以人均二氧化碳排放量和以单位GDP二氧化碳排放量为被解释变量的基础回归结果。碳税制度和碳交易制度均能有效降低人均二氧化碳排放量和单位GDP二氧化碳排放量（碳强度）。在以人均二氧化碳排放量为被解释变量的表4-1中，第（6）列汇报了碳定价工具对碳排放量的影响，碳税和碳交易制度虚拟变量系数均为负值，即一国实施碳税后，人均二氧化碳排放量降低13.1%，实施碳交易制度后碳强度降低20.1%，表明两种碳定价工具均有降低碳排放量的影响效果。在以单位GDP二氧化碳排放量为被解释变量的表4-2第（6）列中，人均二氧化碳排放量降低11.9%，实施碳交易制度后碳强度降低19.1%。但是碳税制度和碳交易制度各自降碳作用的大小比较以及两种政策制度之间的作用关系尚不可确定。

表4-1　碳定价工具对人均二氧化碳排放量的影响

| 变量名 | 被解释变量：人均二氧化碳排放量 | | | | | |
|---|---|---|---|---|---|---|
| | (1) | (2) | (3) | (4) | (5) | (6) |
| *Xct* | -0.385***<br>(0.052) | -0.195***<br>(0.048) | | | -0.258***<br>(0.067) | -0.131**<br>(0.059) |
| *Xets* | | | -0.379***<br>(0.059) | -0.217***<br>(0.058) | -0.334***<br>(0.063) | -0.201***<br>(0.061) |

续表

| 变量名 | 被解释变量：人均二氧化碳排放量 | | | | | |
|---|---|---|---|---|---|---|
| | (1) | (2) | (3) | (4) | (5) | (6) |
| *lnpGDP* | | -0.964<br>(1.197) | | -0.597<br>(1.003) | | -0.628<br>(1.021) |
| *ne* | | 0.625**<br>(0.306) | | 0.623**<br>(0.270) | | 0.589**<br>(0.275) |
| *tp* | | 0.601***<br>(0.057) | | 0.545***<br>(0.047) | | 0.543***<br>(0.046) |
| *Ind* | | -0.779<br>(0.550) | | -0.871*<br>(0.523) | | -0.867*<br>(0.515) |
| *comt* | | 0.280*<br>(0.157) | | 0.283*<br>(0.168) | | 0.284*<br>(0.166) |
| 个体 FE | 是 | 是 | 是 | 是 | 是 | 是 |
| 年度 FE | 是 | 是 | 是 | 是 | 是 | 是 |
| *N* | 4830 | 1704 | 4830 | 1704 | 4830 | 1704 |
| 国家个数 | 161 | 96 | 161 | 96 | 161 | 96 |
| *Adj.* $R^2$ | 0.251 | 0.344 | 0.278 | 0.382 | 0.288 | 0.390 |

（注：括号内为稳健标准误，***、**和*分别表示1%、5%和10%的显著性水平，下表同。）

**表4-2 碳定价工具对单位GDP二氧化碳排放量（碳强度）的影响**

| 变量名 | 被解释变量：单位GDP二氧化碳排放量（碳强度） | | | | | |
|---|---|---|---|---|---|---|
| | (1) | (2) | (3) | (4) | (5) | (6) |
| *Xct* | -0.395***<br>(0.067) | -0.179***<br>(0.053) | | | -0.260***<br>(0.066) | -0.119**<br>(0.059) |
| *Xets* | | | -0.406***<br>(0.053) | -0.205***<br>(0.047) | -0.363***<br>(0.054) | -0.191***<br>(0.049) |
| *lnpGDP* | | -2.814**<br>(1.238) | | -2.432**<br>(1.022) | | -2.453**<br>(1.043) |
| *ne* | | 1.218***<br>(0.274) | | 1.221***<br>(0.227) | | 1.191***<br>(0.234) |

续表

| 变量名 | 被解释变量：单位 GDP 二氧化碳排放量（碳强度） | | | | | |
|---|---|---|---|---|---|---|
| | (1) | (2) | (3) | (4) | (5) | (6) |
| *tp* | | -0.159***<br>(0.041) | | -0.212***<br>(0.034) | | -0.215***<br>(0.034) |
| *Ind* | | -0.706**<br>(0.292) | | -0.782***<br>(0.255) | | -0.778***<br>(0.256) |
| *comt* | | 0.173<br>(0.109) | | 0.186<br>(0.115) | | 0.188<br>(0.114) |
| 个体 FE | 是 | 是 | 是 | 是 | 是 | 是 |
| 年度 FE | 是 | 是 | 是 | 是 | 是 | 是 |
| *N* | 4710 | 1641 | 4710 | 1641 | 4710 | 1641 |
| 国家个数 | 157 | 93 | 157 | 93 | 157 | 93 |
| *Adj.* $R^2$ | 0.048 | 0.313 | 0.096 | 0.363 | 0.110 | 0.372 |

### 4.1.2 平行趋势检验

多时点倍差法能够用来分析多主体于不同时点展开实施某项政策制度的效果，核心解释变量的系数用于解释各年间组间差异的大小，从而得到纯净的政策效应。但若政策实施前处理组和控制组之间已存在差异，多时点倍差法则无法正确评估政策效应。为排除国家碳排放降低的结果由实施碳税制度或者碳交易制度之外的其他事件引起的可能，本文基于 1990—2019 年的数据进行平行趋势检验，将检验时间区间定于实施政策前 5 年和实施政策后 5 年，并得到如图 4-1 所示结果。

图 4-1（a）和图 4-1（b）分别展示了以人均碳排放量为被解释变量的平行趋势检验图，图 4-1（c）和图 4-1（d）分别展示了以碳强度为被解释变量的平行趋势检验图。左侧的政策冲击均为实施碳税制度，右侧的政策冲击均为实施碳交易制度。第 $t$ 年开始实施政策制度，$t-n$ 表示实施政策前第 $n$ 年，$t+n$ 表示实施政策后第 $n$ 年。上图展示了估计系数与置信区间的变化趋势：图 4-1（a）中，在 $t-2$ 年，变量系数在 95% 的置信区间内包括 0，之后在碳税实施后，负效应先变小再增加；在图 4-1（b）至图 4-1（d）中，政策实施前变量系数均显著为 0，负效应均显著不为 0 且逐年增强。上述结果说明样本数据基本通过平行趋势检验。

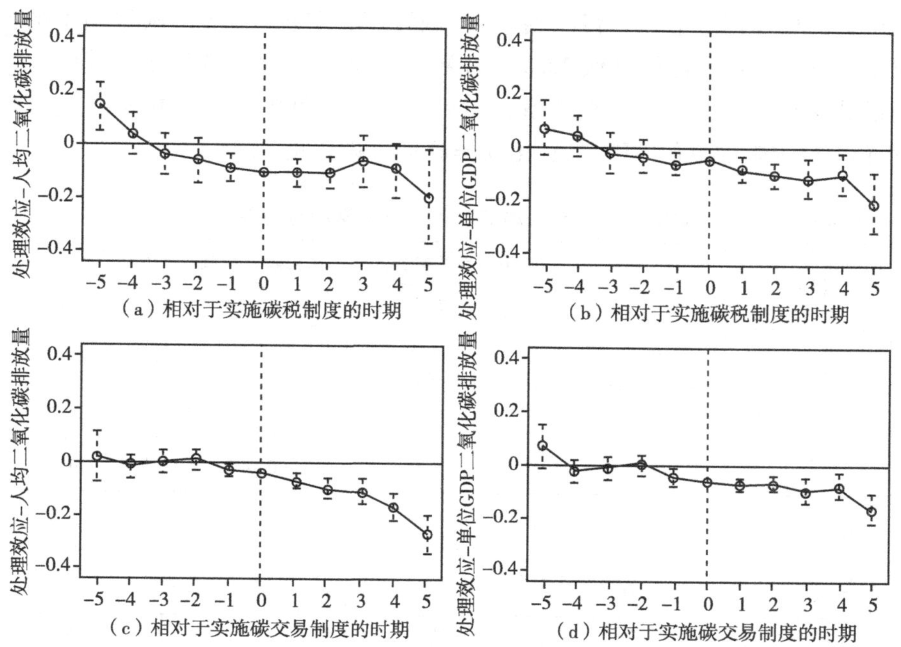


**图 4－1　平行趋势检验图**

注：以上结果将政策实施当期作为基期。

## 4.2　碳定价工具的协同效应

为探究碳税制度和碳交易制度两种碳定价工具是否在降低二氧化碳排放量方面具有协同效应，本文在基准回归的基础上加入两种政策工具的交互项。表 4－3 中第（1）列的系数表征实施碳税制度后能够降低 19.5% 的人均二氧化碳排放量。基于碳税制度与碳交易制度的实施时间存在渐进性，此系数不仅包含单独实施碳税制度时碳税制度对于碳排放水平的影响作用，也包含了实施碳交易制度之时碳税制度的降碳作用。故将表 4－3 中的第（1）、第（2）列作对比，表 4－4 中的第（1）、第（2）列作对比，结果呈现一致的作用特征，即碳交易制度对于碳税制度的协同作用显著，但是单独实施碳税制度降低人均二氧化碳排放量的影响作用不显著。表 4－4 的第（3）、第（4）列的对比结果说明单独实施碳交易制度能够较好地降低二氧化碳的排放水平，但是表征协同作用的系数不显著，而在以单位 GDP 二氧化碳排放量（碳强度）为被解释变量的结果中表征协同作用的系数显著为负。即在减排降碳方面，单独实施碳交易制度的作用效果优于单独实施碳税制度，碳税制度与碳交易制度存在一定的协同作用，且碳交易制度对于碳税制度的加成作用更显著。以碳税制度为核心解释变量，实施碳税制度的同时实施碳交易制度能够降低20.9%的单位GDP二氧化碳排放量（碳强度），而以碳交易制度为核心解释变量，实施碳交易制度的同时实施碳税制度能够降低11.9%的单位GDP二氧化碳排放量（碳强度）。

**表4-3　　碳定价工具对人均二氧化碳排放量的协同效应**

| 变量名 | 被解释变量：人均二氧化碳排放量 | | | |
|---|---|---|---|---|
| | (1) | (2) | (3) | (4) |
| *Xct* | -0.195***<br>(0.048) | -0.069<br>(0.070) | | |
| *Xets* | | | -0.217***<br>(0.058) | -0.172**<br>(0.071) |
| *Xct*×*Xets* | | -0.215**<br>(0.082) | | -0.123<br>(0.082) |
| 个体FE | 是 | 是 | 是 | 是 |
| 年度FE | 是 | 是 | 是 | 是 |
| 控制变量 | 是 | 是 | 是 | 是 |
| *N* | 1704 | 1704 | 1704 | 1704 |
| 国家个数 | 96 | 96 | 96 | 96 |
| *Adj.* $R^2$ | 0.344 | 0.365 | 0.382 | 0.389 |

**表4-4　　碳定价工具对单位GDP二氧化碳排放量（碳强度）的影响**

| 变量名 | 被解释变量：单位GDP二氧化碳排放量（碳强度） | | | |
|---|---|---|---|---|
| | (1) | (2) | (3) | (4) |
| *Xct* | -0.179***<br>(0.053) | -0.060<br>(0.073) | | |
| *Xets* | | | -0.205***<br>(0.047) | -0.160***<br>(0.057) |
| *Xct*×*Xets* | | -0.209***<br>(0.066) | | -0.119*<br>(0.066) |
| 个体FE | 是 | 是 | 是 | |
| 年度FE | 是 | 是 | 是 | |
| 控制变量 | 是 | 是 | 是 | |
| *N* | 1641 | 1641 | 1641 | 1641 |
| 国家个数 | 93 | 93 | 93 | 93 |
| *Adj.* $R^2$ | 0.313 | 0.342 | 0.363 | 0.372 |

## 4.3 碳定价工具的传导机制分析

前文的实证结果说明碳定价工具可以有效减少二氧化碳的排放量。但是碳定价工具降碳的作用效果是如何传导的呢？Ian Parry（2019）指出征收碳税有助于激励生产者和消费者降低化石能源的使用转向投资和消费低碳燃料或可再生能源，以降低二氧化碳的排放量。Kirill et al.（2019）基于碳定价、技术转移和人力资本积累相互作用的动态模型发现征收碳税可能会导致污染生产技术向清洁生产技术的转变，又因节能行业是技术密集型行业，故碳定价政策通过引导人力资本积累以促进经济增长。Liu et al.（2015）以中国水泥工业为研究对象，引入碳定价政策能够更好地引导企业投资节能产品，培育低碳生产模式。由上可知，碳定价政策可通过引导家庭更多地去选择清洁能源以改变消费结构；引导企业更多地去投资节能产品，或者通过更新研发技术以降低碳排放，从而在工业生产模式的转型和升级中更好地实现可持续发展。在已有的税收体制中开征碳税会增加政府的税收收入，碳交易制度会带来新的公共收入，而这些新增公共收入会部分继续投入用以支持绿色降碳，对于碳税制度和碳交易制度实现加成作用。如 Carl & Fedo（2016）研究发现全球 40 个国家和另外 16 个州或省中政府每年的“碳收入”超过 283 亿美元。其中，27%（78 亿美元）被用于补贴能效或可再生能源方面的“绿色”支出。另外，由于环境污染的负外部性和节能减排的正外部性，企业在清洁技术创新和升级方面投资不足的现象普遍发生。碳定价制度能够提高企业对于创新的投入（Chen et al.，2020）。Wang et al.（2021）指出环境规制可以增强企业的责任意识，而这种责任意识将会加强环境规制对于企业创新的促进作用。

在这部分我们将以可替代能源和核能占能源使用总量的百分比、政府税收收入/GDP 增长率、环境技术专利分别代表能源使用结构、政府收入、创新来探究碳定价工具的作用传导机制，参照式（2）。其中，可替代能源指的是在生成过程中不会产生二氧化碳的包括水能、核能、地热能和太阳能等在内的非碳水化合物能源。RD 科研人员是指参与新知识、新产品、新流程、新方法或新系统的概念成形或创造，以及相关项目管理的专业人员。表 4－5 报告了以可替代能源和核能占能源使用总量的百分比、政府税收收入/GDP 增长率 、环境技术专利为中介变量的结果。对于碳税制度而言，Ⅰ（1）、（2）列表明碳税制度没有明显增加可替代能源和核能占能源使用总量，Ⅲ（1）、（2）列表明碳税制度没有明显增加环境技术专利数量，但是实施碳税制度同时实施碳交易制度能有效增加环境技术专利数量。Ⅱ（1）中碳税制度系数表明一国实施碳税制度后，政府税收收入/GDP 增长率将多增加 2.8%。对于碳交易制度而言，Ⅱ（3）、（4）列说明碳交易制度不能显著增加政府税收收入/GDP 增长率，但是Ⅰ（3）、（4）、Ⅲ（3）、（4）列说明碳交易制度能显著增加可替代能源和核能占能源使用总量与环境技术专利数量。但是实施碳交易制度之时实施碳税制度未能体现相似路径。结果基本可以证明实施碳交易制度可通过增加可替代能源和核能占能源使用总量、环境技术专利数量，碳税制度可通过增加政府税收收入/GDP 增长率、环境技术专利以实现减排降碳的作用。

**表 4－5　以可替代能源和核能占能源使用总量、政府税收收入/GDP 增长率为被解释变量的回归结果**

| 变量名 | Ⅰ被解释变量：可替代能源和核能占能源使用总量 | | | | |
|---|---|---|---|---|---|
| | (1) | (2) | (3) | (4) | (5) |
| *Xct* | 0.331<br>(0.290) | 0.508<br>(0.330) | | | 0.138<br>(0.294) |
| *Xets* | | | 0.679 ***<br>(0.181) | 0.946 ***<br>(0.208) | 0.663 ***<br>(0.185) |
| *Xct* × *Xets* | | −0.317<br>(0.281) | | −0.739 ***<br>(0.282) | |
| *N* | 1427 | 1427 | 1427 | 1427 | 1427 |
| $R^2$ | 0.1365 | 0.0780 | 0.1447 | 0.1492 | 0.1449 |
| 控制变量 | 是 | 是 | 是 | 是 | 是 |
| Ⅱ被解释变量：政府税收收入/GDP 增长率 | | | | | |
| *Xct* | 0.028 *<br>(0.017) | 0.031<br>(0.019) | | | 0.028 *<br>(0.017) |
| *Xets* | | | 0.004<br>(0.012) | 0.000<br>(0.014) | 0.000<br>(0.013) |
| *Xct* × *Xets* | | −0.005<br>(0.016) | | 0.008<br>(0.016) | |
| *N* | 933 | 933 | 933 | 933 | 933 |
| $R^2$ | 0.0946 | 0.0947 | 0.0916 | 0.0918 | 0.0946 |
| 控制变量 | 是 | 是 | 是 | 是 | 是 |

续表

| 变量名 | Ⅲ被解释变量：环境技术专利 | | | | |
|---|---|---|---|---|---|
| | (1) | (2) | (3) | (4) | (5) |
| *Xct* | 0.761<br>(1.464) | -1.493<br>(1.656) | | | -0.078<br>(1.475) |
| *Xets* | | | 3.501 ***<br>(0.965) | 2.872 ***<br>(1.109) | 3.509 ***<br>(0.977) |
| *Xct* × *Xets* | | 4.063 ***<br>(1.411) | | 1.639<br>(1.426) | |
| *N* | 1199 | 1199 | 1199 | 1199 | 1199 |
| $R^2$ | 0.0605 | 0.0677 | 0.0716 | 0.0727 | 0.0716 |
| 控制变量 | 是 | 是 | 是 | 是 | 是 |

# 5. 稳健性检验和异质性分析

## 5.1 稳健性检验

### 5.1.1 更换被解释变量

为进一步考察前文结果的稳健性，我们更换碳排放水平的衡量指标，选取温室气体排放总量替换为被解释变量。《京都议定书》中标示的温室气体包括二氧化碳（$CO_2$）、甲烷（$CH_4$）、氧化亚氮（$N_2O$）、氢氟碳化物(HFCS)、全氟化碳（HFCS)、六氟化硫（$SF_6$）、三氟化氮（$SF_3$）。表5-1和表5-2分别报告了以人均温室气体总排放量的对数和单位GDP温室气体总排放量的对数的回归结果。结果同样显示碳税制度和碳交易制度可以降低碳排放量，且二者之间不存在显著影响。如表5-1和表5-2所示，这与基础回归的结果基本一致，同时验证本文得到的碳定价工具可以有效降低碳排放量的结论具有稳健性。

表5-1　　碳定价工具对人均温室气体总排放量的影响

| 变量名 | 被解释变量：人均温室气体总排放量 | | |
|---|---|---|---|
| | (1) | (2) | (3) |
| *Xct* | -0.354**<br>(0.166) | | -0.285**<br>(0.137) |
| *Xets* | | -0.251*<br>(0.138) | -0.219*<br>(0.130) |
| *lnpGDP* | -4.090**<br>(1.979) | -3.576*<br>(1.805) | -3.616**<br>(1.814) |

续表

| 变量名 | 被解释变量：人均温室气体总排放量 | | |
|---|---|---|---|
| | (1) | (2) | (3) |
| *ne* | -3.779***<br>(0.952) | -3.736***<br>(0.975) | -3.802***<br>(0.968) |
| *tp* | -0.007<br>(0.106) | -0.061<br>(0.119) | -0.066<br>(0.120) |
| *Ind* | -0.715<br>(1.007) | -0.780<br>(1.039) | -0.770<br>(1.054) |
| *comt* | 0.272<br>(0.288) | 0.298<br>(0.291) | 0.293<br>(0.293) |
| 个体 FE | 是 | 是 | 是 |
| 年度 FE | 是 | 是 | 是 |
| *N* | 1664 | 1664 | 1664 |
| 国家个数 | 95 | 95 | 95 |
| *Adj.* $R^2$ | 0.280 | 0.283 | 0.288 |

**表 5-2　碳定价工具对单位 GDP 总温室气体总排放量的影响**

| 变量名 | 被解释变量：单位 GDP 总温室气体总排放量 | | |
|---|---|---|---|
| | (1) | (2) | (3) |
| *Xct* | -0.139***<br>(0.042) | | -0.097*<br>(0.049) |
| *Xets* | | -0.142***<br>(0.041) | -0.130***<br>(0.043) |
| *lnpGDP* | 0.170<br>(0.804) | 0.410<br>(0.679) | 0.388<br>(0.694) |
| *ne* | 0.313<br>(0.267) | 0.315<br>(0.253) | 0.289<br>(0.253) |
| *tp* | 0.609***<br>(0.061) | 0.573***<br>(0.052) | 0.571***<br>(0.052) |

续表

| 变量名 | 被解释变量：单位 GDP 总温室气体总排放量 | | |
|---|---|---|---|
| | (1) | (2) | (3) |
| *Ind* | -0.561*<br>(0.329) | -0.620*<br>(0.320) | -0.617*<br>(0.317) |
| *comt* | 0.100<br>(0.104) | 0.102<br>(0.113) | 0.102<br>(0.112) |
| 个体 FE | 是 | 是 | 是 |
| 年度 FE | 是 | 是 | 是 |
| *N* | 1704 | 1704 | 0.388 |
| 国家个数 | 96 | 96 | (0.694) |
| *Adj.* $R^2$ | 0.219 | 0.256 | 0.289 |

### 5.1.2 考虑产业转移碳排放

全球变暖及其后果严重威胁着全球人类可持续发展和环境质量。在生产方式的转变和贸易全球化时代到来的背景下，各国开始对产品的生产链进行分工，产业转移也带来了碳排放转移的环境能源问题。Walter & Ugelow (1979) 提出污染避难所假说：企业为了规避合规成本，会将产业由环境规制水平高、降污成本高的国家转移至环境规制水平低、降污成本低的国家。Xiong et al. (2019) 分析老挝的数据也发现 FDI 与 $CO_2$ 排放之间明显存在正相关关系。我们选取外国直接投资净流入/GDP (Fdi) 表征产业转移。由表 5-3 可知，FDI 增长将会增加国家碳排放，与以往学者研究结论相一致。因此，应该对外商投资的企业和项目加强监管，加大环境规制力度，避免其追求高经济增长率而忽视对生态环境的保护和建设。

**表 5-3　　产业转移对二氧化碳排放的影响**

| 变量名 | 被解释变量：人均二氧化碳排放量 | | | 被解释变量：单位 GDP 二氧化碳排放量（碳强度） | | |
|---|---|---|---|---|---|---|
| | (1) | (2) | (3) | (4) | (5) | (6) |
| *Xct* | -0.197***<br>(0.047) | | -0.132**<br>(0.059) | -0.183***<br>(0.053) | | -0.123**<br>(0.059) |
| *Xets* | | -0.217***<br>(0.059) | -0.200***<br>(0.062) | | -0.201***<br>(0.048) | -0.186***<br>(0.050) |

续表

| 变量名 | 被解释变量：人均二氧化碳排放量 | | | 被解释变量：单位 GDP 二氧化碳排放量（碳强度） | | |
|---|---|---|---|---|---|---|
| | (1) | (2) | (3) | (4) | (5) | (6) |
| *lnpGDP* | -0.816<br>(1.212) | -0.506<br>(1.020) | -0.528<br>(1.038) | -2.585**<br>(1.242) | -2.263**<br>(1.032) | -2.277**<br>(1.055) |
| *ne* | 0.647**<br>(0.309) | 0.639**<br>(0.272) | 0.606**<br>(0.278) | 1.250***<br>(0.276) | 1.249***<br>(0.229) | 1.219***<br>(0.237) |
| *tp* | 0.597***<br>(0.057) | 0.543***<br>(0.047) | 0.541***<br>(0.046) | -0.165***<br>(0.040) | -0.215***<br>(0.034) | -0.218***<br>(0.034) |
| *Ind* | -0.787<br>(0.547) | -0.874*<br>(0.520) | -0.871*<br>(0.512) | -0.717**<br>(0.288) | -0.788***<br>(0.254) | -0.784***<br>(0.254) |
| *comt* | 0.288*<br>(0.157) | 0.291*<br>(0.169) | 0.291*<br>(0.167) | 0.186*<br>(0.107) | 0.197*<br>(0.115) | 0.199*<br>(0.113) |
| *Fdi* | 0.009<br>(0.018) | 0.041***<br>(0.015) | 0.037**<br>(0.016) | -0.005<br>(0.015) | 0.025**<br>(0.010) | 0.022*<br>(0.012) |
| 个体 FE | 是 | 是 | 是 | 是 | 是 | 是 |
| 年度 FE | 是 | 是 | 是 | 是 | 是 | 是 |
| *N* | 1699 | 1699 | 1699 | 1636 | 1636 | 1636 |
| 国家个数 | 96 | 96 | 96 | 93 | 93 | 93 |
| *Adj.* $R^2$ | 0.347 | 0.384 | 0.392 | 0.311 | 0.357 | 0.366 |

### 5.1.3 工具变量检验

使用多时点倍差法研究碳定价工具对碳排放量的影响容易受到内生性问题的影响。一方面，内生性问题可能来源于自选择问题。如对降低碳排放量有着更为严苛要求的国家往往更可能去选择使用碳定价工具；另一方面，一些不可观测的因素可能会同时影响是否实施碳定价工具和碳排放量。为进一步验证碳定价工具对碳排放量的影响效果，本部分将基于 Bartik 工具变量法对其进行稳健性检验。

Bartik 工具变量法又称为份额估计法，最早由 Bartik（1991）提出。其通过以分析对象的单元份额与分析对象增长率的乘积构建工具变量，得到的估计值与核心解释变量高度相关，但是与误差项无关，满足外生性和相关性的要求。在本文中，我们选取实施碳税制度或者碳交易制度的邻国作为国家是否实施碳定价工具的组成单元，然后计算出国家个数占据邻国总个数的比例作为单元份额。本文的核心解释变量为是否实施碳税制度或者碳交易制度的虚拟变量，我们选取已实施碳定价工具年份为替代对象，得到其增长率后乘以单元份额得到 Bartik 的工具变量。

$$Bartikiv_{it} = \frac{ctNeighbourcountry_{it}}{Neighbourcountry_{it}} \times \frac{(year_{it} - 1990)}{30} \tag{3}$$

表 5 - 4 Bartik 工具变量回归结果

| 变量名 | 2SLS | | | | | |
|---|---|---|---|---|---|---|
| | (1) | (2) | (3) | (4) | (5) | (6) |
| *Xct* | 1.973 ***<br>(0.114) | 1.683 ***<br>(0.135) | | | | |
| *Xets* | | | 3.528 ***<br>(0.143) | 4.804 ***<br>(0.301) | | |
| 第一阶段回归 F 统计量 | 299.32 | 66.87 | 611.59 | 77.35 | | |
| 变量名 | 被解释变量：人均二氧化碳排放量 | | | | | |
| | (1) | (2) | (3) | (4) | (5) | (6) |
| *Xct* | -0.114 *<br>(0.058) | -0.384 ***<br>(0.075) | | | -0.337 ***<br>(0.070) | -0.244 **<br>(0.082) |
| *Xets* | | | -0.021<br>(0.050) | -0.425 ***<br>(0.081) | 0.051<br>(0.084) | -0.437 ***<br>(0.096) |
| *N* | 780 | 485 | 1050 | 652 | 540 | 329 |
| 变量名 | 被解释变量：单位 GDP 二氧化碳排放量（碳强度） | | | | | |
| *Xct* | -0.597 ***<br>(0.068) | -0.417 ***<br>(0.082) | | | -0.350 ***<br>(0.083) | -0.331 ***<br>(0.075) |
| *Xets* | | | -0.765 ***<br>(0.049) | -0.294 ***<br>(0.075) | -0.388 ***<br>(0.094) | -0.198 *<br>(0.099) |
| *N* | 750 | 459 | 1020 | 628 | 510 | 303 |
| 个体 FE | 是 | 是 | 是 | 是 | 是 | 是 |
| 年度 FE | 是 | 是 | 是 | 是 | 是 | 是 |
| 控制变量 | 否 | 是 | 否 | 是 | 否 | 是 |

表5－4报告了使用Bartik工具变量法对计量模型进行两阶段最小二乘回归的结果。可以看到第一阶段回归得到的F统计量均大于10，故不存在弱工具变量问题。由第二阶段回归得到的结果可知，核心解释变量的系数正负号、剔除碳税制度后碳交易制度的降碳效果变化不明显（反之亦然）均与基础回归相一致。但是与基础回归相比，选定Bartik工具变量后进行的回归结果所估计的系数绝对值明显增大，即碳定价工具降碳效果可能被低估。这表明可能存在着反向因果问题：一方面，一些对碳排放具有更严苛要求、积极培育绿色发展模式的国家往往更有可能实施碳价制度，另一方面，这些国家已经积极开展限制碳排放工作，这使得碳税制度和碳交易制度在降低碳排放量方面的边际效益降低。

### 5.1.4 异质稳健性检验

本文基于多时点双重差分方法对碳税制度和碳交易制度各自对于碳排放的影响效应以及之间的作用关系进行研究。由于国家实施政策的时间具有渐进性，且双向固定效应回归中会将处理时点前后状态不变的组别作为对照组，处理组和对照组会出现以下四种类别：（1）早实施政策的国家作为处理组和晚实施政策的国家作为对照组；（2）早实施政策的国家作为处理组和从未实施政策的国家作为对照组；（3）晚实施政策的国家作为处理组和从未实施政策的国家作为对照组；（4）晚实施政策的国家作为处理组和早实施政策的国家作为对照组。其中，前三种情况是符合双重差分精神的，但是最后一种情况是不合适的。由于多时点双重差分方法可能存在偏误，故本部分针对每一个处理组重新筛选对其而言从未实施政策的国家作为对照组来进行稳健性检验。

首先通过碳税制度处理试点图和碳交易制度处理试点图可以看到在样本期内，大部分国家于样本期限内的后半部分开始实施政策制度，样本中可能存在少量部分“（4）晚实施政策的国家作为处理组和早实施政策的国家作为对照组”的情况。本文借鉴Joshua Bleiberg处理双向固定效应回归偏误的方法①，得到如下结果（如图5－1、图5－2和图5－3所示），图5－3结果与图4－1结果基本一致，同时验证本文得到的碳定价工具的相关结论具有稳健性。

---

① 本文使用stackedev命令进行稳健性检验，此命令由Joshua Bleiberg根据Cengiz et al.（2019）论文编写。

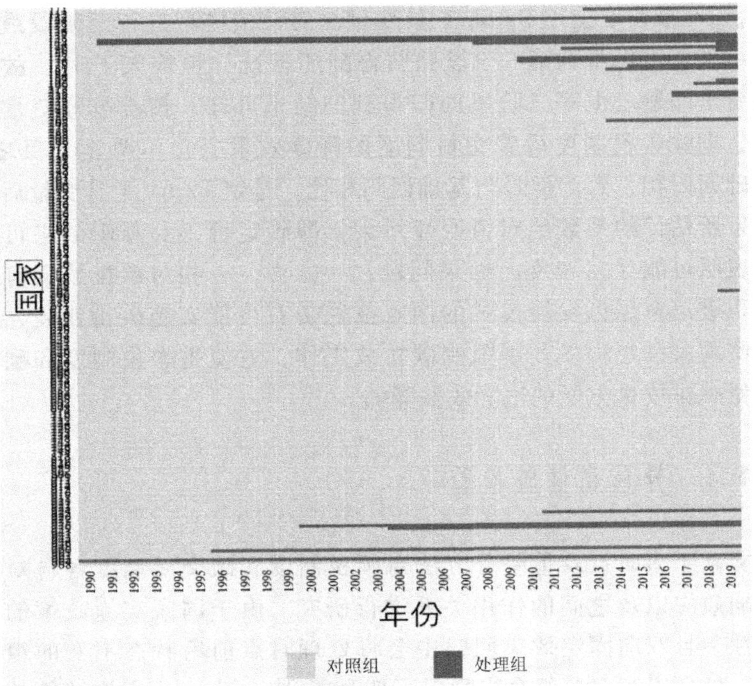


图 5－1　碳税制度处理时点图

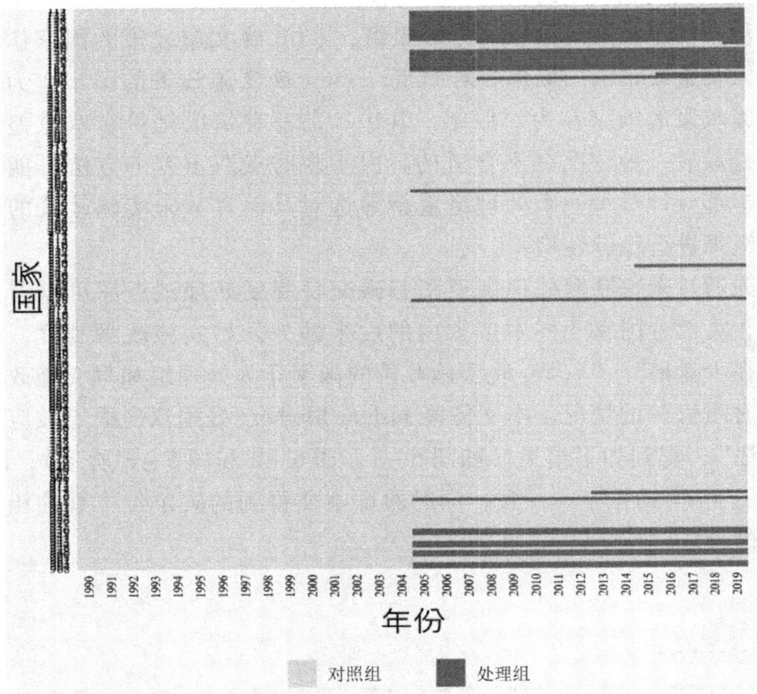


图 5－2　碳交易制度处理时点图

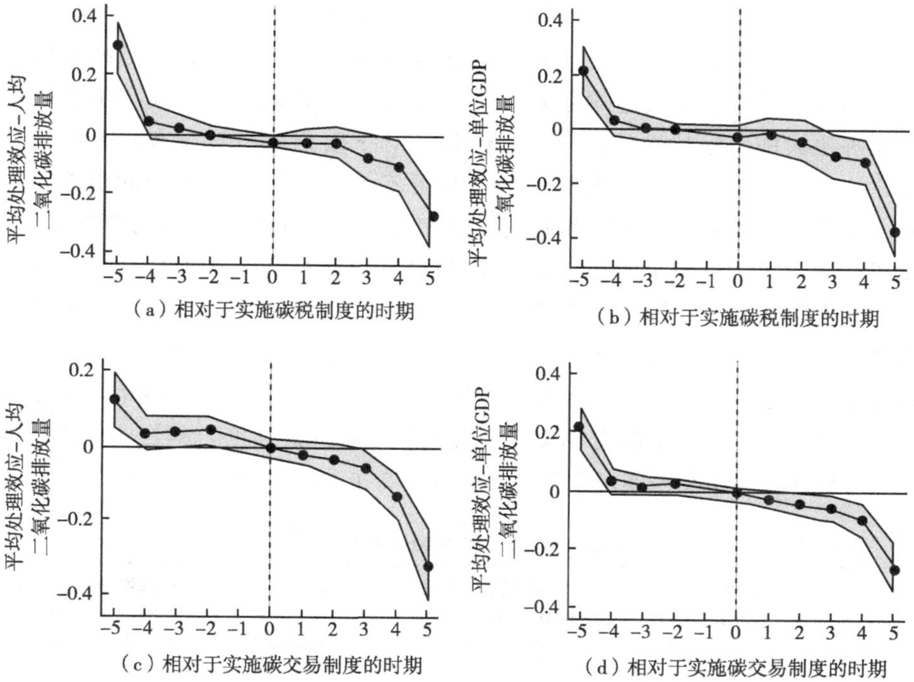


（a）相对于实施碳税制度的时期

（b）相对于实施碳税制度的时期

（c）相对于实施碳交易制度的时期

（d）相对于实施碳交易制度的时期

**图 5－3　平均处理效应结果图**

# 5.2　基于碳定价工具的异质性分析

## 5.2.1　国家经济发展水平

国家的经济发展水平对碳排放产生着重要的影响。发达国家由于本身的生产发展与技术效率的优势可以通过产业转移将碳排放转移至发展中国家，从而相对于发展中国家有着更低的碳排放总量，而由于一般发达国家的人口数量少于发展中国家，发达国家往往有着更高的人均碳排放水平。由于国家本身在国际竞争市场中的综合地位、金融市场发达水平的不同，可能会使得碳定价工具在发达国家和发展中国家产生不同的作用特征。为进一步探究，我们选取商业银行分支机构的数量表征金融市场发达水平（BM）。将样本中的发达国家赋值为1，发展中国家赋值为0；根据商业银行分支机构的数量的中位数进行分组，高于中位数的分组赋值为1，反之为0。

表5－5结果显示相对于发达国家，发展中国家实施碳税后人均碳排放量将会多降低18.5%。由于人口数量与结构受碳定价工具实施的影响较小，

结果表明在发展中国家实施碳税能够多降低碳排放总量。考虑边际效益和边际成本因素，发达国家已经步入碳达峰后的下降阶段，有着更高的碳减排边际控制成本，而发达国家对应着更高的碳排放量水平，碳定价工具可以发挥更大的边际减排效益作用。但是其对于碳排放强度没有显著影响差异，这可能是因为发达国家的经济增长更不易受减排成本负担的影响。另外，碳交易制度对发达国家和发展中国家的碳排放水平没有显著影响差异。这可能是由于碳交易制度本身的“定数量”特点所致。比如部分区域性碳交易制度实施前约定好目标减排量。在金融水平更发达的国家中，碳税制度与碳交易制度均对人均碳排放量有着更好的减排效果，但碳交易制度减排效果有着更大幅度的增强；以商业银行分支机构的数量表征的金融市场发达水平并未对碳税制度降低单位 GDP 二氧化碳排放量（碳强度）的影响作用产生异质性影响，对碳交易制度产生的异质性影响在 1% 的置信水平下显著。

表 5－5　　　　异质性分析：国家经济发展水平

| 变量名 | 被解释变量：人均二氧化碳排放量 | | 被解释变量：单位 GDP 二氧化碳排放量（碳强度） | | 被解释变量：人均二氧化碳排放量 | | 被解释变量：单位 GDP 二氧化碳排放量（碳强度） | |
|---|---|---|---|---|---|---|---|---|
| | (1) | (2) | (3) | (4) | (5) | (6) | (7) | (8) |
| *Xct* × *NDC* | 0.185**<br>(0.078) | | 0.121<br>(0.119) | | | | | |
| *Xets* × *NDC* | — | −0.189<br>(0.155) | — | 0.013<br>(0.132) | | | | |
| *NDC* | — | — | | — | | | | |
| *Xct* × *BM* | | | | | −0.110**<br>(0.053) | | −0.109*<br>(0.056) | |
| *Xets* × *BM* | | | | | | −0.482**<br>(0.220) | | −0.319**<br>(0.154) |
| *BM* | | | | | −0.151**<br>(0.059) | −0.104**<br>(0.047) | −0.063<br>(0.048) | −0.032<br>(0.042) |
| 控制变量 | 是 | 是 | 是 | 是 | 是 | 是 | 是 | 是 |
| 个体 FE | 是 | 是 | 是 | 是 | 是 | 是 | 是 | 是 |
| 年度 FE | 是 | 是 | 是 | 是 | 是 | 是 | 是 | 是 |
| *N* | 1704 | 1704 | 1641 | 1641 | 1704 | 1704 | 1641 | 1641 |
| 国家个数 | 96 | 96 | 93 | 93 | 96 | 96 | 93 | 93 |
| *Adj.* $R^2$ | 0.392 | 0.400 | 0.373 | 0.372 | 0.418 | 0.447 | 0.379 | 0.398 |

### 5.2.2 国家治理特征

碳税本身是税收的一种，其实施依托于国家强制力；碳交易制度具有市场化的特点，其实施与运行需要完善与活跃的金融机构给予支持。故国家治理特征也可能对碳定价工具的减排效果产生异质性影响。我们选取国家统计能力指标（SC）、民主程度（DE）展开进一步研究。民主程度指标取值范围为 -10 至 10，得分越高，民主程度越高。统计能力指标是评估一个国家统计系统能力的综合评分。它基于国家公开信息获得的方法、来源、周期性和时效性等 25 项标准进行综合评分。根据民主程度、国家统计指标的中位数值进行分组，高于中位数的分组赋值为 1，反之为 0。

由表 5 -6 可知，碳税制度降低碳排放的效果随着民主程度的提升而降低，碳交易制度降低碳排放的效果随着民主程度的提升而增强。即在权威国家中碳税制度有着更好的降碳效果，这可能是因为碳税作为税收的一种依靠国家强制力得以执行；在民主国家中碳交易制度更能发挥降碳作用，原因可能在于民主程度高的国家中金融市场有着更强的竞争力，往往有着更为完善的金融基础设施和机构，更有利于碳交易制度的实施和监管。在国家统计能力水平更高的国家中，碳税制度和碳交易制度都能够多降低碳排放量，且碳交易制度产生的减排差异更为明显。这可能是因为碳交易制度更依赖于市场机制的运行，对市场的价格变化更为敏感，故对国家数据统计能力的依赖性更强。

表 5 -6　　　　异质性分析：国家治理特征

| 变量名 | 被解释变量：人均二氧化碳排放量 | | 被解释变量：单位 GDP 二氧化碳排放量（碳强度） | | 被解释变量：人均二氧化碳排放量 | | 被解释变量：单位 GDP 二氧化碳排放量（碳强度） | |
|---|---|---|---|---|---|---|---|---|
| | (1) | (2) | (3) | (4) | (5) | (6) | (7) | (8) |
| $Xct \times DE$ | 0.380***<br>(0.071) | | 0.284***<br>(0.063) | | | | | |
| $Xets \times DE$ | | -0.796***<br>(0.137) | | -0.479***<br>(0.138) | | | | |
| $DE$ | -0.045<br>(0.040) | -0.034<br>(0.038) | -0.006<br>(0.033) | 0.002<br>(0.032) | | | | |
| $Xct \times SC$ | | | | | -0.130**<br>(0.058) | | -0.117**<br>(0.058) | |

续表

| 变量名 | 被解释变量：人均二氧化碳排放量 | | 被解释变量：单位 GDP 二氧化碳排放量（碳强度） | | 被解释变量：人均二氧化碳排放量 | | 被解释变量：单位 GDP 二氧化碳排放量（碳强度） | |
|---|---|---|---|---|---|---|---|---|
| | (1) | (2) | (3) | (4) | (5) | (6) | (7) | (8) |
| *Xets* × *SC* | | | | | | -0.685***<br>(0.093) | | -0.405***<br>(0.093) |
| *SC* | | | | | -0.057<br>(0.074) | -0.032<br>(0.072) | -0.079<br>(0.077) | -0.065<br>(0.079) |
| 控制变量 | 是 | 是 | 是 | 是 | 是 | 是 | 是 | 是 |
| 个体 FE | 是 | 是 | 是 | 是 | 是 | 是 | 是 | 是 |
| 年度 FE | 是 | 是 | 是 | 是 | 是 | 是 | 是 | 是 |
| *N* | 1704 | 1704 | 1641 | 1641 | 1704 | 1704 | 1641 | 1641 |
| 国家个数 | 96 | 96 | 93 | 93 | 96 | 96 | 93 | 93 |
| $Adj.\ R^2$ | 0.393 | 0.450 | 0.373 | 0.403 | 0.392 | 0.403 | 0.378 | 0.384 |

### 5.2.3 国家自然因素

由于国家的自然资源禀赋存在较大差异，如临海国家由于临海更易受到由于全球变暖问题等引起的气候问题，故理论上分析自然因素也可能会对降碳效果产生异质性影响。我们选取燃料出口占商品出口的百分比（RR）、海岸线长度和国家面积比（LC）表征国家自然资源禀赋情况，并且根据其中位数将其分为两组，高于中位数的分组赋值为 1，反之为 0。

表 5－7 报告了国家自然因素对减排作用的异质性影响结果。在燃料出口占商品出口的百分比较高即自然资源禀赋相对较为丰富的国家，碳税往往有着更好的降碳效果。这可能是因为资源禀赋丰富的国家对于能源使用与气体排放方面有更多的调控空间。而碳交易制度在燃料出口占商品出口比例不同的国家中只在降低碳强度方面产生显著异质性差异。海岸线长度和国家面积比对碳交易制度的减排效果产生显著的异质性差异。在海岸线长度和国家面积比低的国家实施碳税制度后能够多降低 16.3% 的单位 GDP 二氧化碳排放量（碳强度），实施碳交易制度能够多降低 26.3% 的碳排放强度。而碳税制度在海岸线长度和国家面积比不同的国家中只在降低人均二氧化碳排放量方面产生显著异质性差异。

表 5-7 异质性分析：国家自然因素

| 变量名 | 被解释变量：人均二氧化碳排放量 | | 被解释变量：单位 GDP 二氧化碳排放量（碳强度） | | 被解释变量：人均二氧化碳排放量 | | 被解释变量：单位 GDP 二氧化碳排放量（碳强度） | |
|---|---|---|---|---|---|---|---|---|
| | (1) | (2) | (3) | (4) | (5) | (6) | (7) | (8) |
| $Xct \times RR$ | -0.164** (0.066) | | -0.229*** (0.050) | | | | | |
| $Xets \times RR$ | | -0.022 (0.070) | | -0.096* (0.051) | | | | |
| $RR$ | 0.007 (0.032) | -0.005 (0.033) | 0.038 (0.029) | 0.027 (0.030) | | | | |
| $Xct \times LC$ | | | | | 0.028 (0.107) | | 0.163* (0.082) | |
| $Xets \times LC$ | | | | | | 0.221** (0.098) | | 0.263*** (0.066) |
| $LC$ | | | | | — | — | — | — |
| 控制变量 | 是 | 是 | 是 | 是 | 是 | 是 | 是 | 是 |
| 个体 FE | 是 | 是 | 是 | 是 | 是 | 是 | 是 | 是 |
| 年度 FE | 是 | 是 | 是 | 是 | 是 | 是 | 是 | 是 |
| $N$ | 1704 | 1704 | 1641 | 1641 | 1704 | 1704 | 1641 | 1641 |
| 国家个数 | 96 | 96 | 93 | 93 | 96 | 96 | 93 | 93 |
| $Adj.\ R^2$ | 0.396 | 0.390 | 0.391 | 0.377 | 0.390 | 0.410 | 0.376 | 0.411 |

### 5.2.4 国际条约——《京都议定书》

《京都议定书》通过对签署条约的工业化国家和转型经济体产生限制力，使其按照既定的个别减排目标制定并执行国家减排计划。因为《京都议定书》承认发达国家对当前大气中温室气体的高排放负有主要责任，故增加了发达国家的减排负担水平。条约规定在占全球温室气体排放量 55% 以上的至少 55 个国家批准，该条约开始生效。条约实际自 2005 年 2 月 16 日开始生效。我们选取是否签订京都议定书（KP）和自生效日起后是否签订京都议定书（EKP），如奥地利国家于 2002 年签订《京都议定书》，故 KP 在 1990—2001 年取值为 0，2002—2019 年取值为 1；EKP 在 1990—2004

年取值为 1，2005—2019 年取值为 1。

表 5－8 报告了不同国家碳定价工具的减排作用受签订《京都议定书》的影响。一国签订《京都议定书》后，实施碳税制度、碳交易制度会多降低 18.4%、18.2% 的人均碳排放量，若以自生效日起后是否签订京都议定书进行分组，该值为 16.6%、12.1%，两种碳定价工具的减排力度差异相对不大。而对于碳强度而言一国签订《京都议定书》后，碳税制度的减排降碳效果约为碳交易制度的 2.6 倍。

**表 5－8　　异质性分析：国际条约——《京都议定书》**

| 变量名 | 被解释变量：人均二氧化碳排放量 | | 被解释变量：单位 GDP 二氧化碳排放量（碳强度） | | 被解释变量：人均二氧化碳排放量 | | 被解释变量：单位 GDP 二氧化碳排放量（碳强度） | |
|---|---|---|---|---|---|---|---|---|
| | (1) | (2) | (3) | (4) | (5) | (6) | (7) | (8) |
| *Xct × KP* | −0.184***<br>(0.069) | | −0.170***<br>(0.059) | | | | | |
| *Xets × KP* | | −0.182***<br>(0.030) | | −0.065**<br>(0.026) | | | | |
| *KP* | −0.015<br>(0.028) | −0.021<br>(0.027) | −0.028<br>(0.023) | −0.036<br>(0.023) | | | | |
| *Xct × EKP* | | | | | −0.166*<br>(0.087) | | −0.139*<br>(0.072) | |
| *Xets × EKP* | | | | | | −0.121*<br>(0.067) | | −0.045<br>(0.046) |
| *EKP* | | | | | −0.092<br>(0.060) | −0.083<br>(0.065) | −0.053<br>(0.037) | −0.051<br>(0.041) |
| 控制变量 | 是 | 是 | 是 | 是 | 是 | 是 | 是 | 是 |
| 个体 FE | 是 | 是 | 是 | 是 | 是 | 是 | 是 | 是 |
| 年度 FE | 是 | 是 | 是 | 是 | 是 | 是 | 是 | 是 |
| *N* | 1704 | 1704 | 1641 | 1641 | 1704 | 1704 | 1641 | 1641 |
| 国家个数 | 96 | 96 | 93 | 93 | 96 | 96 | 93 | 93 |
| *Adj.* $R^2$ | 0.401 | 0.391 | 0.387 | 0.374 | 0.401 | 0.392 | 0.382 | 0.373 |

### 5.2.5 国家债务水平

债务安全分为内债安全和外债安全，外债安全很大程度上取决于一国能否抵御和消除外部冲击的能力。我们选取政府净债务占 GDP 比重（ND）、短期外债占全部外债比重（STFD）研究国际债务安全对降碳效果的异质性影响。政府净债务占 GDP 比重的警戒线为 60%；短期外债占全部外债比重用以衡量一国的资本流入结构是否合理，能够反映外债的期限结构，其公认国际警戒线区间为 20%—25%。根据国际警戒线或其区间，我们以 60%、20% 进行分组，指标对应较高值的分组赋值为 1，反之为 0。

表 5 -9 报告的结果显示碳税制度在政府净债务负担更重的国家往往有着更差的降碳效果。政府净债务占 GDP 比重超过警戒线的国家实施碳税制度后可以多降低 18.8% 的人均碳排放量和 14.0% 的碳排放强度。这种作用结果的差异可能与碳税收入的用途有关。付英俊（2021）① 根据国际经验总结出碳税收入可以用于节能减排投资和补贴返还。Bowen（2015）对其补充道：碳税收入也可以用来减少未偿还的公共债务，或用于与气候问题无关的社会目标，如为改革或其他税收的减少提供资金（Gale et al.，2015）。处于高债务水平的国家可能希望通过增加财政收入以缓解债务压力，这些国家可能会制定更为严苛的碳税征收标准，即有着更强的环境规制力度；而碳交易制度的降排效果并未显现出一定的异质性。外债水平与 GDP 比率对降碳效果的异质性结果显示在碳交易制度上：短期外债占全部外债比重更高的国家中，碳交易制度能够更好地降低碳排放量。碳交易制度是市场化行为，政府制定总排放上限后，其锁定的碳价由市场决定，交易具体的实施过程对于政府强制力的依靠性更低。碳交易制度在外债水平与 GDP 比率较高的国家有着更好的降碳效果可能是因为这些国家有着更高的碳交易制度的总排放量上限。

表 5 -9 异质性分析：国家债务水平

| 变量名 | 被解释变量：人均二氧化碳排放量 | | 被解释变量：单位 GDP 二氧化碳排放量（碳强度） | | 被解释变量：人均二氧化碳排放量 | | 被解释变量：单位 GDP 二氧化碳排放量（碳强度） | |
|---|---|---|---|---|---|---|---|---|
| | (1) | (2) | (3) | (4) | (5) | (6) | (7) | (8) |
| $Xct \times ND$ | -0.188*** <br>(0.063) | | -0.140* <br>(0.081) | | | | | |

① https://hfri.phbs.pku.edu.cn/2021/eighth_0823/1553.html.

续表

| 变量名 | 被解释变量：人均二氧化碳排放量 | | 被解释变量：单位 GDP 二氧化碳排放量（碳强度） | | 被解释变量：人均二氧化碳排放量 | | 被解释变量：单位 GDP 二氧化碳排放量（碳强度） | |
|---|---|---|---|---|---|---|---|---|
| | (1) | (2) | (3) | (4) | (5) | (6) | (7) | (8) |
| *Xets × ND* | | -0.031<br>(0.096) | | 0.003<br>(0.079) | | | | |
| *ND* | 0.043<br>(0.050) | 0.023<br>(0.049) | 0.089*<br>(0.049) | 0.066<br>(0.051) | | | | |
| *Xct × STFD* | | | | | 0.176<br>(0.132) | | 0.108<br>(0.146) | |
| *Xets × STFD* | | | | | | -0.724***<br>(0.113) | | -0.432***<br>(0.124) |
| *STFD* | | | | | -0.007<br>(0.028) | 0.000<br>(0.028) | -0.050**<br>(0.025) | -0.046*<br>(0.024) |
| 控制变量 | 是 | 是 | 是 | 是 | 是 | 是 | 是 | 是 |
| 个体 FE | 是 | 是 | 是 | 是 | 是 | 是 | 是 | 是 |
| 年度 FE | 是 | 是 | 是 | 是 | 是 | 是 | 是 | 是 |
| *N* | 1704 | 1704 | 1641 | 1641 | 1704 | 1704 | 1641 | 1641 |
| 国家个数 | 96 | 96 | 93 | 93 | 96 | 96 | 93 | 93 |
| *Adj.* $R^2$ | 0.398 | 0.390 | 0.385 | 0.379 | 0.390 | 0.437 | 0.377 | 0.401 |

# 6.

# 研究结论

碳定价制度是应对人类活动导致的气候变化的重要政策。碳税的理论基础是“庇古税”，是价格确定的碳定价制度。由于环境污染的负外部性与污染治理的正外部性，在市场机制调节作用下很难实现私人自发的减排降碳。政府通过规定排放者的排放价格给市场主体增加私人成本，以影响其行为成本干预其行为选择，从而达到降低二氧化碳排放的目的。但是学者对于碳税制度是否有利于节能减排结论不一，这是因为征收碳税后私人可能出于未来碳税税率增加的预期而短期增加开采量。碳交易制度的理论基础是科斯定理，其特点为数量确定。碳交易制度将碳排放权视为商品，各国政府确定碳排放总量后将初始排污权分给各主体，各主体可以在碳排放权交易市场中通过出售和购买的方式实现排污权的二次分配，从而提升社会整体效率。我们基于全球 161 个国家、1990—2019 年的事实面板数据进行实证分析。基础数据最大程度包含国家数目是本文创新点之一。结果说明碳税制度与碳交易制度均有利于降低人均二氧化碳排放量和单位 GDP 二氧化碳排放量（碳强度）。同时两种碳定价制度亦在降低人均温室气体总排放量、单位 GDP 总温室气体总排放量方面具有显著作用。在减排降碳方面，单独实施碳交易制度的作用效果优于单独实施碳税制度，碳税制度与碳交易制度存在一定的协同作用，且碳交易制度对于碳税制度的加成作用更显著。另外，结果表明碳税制度更能有效为政府增加收入，各国通用经验是会将政府部分增收收入用于节能减排投资，这有利于在良性循环中发挥碳税制度对于抑制二氧化碳的积极作用。

在异质性分析中，我们发现在国家经济发展水平方面，国家发达程度对碳税产生异质性影响，而对于碳交易制度的影响不显著；金融市场发达水平对二者均产生显著性影响。国家治理特征方面显示出碳税制度降低碳排放的效果随着民主程度的提升而降低，碳交易制度降低碳排放的效果随着民主程度的提升而增强。在国家自然因素方面，碳税制度与碳交易制度在燃料出口占商品出口的百分比较高、海岸线长度和国家面积比较低的国家有着更好的降碳效果。在签订国际条约方面，以《京都议定书》为例，国际条约的签订确定对两种政策制度的降碳作用产生加成影响。在国家债务水平方面，政府净债务水平只对碳税制度产生异质性影响，短期外债水平只对碳交易制度产生异质性影响，但是结果一致说明两种碳定价工具在债务压力更大的国家往往有着更好的目标效果。

中国于2002年开始对碳交易制度进行试点工作，于2021年7月正式启动全国碳排放交易体系。当前中国正加速建立“碳中和、碳达峰”的政策体系，努力建立健全绿色低碳循环发展经济体系。基于本文的结论与中国的发展事实，中国应该在未来找准时机建立碳税制度，同时需要立足中国国情发挥碳税制度与碳交易制度的协同作用，助力中国实现“2030年前实现碳达峰、2060年前实现碳中和”的目标。同时碳税制度能够有效增加政府收入，在疫情将长期存在的背景下，碳税收入的合理有效使用可能在中国政府协调经济与民生之间发挥积极作用。

# 参考文献

[1] 付英俊，《国际比较视野下的碳交易与碳税碳排放权交易与碳税的理论分析》，《北大金融评论》第 8 期，2021。

[2] Aldy J. E. , and M. Hafstead, G. E. Metcalf, and B. C. Murray . Resolving the Inherent Uncertainty of Carbon Taxes. 41 Harv. Envtl. L. Rev. F. 1, 2017.

[3] Anderson S. , I. Marinescu, and B. Shor. Carbon – pricing policy Robert Stavins Working Paper, 2018.

[4] Barragán – Beaud et al. , Carbon tax or emissions trading? An analysis of economic and political feasibility of policy mechanisms for greenhouse gas emissions reduction in the Mexican power sector. Energy Policy, 2018.

[5] Bartik T. J. , Who Benefits from State and Local Economic Development Policies? [J]. W. E. Upjohn Institute for Employment Research, 1991.

[6] Berry A. , The distributional effects of a carbon tax and its impact on fuel poverty: A microsimulation study in the French context [J]. Energy Policy, 2019, 124: 81 – 94.

[7] Bowen A. , Carbon pricing: how best to use the revenue? The London School of Economics and Political Science, 2015.

[8] Bureau B. . Distributional effects of a carbon tax on car fuels in France [J]. Energy Economics, 2011, 33 (1): 121 – 130.

[9] Carl J. , D. Fedor . Tracking global carbon revenues: A survey of carbon taxes versus cap – and – trade in the real world [J]. Energy Policy, 2016, 96 (sep. ): 50 – 77.

[10] Cengiz D. , Dube A. , Lindner A. , et al. The effect of minimum wages on low – wage jobs: Evidence from the United States using a bunching estimator [J]. 2018.

[11] Chen Y. , L. H. Oulder, and M. A. C Hafstead . The sensitivity of $CO_2$ emissions under a carbon tax to alternative baseline forecasts [J]. Climate Change Economics, 2018, 09 (1): 1840012.

[12] Chen Y. , C. Wang, P. Y. Nie, et al . A clean innovation comparison between carbon tax and cap – and – trade system [J]. Energy Strategy Reviews, 2020, 29 (1): 100483.

[13] Chen, Z. , and Nie, P. Effects of carbon tax on social welfare: A case study of China. Appl, Energy 183, 1607 – 1615, 2016.

[14] Chiu F. P. , H. I. Kuo, C. C. Chen, Chi – Chung, Hsu, and Chia – Sheng. The energy price equivalence of carbon taxes and emissions trading—Theory and evidence [J]. Applied Energy, 2015, 160 (DEC. 15): 164 – 171.

[15] Chu, et al. , Performance evaluation of organizations considering economic incentives

for emission reduction: A carbon emission permit trading approach. Energy Economics, 2021.

[16] Coase R H. . The Journal of LAW c [J]. Journal of Law and Economics, 1960, 3: 1 -44.

[17] De Lucas - Santos S. , et al. Cyclical convergence in per capita carbon dioxide emission in US. states: A dynamic unobserved component approach [J]. Energy. 2021, 217: 119349.

[18] Dong F. , et al. Energy transition and carbon neutrality: Exploring the non - linear impact of renewable energy development on carbon emission efficiency in developed countries [J]. Resources, Conservation and Recycling, 2022, 177: 106002.

[19] Douglas R. , Bohi, and Dallas, Burtraw, 1992. Utility investment behavior and the emission trading market [J]. Resources & Energy.

[20] Edenhofer, O. , and Kalkuhl, M.. When do increasing carbon taxes accelerate global warming? A note on the green paradox. Energy Policy, 2011, 39 (4), 2208 -2212.

[21] Elisa P. , Alessandro P. , Andrea A. , et al. Environmental and climate change impacts of eighteen biomass - based plants in the alpine region: A comparative analysis [J]. Journal of Cleaner Production, 2020, 242 (Jan. 1): 118449. 1 - 118449. 12.

[22] Fankhauser S. , C. Hepburn, and J. Park. Combining multiple climate policy instruments: How not to do it. Climate Change Economics, 2010.

[23] Fischer C. , et al. Emissions targets and the real business cycle: Intensity targets versus caps or taxes [J]. Journal of Environmental Economics & Management, 2011.

[24] Gale W. G. , S. Brown, F. Saltiel. Carbon Taxes as part of the fiscal solution [J]. antimicrobial resistance & infection control, 2015.

[25] Goulder B. L. H. Optimal Environmental Taxation in the Presence of Other Taxes: General Equilibrium Analyses [J]. Social Science Electronic Publishing, 1996, 86 (4): 985 -1000.

[26] Goulder L. H. , and A. R. Schein. Carbon taxes versus cap and trade: a critical review. Climate Change Economics, 2019.

[27] Group W B . State and Trends of Carbon Pricing. World Bank Other Operational Studies. 2022 [J].

[28] Han R. , Yu B. , Tang B. , Liao H. , and Wei Y . Carbon emissions quotas in the Chinese road transport sector: a carbon trading perspective. Energy Policy, 2017, 106: 298 - 309.

[29] Han, X. Xu, L. Han. Applying quantile regression and Shapley decomposition to analyzing the determinants of household embedded carbon emissions: evidence from urban China. Journal of Cleaner Production, 2015.

[30] Hasan H. , et al. Investigating the causal relationship between financial development and carbon emission in the emerging country [J]. Journal of Governance and Regulation (online), 2021, 10 (2): 55 -62.

[31] Hong Q. , et al. The impact of carbon emissions trading on energy efficiency: Evidence from quasi - experiment in China's carbon emissions trading pilot [J]. Energy Economics, 2022, 110: 106025.

[32] Ian Parry. Why A Carbon Tax Makes Sense. International Monetary Fund, 2019.

[33] Javid M. , F. Sharif. Environmental Kuznets curve and financial development in Pakistan. Renew Sust Energ, 2016, Rev 54: 406 - 414.

[34] Jia Z, Lin B. Rethinking the choice of carbon tax and carbon trading in China [J]. Technological Forecasting and Social Change, 2020, 159: 120187.

[35] Jiang Z. , Shao S. , Distributional effects of a carbon tax on Chinese households: A case of Shanghai [J]. Energy Policy, 2014, 73: 269 - 277.

[36] Kirill B. , A. Brausmann, L. Bretschger. Carbon pricing, technology transition, and skill - based development [J]. European Economic Review, 2019.

[37] Li J. , et al. Allowance price and distributional effects under a personal carbon trading scheme [J]. Journal of cleaner Production, 2015, 103: 319 - 329.

[38] Lin B, and Li X . The effect of carbon tax on per capita $CO_2$ emissions [J]. Energy policy, 2011, 39 (9): 5137 - 5146.

[39] Lint B. Optimal Dynamic Carbon Taxes in a Climate - Economy Model with Distortionary Fiscal Policy [J]. The Review of Economic Studies, 2020.

[40] Liu X. , C. Wang, D. Niu, et al. An analysis of company choice preference to carbon tax policy in China [J]. Journal of Cleaner Production, 2015, 103 (sep. 15): 393 - 400.

[41] Lohmann L. , Neoliberalism and the Calculable World: The Rise of Carbon Trading [J]. The rise and fall of neoliberalism: The collapse of an economic order, 2010, 77 - 93.

[42] Mackenzie I. A. , M. Ohndorf . Cap - and - trade, taxes, anddistributional conflict [J]. Journal of environmental economics and management, 2012, 63 (1): 51 - 65.

[43] Moz - Christofoletti M. A. Pereda P C . Winners and losers: the distributional impacts of a carbon tax in Brazil [J]. Ecological Economics, 2021, 183 (2): 106945.

[44] Nordhaus, W. D. , 2006 . After Kyoto: alternative mechanisms to control globalwarming. Amer. Econ. Rev. 96 (2), 31 - 34.

[45] Oueslati W. Short and Long - Term Effects of Environmental Tax Reform. FEEM Work, 2013, Pap. No. 9.

[46] Parry I. W. H. , Black S, Zhunussova K. Carbon Taxes or Emissions Trading Systems?: Instrument Choice and Design [J]. Staff Climate Notes, 2022, 2022 (006).

[47] Peng H. , et al. The environmental and economic effects of the carbon emissions trading scheme in China: The role of alternative allowance allocation - ScienceDirect [J]. Sustainable Production and Consumption, 2021.

[48] Pigou A C . The Report of The Royal Commission on The British Income Tax [J]. Quarterly Journal of Economics, 1920 (4): 607 - 625.

[49] Sadayuki T. , and Arimura, T. H. Do regional emission trading schemes lead to carbon leakage within firms? . Evidence from Japan. Energy Economic, 2022, 104, 105664.

[50] Saedaseul M. , L. Deok - Joo, K. Taegu, and K. Kyung - Taek . An Estimation of Market - Based Carbon - Emission Prices Using Comparative Analogy: A Korean Case [J]. The Energy Journal, 2019, volume 40.

[51] Saveyn, B. , Van Regemorter, D. Environmental Policy in a Federal State – a Regional CGE Analysis of the NEC Directive in Belgium. KU Leuven, Department of Economics – Research Group Energy, Transport andEnvironment. , 2007.

[52] Swedish Environmental Protection Agency, Developing Green Taxation . Summary of a Government Assignment Report 5390 . Swedish Environmental Protection Agency J, 2004.

[53] Uri, N. D. , Boyd, R. An evaluation of the economic effects of higher energy prices in Mexico. Energy Policy, 1997, 25 (2), 205 – 215.

[54] Walter, I. , and J. L. Ugelow. Environmental policies in developing countries, 1979, Ambio, 8, 2/3, 102 – 109.

[55] Wang C. , J. Zhan, Y. Bai, X. Chu, F. Zhang. Measuring carbon emission performance of industrial sectors in the Beijing – Tianjin – Hebei region, China: A stochastic frontier approach [J]. Science of The Total Environment, 2019, 685: 786 – 794.

[56] Wang Y. , Y. Yang, C. Fu, et al. Environmental regulation, environmental responsibility, and green technology innovation: Empirical research from China [J]. PLOS ONE, 2021.

[57] Weitzman M. L . Prices vs. quantities [J]. The review of economic studies, 1974, 41 (4): 477 – 491.

[58] Wesseh, P. K. , B. Lin, and P. Atsagli . Carbon taxes, industrial production, welfare and the environment. Energy . 123, 305 – 313. World Bank 2019 . State and trends of carbon pricing, 2017.

[59] Xiong C, Wang L, Yang C, et al. Measuring the Effect of Foreign Direct Investment on $CO_2$ Emissions in Laos [J]. Journal of Resources and Ecology, 2019, 10 (6): 685.

[60] Zhang. , H. W. Tai, K. T. Cheng, et al. Carbon emission efficiency network formation mechanism and spatial correlation complexity analysis: Taking the Yangtze River Economic Belt as an example. Science of The Total Environment, 2022.

# 致　谢

三年悠悠，转瞬即逝。提笔之际，感慨万千。

涓涓师恩，铭记于心。幸得恩师马海涛教授、姚东旻教授、祁毓教授等传道授业解惑，更习得温、良、恭、俭等品行。首先感谢我的硕士导师马海涛教授。与马老师的缘分始于财税学院，却在中心落地开花。整个硕士求学期间马老师给予了我莫大的支持和帮助。在我人生茫然之际，马老师多次为我指引方向，并鼓励我“认真做出选择后，就坚定不移地为之不断努力”。我会铭记于心，并努力践行之。经师易遇，人师难遇，微微寸心难报之。感谢姚东旻教授，姚老师赤诚热情、严谨认真的科研态度与跳跃敏捷的科研思维习惯深深影响着我，并在我落寞无助之时抽出时间为我进行疏导，给予我莫大的前行动力。恩情历历在目，恭敬在心，难以言表。感谢祁毓教授，祁毓老师是我的本科导师，带我发表了我的第一篇论文，并在我保研、申博期间多次对我进行指导，将其科研心得与经验倾授于我。浓浓师恩情，无以为报，揖礼还授。另外，我还要感谢中心老师耿纯老师，在我申博面临抉择的时候，耿老师为我全面分析、给予建议。感谢王斐然老师、范翻老师、阮睿老师、罗伟杰老师、周世愚老师，不厌其烦向我答疑解惑。感谢曹堂哲老师在我申博期间对我的指点和帮助。感谢各位任课老师的倾囊相授，悉心教导。感谢方蕾老师、田阳老师、王雪老师、张雅老师撑起繁杂的学生事务，为我们的学习生活保驾护航。感谢中心大家庭。

父母常念，恩情似海。感谢我的家人。我是一个幸运的孩子，从小生活在一个温暖的大家庭中，快乐幸福是主旋律，非常感谢父母给予我的一切。成长之路中，无数泪水冲刷的不仅是我，还有父母。我深知父母为我付出了很多……我无以为报，每念于此，泪水常常夺眶而出。期盼我在未来的时间里能给予父母及家人更多的爱、陪伴和照顾。

酸甜苦辣，也哭也笑也相拥。感谢我的闺蜜王月和庞晓琳，感动的时刻太多了，我能说清楚的是我们十几年的缘分与情谊已嵌入生命。感谢我的挚友张丹，从本科学习到保研到一起研究生入学再到如今毕业在即，我们一起经历了太多。回首才发现，我们已经互相搀扶着走了好远了。很开心一路有你，也很遗憾未来不能一起踏入职场，但情谊永相随（而且天津和北京也很近的）。

高情厚谊，相见恨晚。感谢遇到的所有2020级同学。感谢我的舍友刘杰民，因为有你，我们宿舍可以随时即兴脱口秀表演，也非常开心你找到了心仪的工作。在研究生的最后时光，我们越走越近，你也见证了很多我的变化，给予了我很多建议，希望未来常相逢。感谢秦世坤师兄提点与传授经验，感谢王楷师兄、万丁乙、杜士语和韩德馨带我体验新鲜事物，寻找快乐。感谢所有人。感谢我在中心遇到的所有师兄、师姐、师弟、师妹。

万分惊喜，有幸相惜。感谢命运让真诚和善良的人相遇。崔冠东让我感受到了宠爱和偏爱，即使现在你是处于繁忙的冲刺期，你也在尽最大可能给予我安全感和幸福感，同时也在勉励我做一个柔软、努力、积极与乐观的人。接下来愿我们一起坚守彼此，携手共进，成为更好的自己。

最后，感谢我自己。这三年，我经历了太多，而提笔却不想提及太多。现在和未来要继续做一个有锋芒的善良人，努力奋进、积极进取、热爱生活、永不言弃。

未来，再相遇！

# 论文短评

总评人：丁怡

慧晶同学的这篇硕士论文对全球碳定价机制的减排效应及协同效应进行了深入的研究和分析，注意到了现有有关碳定价机制研究的一些批评和缺陷，并提出了对未来研究的需求和期望。论文采用了面板数据和双重差分模型，对碳税制度和碳交易制度的减排效应进行了评估和比较，并关注了两者之间的协同效应。文中介绍了创新点，包括基础数据的广泛性、稳健性检验和异质性分析，这些都展现了研究的全面性和系统性。作者强调了对多国家、全球性的研究视角的需求，以及对碳税制度和碳交易制度实施的实证评估的迫切性。这些观点为未来碳定价机制研究的方向提供了有益的指导。因此，需要从实证的角度来评估这两种政策工具对碳排放的影响效应以及它们之间的作用关系，并提供相应的经验证据。

值得肯定的是，作者在研究方法上体现了较为扎实的学术训练水平，采用了双重差分模型、Bartik 工具变量法等方法进行研究，同时进行了稳健性检验和异质性分析，这些都提高了研究结果的可信度和说服力。此外，对于碳税制度和碳交易制度在不同国家（地区）特征下的减排效应进行了深入的探究，显示了对研究对象的深刻理解和细致分析。研究使用了面板数据和多时点倍差方法，通过评估全球 161 个国家（地区）的数据，对碳定价机制的减排效应和协同效应进行了深入分析。研究采用了 Bartik 工具变量法来减轻内生性问题的影响，并特别关注了两种碳定价机制减排效应的异质性特征。

需要注意的是，碳排放权作为一种可衡量的商品，被视为一种能够维护气候稳定的机制。其依托于供需机制的“成本效益”的分配与再分配，实现了社会资源的较优配置。在碳排放权的管理中，价格激励策略可以分为总量控制策略和价格控制策略。碳排放制度属于总量控制型环境规制政策，对碳排放总量进行限制，但允许企业主体进行交易。这种机制源自科斯定理的核心理念，即通过明晰产权来获得资源配置效率。碳交易制度则通过激励生产商主动进行节能减排来实现绿色发展。研究表明，碳交易制度可以通过促进创新和优化企业资源配置显著提高能源效率，同时也通过影响企业的创新能力和产业的区位选择来影响碳排放水平。

实施碳税制度或者碳交易制度通过将环境负外部性内部化的方式对碳排放予以“惩罚成本”，从而激励企业降低二氧化碳排放水平。此外，碳定价制度也可以促进企业的创新水平。在选择碳价政策时，学者提供了理论和实践方面的经验。理论上，Weitzman 提出通过比较边际收益曲线和边际减排成本曲线的斜率大小来进行政策选择。在实践中，需要考虑国家本身的经济发展水平、国家治理特征等因素。碳税制度相对于碳交易制度在易于管理、确定价格、促进投资、增加财政可持续性、排放源覆盖广泛等方面具有显著优势，尤其在发展中国家更为明显。而碳交易制度可能具有更为显著的政治经济优势。在能源市场结构的审查中，完全竞争市场下，两种政策工具在相同气体排放量的条件下对应相同的碳价；在不完全竞争市场下，相同气体排放量的限制条件下碳交易制度对应的汽油价格更高。最后，外部性和产权不明晰导致环境问题的产生，可以选择价格激励与产权激励对其进行解决，对应的碳定价工具分布为碳税制度与碳交易制度。碳税制度对价格进行确定，易于管理；碳交易制度对数量进行确定，实施相对复杂。这种价格确定性和数量确定性之间的权衡对节能减排政策工具的设计具有重要的环境、经济和政治经济意义。

在此基础上，作者对碳定价工具的传导机制分析进行了梳理。这是一个复杂而关键的研究领域，其中存在一些难点和重点需要特别关注。其难点在于：第一，多因素影响。碳定价工具的传导机制受到多种因素的影响，包括政策设计、市场反应、技术创新和国际环境等。这些因素相互作用，使得传导机制的分析变得复杂。第二，数据获取和验证。要对碳定价工具的传导机制进行准确的分析，需要大量的数据支持，并且需要验证这些数据的可靠性和准确性。第三，时间延迟和长期效应：碳定价工具的影响可能存在时间延迟和长期效应，这使得难以准确预测和分析其传导机制的长期影响。同时需要关注到政策间的协同作用以及这些政策协同对于传导机制的影响。碳定价工具对于创新和技术转移的促进作用也是研究重点，需要关注碳定价政策对企业创新投入和清洁技术创新的影响。碳定价工具所得税收收入的再投入效应，特别是用于支持绿色降碳和环保产业的投入效果需要进行有效的衡量。

可见，要深入分析碳定价工具的传导机制，需要综合考虑多种因素，并特别关注政策协同作用、创新和技术转移以及税收收入再投入等关键因素。近年来，对于碳定价工具传导机制的研究逐渐向多维度分析和政策协同效应方向转变，这一趋势为深入理解碳定价工具的传导机制提供了新的思路和方法。传统上，对碳定价工具的研究主要集中在经济学领域，但是最近的研究却从多个方面探索了碳定价工具的影响。其中，包括可替代能源占比、政府税收收入、环境技术专利等多个维度的分析，这种多维度的分析思路为我们提供了更全面理解碳定价工具的传导机制的可能性。同时，作者开始关注碳定价政策与其他环境政策之间的协同作用，特别是碳交易制度与碳税制度的协同效应，以及环境规制对企业创新的促进作用。这种政策协同效应的探索思路有助于深入理解碳定价工具在政策体系中的作用，为我们提供了更加全面的视角。此外，传统研究往往只关注了碳定价工具的短期效应，忽视了其可能存在的时间延迟和长期影响。然而，最近的研究开始关注碳定价工具可能存在的长期效应和时间延迟，这种对长期影响的关注和探索思路有助于我们更全面地评估碳定价工具的影响，有助于更准确地评估碳定价工具的传导机制。

论文尝试通过对全球 161 个国家在 1990—2019 年的事实面板数据进行实证分析，考察了碳税制度和碳交易制度在降低二氧化碳排放、减少单位 GDP 二氧化碳排放量以及其他相关指标方面的效果。这一全面的研究设计使得结论具有较高的代表性和推广性。对碳定价制度的实施效果进行的实证分析，为我们理解碳税制度和碳交易制度在全球范围内的应用提供了重要的见解。在对各国异质性影响的分析中，研究还发现了一些重要的影响因素。例如，国家经济发展水平对碳税制度和碳交易制度的影响、对金融市场发达水平的影响、国家治理特征、自然因素和国际条约的签订等对两种政策制度的降碳作用产生了显著影响。这些发现为不同国家和地区在制定碳定价政策时考虑到具体的国情和特点提供了重要的参考。

一个重要的发现在于，碳税制度和碳交易制度均在降低人均二氧化碳排放量和单位 GDP 二氧化碳排放量方面发挥了显著作用。这一结论对于气候变化治理具有重要的政策意义，尤其是在当前全球温室气体排放不断增加的背景下。此外，研究还发现了碳交易制度在减排降碳方面的效果优于碳税制度，而且两者之间存在一定的协同作用，这为未来碳定价政策的设计和实施提供了重要的参考依据。

研究还对中国的碳定价政策提出了具体的建议，认为中国应在未来找准时机建立碳税制度，并在中国国情的基础上发挥碳税制度与碳交易制度的协同作用，助力中国实现“2030 年前实现碳达峰、2060 年前实现碳中和”的目标。这一建议对于中国在应对气候变化挑战、推动经济可持续发展方面具有政策指导作用。

综合来看，这篇硕士论文展现了较高的研究水平，对于全球碳定价机制的减排效应进行了深入的研究和分析，为相关领域的学术研究提供了有益的参考和启示。这份研究综合运用了全球范围内的事实面板数据进行了深入的实证分析，提出了对碳定价制度实施效果的重要见解。研究的结论对于制定和完善碳定价政策、推动全球气候治理具有重要的政策启示意义。然而，需要注意的是，这份研究也提到了一些异质性影响因素，相关的研究工作可以进一步深入探讨这些因素对碳定价制度实施效果的影响机制，以提高政策的针对性和有效性。

最后的一点题外话，慧晶同学是我在教学生涯中难得一见的学生，她拥有着广阔的学术视野和深厚的求知欲。在她的研究生阶段，她不仅在课堂上表现出色，而且还展现了对于学术研究的极大热情和探索精神。她勇于挑战学术界的边界，并且对于解决现实问题充满热忱。在这项关于气候变化治理的研究中，她不仅深入理解了碳定价制度的实施效果，还通过大量的数据分析和文献综述，为这一课题提供了全面的研究视角。她的研究成果不仅在学术上取得了一定的突破，而且也为相关政策的制定和实施提供了有力的支持。在论文写作的过程中，慧晶同学展现出了对学术追求的定力和毅力。她的进步、成长，还有追求卓越的态度，也让我感到由衷的欣慰和骄傲。未来希望慧晶同学能够继续深入研究，进一步完善研究成果，并将研究成果更好地传播和应用于实践。